EINSTEIN

GİBİ DÜŞÜNMEK

Scott Thorpe

OLİMPOS®

EINSTEIN GİBİ DÜŞÜNMEK
Scott Thorpe

Orijinal Adı: How To Think Like Einstein

Çeviri: Cumhur Özkaya
Redaksiyon: Simge Delikanlı-Bülent Temel
Bilgisayar Uygulama: Olimpos Yayınları
Kapak Tasarımı: Selma Turhan

Baskı: Eylül 2016
ISBN: 978-605-9176-90-3

OLİMPOS YAYINLARI
Maltepe Mah. Davutpaşa Cad. Yılanlı Ayazma Yolu No:8 K:1 D:2
Davutpaşa / İstanbul
Tel: (0212) 544 32 02 (pbx) Sertifika No: 13718
www.olimposyayinlari.com - info@olimposyayinlari.com

Genel Dağıtım: YELPAZE DAĞITIM YAYIN SANAT PAZARLAMA
Maltepe Mah. Davutpaşa Cad. Yılanlı Ayazma Yolu No:8 K:1 D:2
Davutpaşa / İstanbul
Tel: (0212) 544 46 46 Fax: (0212) 544 87 86
info@yelpaze.com.tr

Baskı: MY Matbaacılık San. ve Tic. Ltd. Şti.
Maltepe Mah. Yılanlı Ayazma Sk. No:8/E Zeytinburnu / İstanbul
Tel: (0212) 674 85 28 Sertifika No: 34191

EINSTEIN
GİBİ DÜŞÜNMEK

Kuralları Yıkmanın ve
Gizli Dehanızı Keşfetmenin Kolay Yöntemleri

Scott Thorpe

OLİMPOS®

İÇİNDEKİLER

GİRİŞ

Einstein'ın kuralları yıkan,muhteşem aklını yeniden ziyaret etme fırsatı sunduğu için Sourcebooks'a minnettarım. Elinizdeki orijinal kitap için onun dehasını incelemek hayatımda pek çok önemli değişiklik yapmamı, çocuklarımla harcayacağım zamanı işgal eden kuralları yıkmamı, eğlenceye ve maceraya daha fazla yer açmamı; daha da şaşırtıcı olansa, çok daha fazla para kazanmamı sağladı.

O zamandan beri pek çok okuyucu ve seminer katılımcısıyla problemleri ve hedefleri hakkında konuşma şansı yakaladım. İşlerimiz, görevlerimiz ve hayatımızdaki kuralların bizi nasıl da daha iyi evrenlerin varlığını keşfetmekten alıkoyduğunu fark ettim. Çoğu zaman en büyük düşmanımız yine kendimizizdir. Bunu başkalarında görmek kolay olsa da, aynı durum benim için geçerli olduğunda bunu fark etmem zor olur.

Bu tür deneyimlere dayanan böyle bir kitabı hazırlamak, ne kadar çok kuralın beni (ve hepimizi) nasıl da bir alışkanlığa saplanıp kalmış bir durumda bıraktığını ve bu kuralları herhangi bir problem karşısında etkili, gerçek çözümler yaratmak için nasıl yıkacağımı göstermiştir. Kitabın, sizin için de bu kadar faydalı olacağını umuyorum.

BÖLÜM BİR

EINSTEIN'IN SIRRI

"Otoriteye körü körüne saygı duyulması, gerçeğin en büyük düşmanıdır."

ALBERT EINSTEIN

Bu kitap, en zorlu ve hatta imkânsız gibi görünen sorunlarınız için nasıl çözümler yaratacağınızı gösterecek. Tarihin en büyük problem çözücüsü Albert Einstein'ın ortaya koyduğu çözümlerdeki üstü kapalı teknikleri öğreneceksiniz. Einstein, dünyanın en hayret verici bazı problemlerini çözmüştür. Bunda başarılı olmasının sebebi çok farklı bir düşünce yöntemi kullanmasıydı. Siz de onun gibi düşünmeyi öğrenebilirsiniz. Daha zeki olmayacaksınız ama şimdiye kadar görmezden geldiğiniz çözümleri görmeye başlayacaksınız.

Bu teknikler, kitapta sözü edilen diğer tekniklerle birlikte, yalnızca evrenin gizemini ortaya çıkarmak için değildir. Problem çözmenin yeni yollarını öğrenerek işinizin kârlılığını arttırabilir, çocuklarınız için eğitim alanında yeni fırsatlar yaratabilir, sanatsal ve yaratıcı atılımlar gerçekleştirebilir ve hayat kalitenizi yükseltebilirsiniz. Tüm zorlu problemleri çözebilmek için bir dâhi gibi düşünmeyi öğrenmenin özündeki şu evrensel ilkeyi kavramanız gerekir: *Kuralları yıkmak zorundasınız.*

Einstein, dünyanın en doğal kural yıkıcılarından biriydi, bilimin James Dean'iydi. Yıkmaya çalıştığı kurallar sadece fizik kuralları değildi. O, gelenekleri kale almadı ve hükûmetlerin nefretini uyandırdı. Kuralları yıkmak, onun başını sürekli olarak derde sokuyordu ama Einstein'ın dehasının özü, herhangi bir kuralı zedeleme hevesi ve bunda cesurca davranmasıydı. Einstein, harika bir kural yıkıcıydı çünkü muhteşem bir problem çözücüydü. Bu, dehanın ortak bir özelliğidir ve öğrenilebilen, geliştirilebilen bir beceridir. Kuralları aşmayı öğrenebilirsek hepimiz Einstein gibi düşünebiliriz.

KURAL ALIŞKANLIKLARI

"Çok az sayıda insan, kendi sosyal çevrelerindeki ön yargılardan farklı olan düşüncelerini sakince ifade etme yeteneğine sahiptir. Çoğu insan, bu tür görüşlere sahip olmaktan bile acizdir."

ALBERT EINSTEIN

Bir problemi çözemiyorsanız, bu muhtemelen bir kural alışkanlığına saplanmış olduğunuz içindir. Hepimizin kuralları (gerçek olduğunu sandığımız kökleşmiş düşünce kalıpları) vardır. Kurallarımız doğal olarak şekillenir. Düşünceler, tekrarlanan kullanımlar sonucunda kurallar hâline gelir. Bir kural alışkanlığı oluşurken tüm karşıt düşünceler görmezden gelinir.

Kurallar her zaman kötü değildir. Demir yolu gibidirler. Yolu takip etmek istiyorsanız, kurallar mükemmeldir. Ama bir ray hattı olmayan istikametler gibi, bazı çözümlere kendi kurallarımızı takip ederek ulaşamayız. Bu çözümlere ulaşmanın tek yolu,ray hattından çıkmaktır.

Kurallar, inovatif düşünceyi engeller çünkü başlangıçta çok doğru görünürler; var olan ama bizim kural alışkanlıklarımızın dışında olan sayısız üstün kaliteli çözümü örterler. Bu harika çözümler, sadece kuralları yıkarak bulunabilir.

Hiç kimsenin kural alışkanlığına karşı bağışıklığı yoktur. Einstein bile yıllarca kendi ön yargısı tarafından alt edilmiştir. Ama ona göre can sıkıcı kural, dokunulmazlık özelliğine sahipti.

Evreni yöneten kurallara ilgi duymuyor olabilirsiniz ama yine de çözmeniz gereken zorlu problemleriniz vardır. Sorunlarınız, Einstein'ınkinden bile zorlu olabilir. Zeki insanlarla yarış hâlinde olabilirsiniz, sürekli değişen bir ortamda çalışıyor olabilirsiniz ya da büyük bir değişiklik yapmak istiyor olabilirsiniz. Karşılaştığınız zorluk, çözülmesi imkânsız gibi görünebilir. Ama bunun da bir çözümü var, kuralları yıkmayı öğrenebilirseniz tabii.

Çözümü imkânsız bir problemle yüzleştiğimizde, en büyük engelimiz içimizdedir. Bizi zekice çözümler bulmaktan alıkoyan şey; deneyimlerimiz, hatalı varsayımlarımız, yarı-doğrularımız, yanlış genelleştirmelerimiz ve alışkanlıklarımızdır. Yeni harika düşünceler, hayati çözümler ulaşılabilirdir. Sadece genel alışıldık düşüncenin dışındadırlar. Aksi takdirde, başka biri zaten bu çözümleri bulurdu. İmkânsız problemleri çözmek için kuralları yıkmanız gerekir.

KURALLARI YIKMAK VE PROBLEMLERİ ÇÖZMEK

"Bazen kendime 'Nasıl oldu da izafiyet teorisini geliştiren kişi ben oldum?' diye sorarım. Sanırım bunun nedeni, normal bir yetişkinin zaman ve uzay problemleri hakkında düşünmeyi asla bırakmaması. Bunlar, kişinin çocukluğundan beri düşündüğü şeylerdir. Ama entelektüel gelişimim gecikmeli oldu, bunun bir sonucu olarak da ancak bir yetişkin olduğumda uzaya merak duymaya başladım."

ALBERT EINSTEIN

Einstein'ın dehasının sırrının kuralları yıkmak olduğunu söylemek büyük bir iddiadır. O, aynı zamanda oldukça zeki ve oldukça azimliydi de. Kuralları yıkmanın onun kurnaz zekâsının bir parçası olmadığı nereden bilebiliriz ki? Gelin, Einstein'ın muhteşem fikirlerinin kaynağını öğrenmek için basit bir düşünce deneyi yapalım. Einstein düşünce deneylerine bayılırdı, bu yüzden bizim düşünce deneyimizin konusu olması uygun olacaktır. Einstein'ın zekâsını, bilgisini, kural yıkıcılığını ve bu faktörlerin onun yaratıcılığını nasıl etkilediğini inceleyeceğiz. Üstelik bunu, karmaşık matematik ya da fizik problemleri olmaksızın yapacağız.

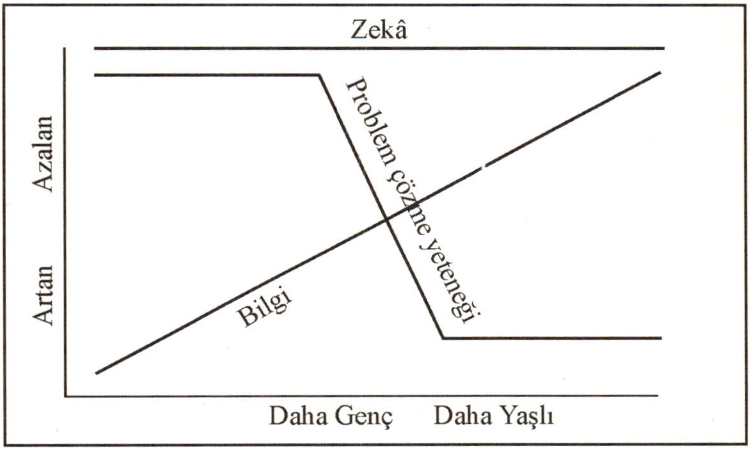

Şekil 1-1

Einstein, hayatı boyunca yüksek zekâlıydı. Bunu kendi düşünce deneyimizde yatay bir çizgiyle temsil edeceğiz (Şekil 1.1). Einstein'ın engin matematik ve bilim bilgisi hayatı boyunca artış hâlindeydi. Onun bilgisini yukarı çıkan bir çizgi olarak göstereceğiz. Şimdiye kadar bahsettiğimiz şeyler bir dâhiden bekleyebileceğimiz şeylerdir.

Ancak, Einstein'ın problem çözme yönüne baktığımızda bir şeyler yanlış görünüyor. 1905'ten itibaren, üniversiteden mezun olduğundan beri Einstein, uzun bir dönem boyunca son derece yenilikçi düşünce tarzını sürdürdü. Boş zamanında yazdığı üç makale ile izafiyet teorisi, kuantum mekanizması ve atom teorisi yolundaki bilimsel çalışmalarına başlamıştı. Neredeyse yirmi yıl boyunca bilim adına önemli ilerlemeler kaydetmişti. En büyük ilerleme, kariyerinin başlangıcındaki dönemde gerçekleşti. Sonra, Einstein'ın problem çözümü birden düşüşe geçti. Bu inişi, aşağıya doğru bir çizgiyle temsil edeceğiz. Einstein, fizik alanındaki önemli problemler üzerinde sıkı çalışmasını sürdürüyordu. Hâlâ çok zekiydi. Matematik ve fizik alanında eskisinden de çok bilgiye sahipti. İşi için kesintisiz zamanı vardı ve dünyanın en zeki insanlarıyla sürekli işbirliği içindeydi. Ama daha fazla önemli bilimsel problem çözmüyordu.

Einstein'ın problem çözme yeteneğiyle,zekâsı ve bilgisi arasında bir bağlantı olmasını bekleriz. Bunun yerine, bilgisi arttıkça problem çözme yeteneği azalmaya başladı. Bilgi ne kadar az ise, inovasyon o kadar yüksekti. Burada bir yanlışlık var gibi görünüyor. Bu model, çok fazla zeki insanın hayatında tekrarlanmasaydı düşünce deneyimizin sonuçlarını ekarte edebilirdik. Kuralları yıkmak isteyen insanlar, imkânsız problemleri çözerler. Bunlar genelde, alana yeni giren ve önceki yıllarını yükünü sırtlanmamış insanlardır.

Zaman ve uzayın sırrını çözen Einstein, yaşlı ve bilge Profesör Einstein değildi. O zamanlar üniversiteden yeni mezun olmuş bir çocuktu sadece. İsviçre patent enstitüsünde çamaşır kurutma makinesiyle ilgili gelişmeleri yakından takip ediyor, bir yandan da fizikle uğraşıyordu. Ve kuralları yıkıyordu.

Einstein'ın çözdüğü ve bize $E=mc^2$ formülünü kazandıran problem eski bir örnektir. Bir nesil bilim insanı, ışığın gözlemleyen kişi açısından neden hep aynı hızda gidiyormuş gibi göründüğünü anlamaya çalışıyordu. Bir ışık demeti yönüne hareket ediyor olsanız da, bu demetten uzağa doğru hareket ediyor olsanız da ışığın hızı hep aynıydı. Bu,bilimin en önemli ve aldatıcı problemlerinden biriydi. Birçok zeki insan bir çözüme yaklaştı ama hepsi bir kural yüzünden başarısız oldular.

Yüzlerce yıl önce Isaac Newton, zamanın mutlak olduğu hükmüne vardı. Ona göre zaman daha hızlı ya da daha yavaş ilerlemiyordu ve bu, evrenin değişmezliğinden kaynaklanıyordu. Newton'un yaklaşımı mantıklıydı. Ortaya attığı fikir, peşinden gelen her bilim insanının aklında sıkı sıkıya ve derinlemesine yer edindi. Bu, bilimsel bilginin temeliydi. Bilim insanları "zamanın mutlak olması" kuralını yıkmayı hayal bile edemiyorlardı, dolayısıyla bu sorunu çözemediler.

Einstein, Newton'un "zaman mutlaktır" kuralını çiğnemek konusunda herhangi bir tereddüt yaşamadı. Zamanın bir nesne için daha hızlı, diğer bir nesne içinse daha yavaş hareket edebileceği düşündü. Bu, problemi tamamen değiştirdi. Biraz matematik bilgisi (Ek B'de görüleceği gibi) Einstein'ı dünyamızda devrim yaratan bir yolla buluşturdu. Einstein bir kuralı yıkarak bilimin en zor problemini çözdü.

Kural yıkmak, Einstein'ın dehasının sırrı idiyse; kuralları yıkmadığı sürece problem çözme yeteneğinin azalmasını bekleriz. Aslında olan şeyde tam olarak buydu. Fizikçiler, Einstein'ın çalışması üzerine yeni eklemeler yaparken yeni bir teori yarattılar. Özünde belirsizlik konsepti yer alıyordu, bazı sonuçlar öngörülemezdi. Belirsizlik, Einstein'a rahatsız edici geliyordu. Mantığı, ona evrenin öngörülebilir olması gerektiğini söylüyordu. Belirsizlikten nefret ederdi. Evrenin rastlantısal olarak yönetildiğine inanamıyordu. Ve sonuç olarak keşifleri durdu ve o da kendi sağduyusuyla aklı karışan zeki insanlar arasına katıldı.

İMKÂNSIZ PROBLEMLER: ÜÇTAŞ OYUNUNU KAZANMAK

Çoğu imkânsız problem, üçtaş oyununu kazanmak gibidir. Oyun, kazanılması imkânsız gibi görünür. Herhangi bir başarıya ulaşmadan, farklı stratejileri uygulayarak tekrar tekrar oynayabilirsiniz. Ama eğer kuralları yıkarsanız üçtaş oyununu kazanabilir ve diğer umutsuz problemleri de çözebilirsiniz.

Ekstra Dönüşler

Ekstra bir dönüş yapabilirseniz üçtaş oyununu kazanabilirsiniz. Muhtemelen "Nasıl yani? Öyle şey mi olur?" diye düşünüyorsunuz. Bu, pekâlâ bir aldatmacadır ama işe yarar: Problemi çözer. Yapılacak seçim, kuralları yıkmak ya da başarısız olmaktır.

Üçtaş oyununda hile yapmak istemiyor olabilirsiniz;peki ya önemli bir problem, çözmeniz gereken zor bir problem için ne düşünürsünüz? Bir çözüme ulaşmak için kuralları yıkabilir misiniz? Elbette ahlaki kurallardan söz etmiyorum, aklınızda yer alan ve problemi nasıl çözmeniz gerektiğini söyleyen kurallardan bahsediyorum.

Az sayıda insan gerçek dünyada ekstra bir dönüşü (hileyi) düşünür ama bu, aslında çok eskiye dayalı bir çözümdür. Amerikan İç Savaşı devam ederken bir çatışma sonrası Robert E. Lee, astlarına General Grant'in Spotsylvania'ya harekete geçeceğinden emin olduğunu söylemişti, çünkü bu onun en iyi seçeneğiydi. Lee, bu pozisyon için kestirme bir yol geliştirdi ve bölüğüne bu yolda ilerlemelerini söyledi.

Lee'nin bölüğü, tabiri caizse,ekstra bir dönüş yaptı ve General Grant'in ordusu ulaşmadan önce Spotsyvlania'ya yürüdü.

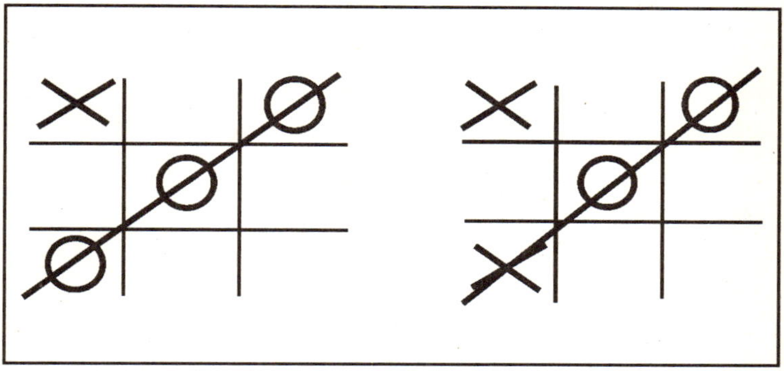

Şekil 1-2 *Şekil 1-3*

Ekstra dönüşler, iş dünyasında da çok yaygındır. Tylenol'ün üreticileri, benzer bir ağrı kesici olan Datril'in ciddi bir indirimle piyasaya sunulabileceğini öğrendiklerinde ekstra dönüş yaptılar. Datril ürünün maliyet avantajının reklamını yapamadan, o ücrette satışa başladılar. Datril'in tanıtımı başarısız oldu ve Tylenol pazar payını korudu.

Karşındakinin Elindekini Kullan

Bir üçtaş oyununu kazanmanın ya da imkânsız problemleri çözmenin birçok yolu vardır. O'larınızın ikisini bir X ile kullanırsanız üçünü bir sıraya sokmak zor değildir. Neden kendinizi, kendi düşüncenizle sınırlıyasınız?

ABD Deniz Piyade Ordusu Amirali Harry Yarnell, Japonların Pearl Harbour saldırısına karşı temel planı geliştirdi. En iyi rotaları ve stratejiyi belirledi. Hatta bu stratejinin

1932'deki saldırıda ABD hava kuvvetleriyle nasıl çalışacağını bile gösterdi. Japon İmparatorluk Deniz Piyadesi, bu düşüncenin ne kadar değerli olduğunu fark ederek bir Amerikan amiralinin planını,kendilerinin ABD Deniz Piyadesine karşı başarılı saldırısı hâline dönüştürdü. Amerika'nın savaş planını kullanmaktan çekinmediler. İşe yarayacağını düşünüyorsanız, hangi kaynaktan olduğunu önemsemeden karşıdakinin elindekini kullanın. Siz, kimin düşüncesini bir problemi çözmek için kullanabilirsiniz?

Zafer Tanımını Genişlet

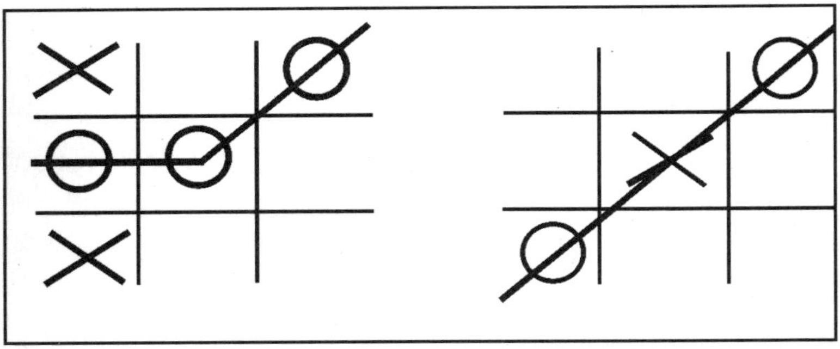

Şekil 1-4

Üçtaş oyununu kazanabilir ya da diğer zorlu problemleri çözebilirsiniz, tabii eğer zafer kelimesinin tanımını genişletebilirseniz. Bir bükülmeye izin verirseniz her durumda kazanabilirsiniz. Bazen zafer için belirlediğimiz koşullar çok sert ve uygunsuz olabilir. Winston Churchill, otuz beş yaşındayken ve içişleri bakanı olarak çalışırken birkaç arkadaşı hayattaki önemli pozisyonlarına nasıl umduklarından daha erken bir yaşta ulaştıkları hakkında konuşuyorlardı. Churchill öfkelenip "Napolyon, Austerlitz'i benim yaşımda aldı." dedi. Churchill kişisel yarışını, zafer tanımı çok kibirli olduğu için tutkulu bir şekilde kazanamamıştı. Başarı tanımını değiştirmek bir çözümü mümkün kılar.

İşbirliği

Bir tarafın kaybetmesi gerektiği kuralı, her iki taraf için de kazanmanın önündeki en büyük engel olabilir. Rakibinizle işbirliği yapın ki her ikiniz de kazanabilesiniz. Bir keresinde bir binanın yanarak yerle bir oluşunu izlemiştim. Binanın sahibi buna sevinmişti, itfaiye ekibi de öyle. Sahibi, binanın yıkılmasını istiyordu ve itfaiye ekibi de yangınla mücadele için pratik yapabilecekleri bir alana ihtiyaç duyuyordu. Her iki tarafın da ihtiyaçları mükemmel bir sinerjiyle karşılanmıştı. Bu çözümlerin hepsi üçtaş oyununun kurallarını yıkıyor, tıpkı Einstein'ın fizik kurallarını yıkması gibi. Bir üçtaş oyununu kazanmanız ya da zorlu bir problemi çözmeniz sadece sıkı bir çalışma ile mümkün olmayacaktır. Kulları yıkmanız gerekiyor.

EINSTEIN'IN DÜŞÜNCESİ: KURALLARI YIKMAK

"İnsan, dünyanın en anlaşılır ve basitleştirilmiş resmine uyum sağlamaya çabalar; sonra deneyim dünyasının yerine kendi sistemini koymak ister, böylece onu yener."

ALBERT EINSTEIN

Einstein gibi düşünmek işe yarar çünkü zorlu problemleri çözmekteki en büyük engel aslında zihnimizdedir. Kuralları yıkmak zordur. Bu yüzden çok fazla zeki insan vardır ama çok az Einstein vardır. En zorlu problemi çözmek için en gözde kuralları çiğnemeniz gerekebilir. Henry Ford,birbirinin aynı ve pratik bir otomobil olan Model T'nin seri üretimini yaparak servete ulaştı. Ford, aklındaki Model T kuralı nedeniyle neredeyse bu serveti tamamen kaybedecekti. Rakipleri, giderek zenginleşen orta sınıf için gösterişli ve değişik özellikleri olan seçenekler sundu. Henry, aklındaki kuralı yıkmadığı için gösterişli arabalar yapmayarak pazar payını kaybetti. Eğer İkinci Dünya Savaşı olmasaydı ve Ford fabrikalarının tamamen askeri üretim için dönüştürülmesi şirketi kurtarmasaydı, Ford Otomotiv Sanayi muhtemelen piyasadan tamamen silinecekti.

Yıkmanız gereken kural,sağduyu kurallarını ihlal edebilir. Siz ve meslektaşlarınız kesinlikle aptalca bir hata yaptığınızı düşüneceksiniz. Ama sağduyuyu ihlal etmek, problemi çözmenin tek yolu olabilir. Einstein'ında itiraf ettiği gibi, en büyük hatası evreni kendi sağduyusuna uydurmak için bazı denklemleri yeniden düzenlemesiydi. Hesaplamaları, evrenin ya genişlediğini ya da daraldığını gösteriyordu. Ama o, evrenin değişmez olması gerektiğini düşünüyordu. Gece gökyüzüne kısa bir bakış bu gerçeği onaylıyordu. Ancak sonra, astronomlar evrenin genişlediğini gözlemlediği zaman,teorisini değiştirdi. Siz de Einstein gibi (kuralları yıkarak) kendi imkânsız problemlerinizi çözebilirsiniz. Bu kolay olmayacak ama yaparken çok eğleneceksiniz. Kuralları yıkmak çok neşe vericidir. Size engel olan kuralları yıkmayı öğrenebilirseniz, evren sizindir.

BÖLÜM İKİ

HAKİKAT EVRENİMİZ

"İlk kural, kendinizi kandırmamanız gerektiğidir ve kandırılması en kolay kişi sizsinizdir."

RICHARD FEYMAN

Kural yıkıcı düşünce işe yarar çünkü ısrarlı ve inatçı problemlerin çözümü genelde kendi *hakikat evrenimiz* dışında bulunur. Her birimiz, içinde kesinliğinden emin olduğumuz fikirler, gerçekler ve ilkeler olan kendi özel hakikat evrenimizin merkezine odaklanırız. Bu, temeli sağlam bir kesinliktir. Evrenimizin hakikati okuduklarımıza, deneyimlerimize ve iletişim hâlinde olduğumuz şeylere göre sürekli olarak onaylanır.

Elbette ki evrenlerimizin mükemmel olmadığını biliyoruz. Anlamadığımızı bildiğimiz birçok şey vardır. Örneğin; süper simetri, Peru tarzı yemek pişirme, ya da iyi bir kriket maçının iyi olduğunu nasıl anlayacağımızı bilmeyiz. Yine de önemli konularla ilgili doğruları bildiğimize eminizdir.

Karşıt kanıtlara rağmen kendi evrenimizin tamamen doğru olduğu yönündeki öz güveni sürdürürüz. Örneğin benim hakikat evrenim muhtemelen sizin hakikat evreninizden tamamen farklıdır. Bu, ikimizin de her şeyi tam anlamıyla bilmediğimize dair bir ipucudur. Ancak bunun yerine, her ikimiz de diğerinin henüz ışığa ulaşmadığı fikrini rasyonelleştiririz.

Ayrıca, hakikat evrenimizin yıllar geçtikçe değiştiğini de biliriz. Bazı düşünceleri terk ederiz ve yenilerini benimseriz. Bu, aynı zamanda kendi güncel hakikat evrenimizin de mükemmel olmadığını kanıtlar. Ancak genellikle aptalca düşüncelerimizi aştığımız ve aptallığımızı geride bıraktığımıza inanırız.

Mantıken, dünya ile ilgili görüşlerimizin, inançlarımızın ve düşüncelerimizin mükemmel olmadıklarını kabullenebilmemiz gerekir. Yine de çoğu insan, yanlış olabilecek temel inançlarını tespit etmeyi başaramaz. Önemsiz fikirlerde biraz eksiklikler vardır ama sıra önemli konulara geldiğinde doğru cevaplara sahip olduğumuzdan eminizdir. Düşüncelerimizin hepsi doğrudur. Sadece bir aptal düşüncelerimizin yanlış olduğunu söyleyebilir.

Ben, bunun aksini iddia ediyorum. Hakikat evrenimiz mükemmel olmaktan uzaktır çünkü mükemmel değildir, birçok önemli düşünceyi örtbas eder. Problem çözmeye giriştiğimiz zaman doğal olarak kendimizi, hakikat evrenimizin doğru olduğunu onaylayan çözümlerle sınırlarız, kendimizi daha üstün çözümlerin bulunduğu diğer evrenlerden uzaklaştırırız.

Çoğu problem, çözülememiş olanların birçoğu da dâhil,mevcut hakikat evreniniz dâhilinde çözülemez. Büyük ihtimalle bu problemleri çözmekten yıllar önce vazgeçtiniz çünkü hiçbir çözümü yokmuş gibiydiler. Ancak, asıl problem zihnimizdedir.

KURALLARA UYMAK İÇİN EĞİTİLDİK

"Sosyal konumumdaki birçok kişide olan, onursuzca uyum sağlama düşkünlüğü bana her zaman itici gelmiştir."

ALBERT EINSTEIN

Kuralları yıkma yeteneğimiz, zamanla körelir çünkü hayatımız boyunca sayısız kurala uymak üzere eğitiliriz ve bu yönde sosyalleştiriliriz. Eğitim, sosyal normlar ve standartlaştırma bir araya gelip kural alışkanlıklarımızın rutinleşmesine neden olur.

Bu eğitim çocukluğumuzda başlar ve anne-babamızın, ailelerimizin görüşlerine, standartlarına ve normlarına maruz kalırız. İlkokuldan itibaren çevremizdeki birçok insanın kurallarını paylaşırız. Lisede daha fazla kural ve gerçekler; kariyer hedeflerimiz, dini inançlarımız, siyasi görüşlerimiz, boş vakitlerimizde ne yapacağımızla ilgili toplum tarafından kabul edilebilir çözümler öğreniriz.

Muhtemelen en zararlı şey, eğitimimizin her seviyesinde; herkes gibi düşündüğümüzde, problemleri kabul edilebilir yöntemlerle çözdüğümüzde ve otoriteye uyduğumuzda hayatın rayında gitmesidir. Farklı düşündüğümüzde, yeni çözümler denediğimizde ya da otoritelere meydan okuduğumuzda hayat biraz can sıkıcı olabilir.

Einstein, kuralları yıkma konusunda mükemmel bir örnek teşkil eder çünkü o asla topluma uyan bir kişi olmadı. Einstein'ı sessiz bir profesör olarak anlatan şeyler okuduk ama bize göreliliği anlatan Einstein'ın bir davranış sorunu vardı. Nadiren derslerine giderdi, zamanını laboratuvarında ya da kafelerde harcamayı tercih ederdi ve sonuç olarak profesörleri, istediği akademik pozisyon için referans vermediler. Bu, zorlu bir eğitimdi ve Einstein bağımsızlığını kazanamadığı için çok sıkıntı çekiyordu: Profesörleri, ona istediği akademik pozisyonu elde etmesi için gereken referansı sağlamamıştı. Ama Einstein, bilgi edinmenin bir yolunu köle gibi dalkavukluk yapmadan bulmayı başardı. Bu muhteşem bir avantajdı.

Okuldan mezun olduğumuzda kalabalığa uyum sağlamaya devam ederiz. İnovasyonu savunan şirketler bile yenilikçi düşünceyi desteklemez. Birileri toplantıda "çılgın" bir öneride bulunursa kimse, "Vay canına, bu kadar orijinal bir düşünce alışılmamış bir çözüme öncülük edebilir." demez. Bunun yerine, kurallara karşı gelen kişi olarak görülürler. Çünkü bize kuralları öğrenmemiz, kuralları uygulamamız ve kurallara saygı duymamız öğretildi.

Einstein, en iyi fikirlerini kendini bilim topluluğundan tamamen izole ettiğinde buldu. Bir patent ofisinde çalışırken kimse onun fizik çalışmalarına karışmadı. Kadrolu olmasını engellemekle tehdit edecek kişiler ve çılgın fikirlerini dizginleyecek bölüm başkanları yoktu. Diğerlerinin düşüncelerini öğrenmek için toplantılara katılmadı. Einstein, büyük çözümler yaratmakta özgürdü. Ve yarattı da.

Teamül, düşüncemiz üzerinde güçlü bir etkiye sahiptir. Örneğin; en modern, en gelişmiş tren bile standart ray ölçülerinde yol alır. Rayları, aynı ray açıklığını kendi ülkelerinde kullanan İngiliz mühendisler yaptığı için, ray açıklığı Amerika'da standart hâle getirildi. İngiliz demir yolunun bu standardı kullanmasının sebebi araç kalıplarının, aksları o ölçüde üretmek için uygun olmasıydı. Tüm taşımacılık araçlarında, İngiliz yollarındaki boşluklara sığabilmeleri için aynı boyutlarda aks kullanılırdı. İngiliz yolları,ilk başta Roma yolları gibi düzenlenmişti, Roma'da kullanılan iki tekerli arabalarla yapılan, yol gösterici teker izleri olurdu. İki tekerli arabaların aksları, iki adet at kullanımına uygun olacak şekilde tasarlanmıştı.

Modern bir taşımacılık sistemi, Roma atları için mükemmel olan teknikten kurtulamıyor; tıpkı bizim düşüncelerimizin jenerasyonlar öncesinden kalan düşünme tarzına göre şekillenmesi gibi. Binlerce yıllık rutinlere, bu kuralların kullanılma amacının artık mevcut olmadığını fark etmeyerek devam ediyoruz.

UZMAN OLUYORUZ

"Tanrı, otoriteye olan saygısızlığımı cezalandırmak için beni de bir otorite kıldı."

ALBERT EINSTEIN

Büyük bir kural yıkıcı olan Einstein'ın, çıraklık dönemindeki Einstein olması şaşırtıcı değildir. Çıraklar,sık sık Nobel ödülü kazanan çığır açıcı fikirleri ortaya atan kişiler olurlar. Ünlü birer uzman olduklarında ödül kazanırlar ve kabul görürler ama çığır açıcı fikirlerini çıraklık dönemlerinde bulurlar.

Çıraklar en iyi kural yıkıcılardır. Birinin henüz öğrendiği kuralı aşması daha kolaydır. Çıraklar kavramları bilirler ama yine de onları görmezden gelebilirler. Bu,başka bir kültürün alışkanlıklarını öğrenmek gibidir. Yabancı biri, yeni bir alışkanlığı öğrenip uygulayabilir ama kural bu kişi için kökleşmiş olmadığı için, kaygılanmadan o alışkanlığı terk edebilir de. Öte yandan bir yerli, bu kural alışkanlığı kökleşmiş olduğu için asla kurala karşı gelmeyi düşünmez.

Hepimiz şu ya da bu alanda uzmanlıklar geliştiriyoruz. Bunu yaparken, çıraklık zamanımızdan kalan kural yıkma yeteneğimiz söner. Düşünceler, çiğnenemez kurallar hâline gelir. Artık yer çekimine karşı gelmeye çalışmadığımız gibi, kurallarımızı da yıkmayız.

HAKİKAT EVRENİMİZİN PSİKOLOJİK KÖKENLERİ

"Mantık: İnsanın yanlış anlama eğiliminin sınırlarına sıkı sıkıya bağlı olarak düşünme ve yorumlama yeteneği."

AMBROSE BIERCE

Kendi hakikat evrenimize olan irrasyonel güvenimiz sadece eğitimden kaynaklı değildir. Bütün düşüncelerimizin tartışılmaz geçerliliğine olan derin güvenimizin psikolojik nedenleri de vardır.

Sınırlı Algı

Her gün, bir bilgi sağanağına maruz kalırız. Çevremizdeki herkes;ailemiz, arkadaşlarımız ve meslektaşlarımız sürekli değişen aktivitelerle meşguldür. Değişik haber kaynaklarından kimsenin ayıklayamayacağı kadar çok mesaj ve bildirimler alırız. Bunları kendimiz de ayıklamayız.

Beynimiz, algıladığımız şeylerin küçük bir bölümü hariç, hepsini filtreler. Kalanı, hakikat evrenimize girmez bile. Böyle bir mesaj ya da bildirim asla var olmamış gibi dışarıda kalır.

Çevremizde olup biten tüm önemli konular hakkında bilgi sahibi olduğumuzu düşünürüz ama aslında sadece bizim için hayati ve ilginç olan şeyleri gözlemleriz. Geri kalan bilgileri dikkate almayız, çünkü bu bilgiler bizim avantajımıza ya da kurallarımıza uygun düşmez. Hatta bir ayrımda bulunduğumuzun farkına bile varmayız.

Christopher Chabris ve Daniel Simons'ın gerçekleştirdiği "görünmez goril deneyi" sadece ilgilendiğimiz şeyi algıladığımızın mükemmel bir örneğidir. Deneyde üçü beyaz, üçü siyah giyen altı öğrenci iki basketbol topunu birbirlerine atmaktadır. Deneklere, beyaz giymiş öğrencilerin topu kaç kere attıklarını saymaları söylenir. Bu, çaba gerektiren bir görevdir çünkü denekler, toplar atılırken sürekli hareket hâlindedirler. Bu kısa oyunun ortasında, goril kostümü giyen bir oyuncu diğer oyuncuların arasına dalar, göğsünü yumruklar ve çıkar. Goril, en az on saniye süresince görüntüde kalır, bu da deney videosunun neredeyse yarısı kadar bir süredir. Ancak, deneklerden sadece yarıya yakını gorili fark etmiştir.

Filtrelerimizden geçen bilgiler,genellikle kendi hakikat evrenimizin kurallarına uyar. İşte bu, Einstein'ın kariyerinin ilerleyen dönemlerde başına gelen şeydir. Her ne kadar evrenin kuantum doğasını doğrulayan güçlü kanıtlar olsa da Einstein'ın kural rutini, bu kanıtı ekarte etti. Bunun yerine, kuantum teorisinin çözümlenmemiş yönlerine odaklandı. Sonuç olarak, kendi evreninin kurallarının gözlemlenebilen evrenle ne kadar çelişkili olduğunu göremedi.

Sınırlı Hafıza

Dünyamızın çok az bir kısmını algılıyor olmamız yeterince kötüdür. Ayrıca, bilginin beynimizden sıkıca filtrelenerek geçmesinin ardından, bilgilerin çoğunu yanlış hatırlar ya da unuturuz.

Beynimiz, çok fazla şeyi hatırlayabilir ama bizim hatırlayabileceğimizi düşündüğümüz kadar fazla şeyi değil. Birçok insan çok iyi hafıza sahibi olabilir. Hipertimezi teşhisi alan bireyler çok detaylı otobiyografik hafızaya sahiptir ve geçmiş deneyimleri çok detaylı biçimde hatırlayabilirler. Bazıları ise kitapları ya da sayısız şiiri ezberleyebilirler. Yıllarına göre detaylı spor istatistiklerini ezbere söyleyebilen fanatik sporseverler bile tanıyor olabilirsiniz.

Hafızalarımız büyük ölçüde kurallarımız tarafından biçimlendirilir. Hakikat evrenimizin kurallarına uygun deneyimleri hatırlar, uymayanları unuturuz. Yine de beynimiz bizi hatırladıklarımızın doğru olduğuna inandırmakta çok başarılıdır. Beynimiz, ilgili olduğumuz bir şeyi hatırlayamadığında, hatırlanmayan anının yerine bir şeyler uyduracaktır.

Aslında, detaylı anıları bir başkasına ya da kendinize sahte anının görüntüsünün tanımlayıcı bir resmini çizerek aşılamak çok kolaydır. Aynı zamanda, zayıf bir anıyı başkasıyla değiştirmek, algıladığınız kurallara uyan daha güçlü anılarla değiştirmek de mümkündür. Böylece geçmişteki hayat deneyimlerimize baktığımızda, yaşadığımız her şeyin kurallarımızı ve evrenimizdeki görüntüleri geçerli gösterdiğini hissederiz. Ancak, hatırladığımız şeylerin sınırlı dizisi olan anılarımız genelde doğruluktan çok uzaktır.

Test deneklerinden 11 Eylül olayları ya da Kennedy suikastı gibi önemli olaylardan hemen sonraki anılarını kaydetmeleri istendi. Yıllar sonra deneklerden aynı belirli olayla ilgili anılarını tekrar kaydetmeleri istendi. Her ne kadar deneklerin çoğu hatırladıkları şeyin kesin ve doğru olduğuna inansalar da kaydedilen her olayın bir karşılaştırması aslında sonucun başka türlü olduğunu gösteriyordu. Anılar hızla aşınarak hem doğrulukları hem detayları konusunda eksilme yaşarlar.

Einstein kuantum mekaniğini düşündüğünde klasik düşünceleri kullanarak problem çözmeye dair çok güçlü anılarının büyük etkisi altındaydı. Sonuç olarak deneyimlerinin tamamı ona kuantum mekaniğinin takip edilemeyecek kadar yanlış bir yol olduğunu söyledi.

Fark Edilmeyen Etkiler

Algılarımız, genelde dikkat bile etmediğimiz çevresel etkilerle önemli ölçüde çarpıtılır. Örneğin; denekler ağır bir pano taşırken, hafif bir panoya göre daha önemli bir şey taşıdıklarına inanma eğilimindedirler. Fiziksel olarak çekici olan insanlar daha otoriter ve entelektüel açıdan daha yetkin görünürler. Vücut ısısı, kişiler arası ilişkinin sıcaklığını nasıl değerlendirdiğimizi gösterir.

Sonuç olarak hakikat evrenimiz, farkında olmadığımız şekillerde sürekli olarak etkiye maruz kalır. Yine de kendimizi, düşüncelerimizin ve kararlarımızın daima mükemmel düzeyde akılcı olduğuna ve tamamen konuyla ilgili gerçeklere dayandığına ikna ederiz.

Kesinlik

Haklı olmaya bayılırız ve hatalı olabileceğimizi düşünmek bile istemeyiz. Yine de, zeki insanlar da bizden çok farklı düşüncelere sahip olup haklı olduklarından emin olabilirler. Tukididis tarafından kaleme alınan ve Atinalılarla Spartalılar arasında geçen *Peloponez Savaşı Tarihi* bu durumu çok net olarak gösterir. Tukididis, bir kent anlaşmayı ihlal ettiğinde o kentte yaşayan herkesin kurban edilmesinde bir yanlışlık görmeyen çok mantıklı ve zeki bir insandı. Ona katılmıyor olabilirim ama ikimiz de haklı olduğumuzu düşünüyoruz.

Beynimiz, haklı olmaya bağımlıdır. Beynimiz, kesinlik konusunda çok ısrarcıdır çünkü belirsizlik bizi rahatsız eder. Çevremizdeki etkenler, bir şeyden emin olmamızı tehdit ettiğinde beynimizdeki amigdala aktif hâle gelir. Amigdala; hafızanın karar alması, duygusal tepkiler için anahtar işlev görür ve bu işlevler bizim tehditlerle baş etmemize yardım eder. Beynimiz, belirsizliği çözmek için aşırı düzeyde motive olur.

Bazen bu kesinlik ön yargısı,gözlemler teori ile çeliştiğinde, dünyanın Einsteinları ve Isaac Newtonlarını gizemleri çözme konusunda dürtüler. Yine de kesinlik konusundaki ön yargımız, beynimize belirsizliği çözmek için yanlış sonuçlardan sapmamak gerekti konusunda diretir.

Genelde beynimiz, bizim haklı olduğumuzu ve evrendeki herkesin haksız olduğunu söyler. Sık sık diğer insanların kendi düşünceleriyle çelişen gerçekleri bu şekilde ele aldıklarını görürsünüz. Siz ve ben aynı şeyi yapmışızdır ama muhtemelen fark etmemişizdir.

Beyniniz, ona zulmeden güncel algılarınız ve anılarınızda emin olmadığınız konuları tarayıp bunları çözmeye çalışır. Tekrar eden bir davranış bulduğunda bir cevap yaratır. Bu, çok da iyi bir cevap olmak zorunda değildir. Sadece hakikat evreninizin kesinlikle doğru olduğunu düşünmenizi ister. Beyniniz, nasıl olursa olsun, kendi kesin kurallarına bağlı kalarak haklı olacağı bir yol bulacaktır.

Zıt Kanıtı Reddetmek

Beynimiz, kendi kurallarımızla çelişen kanıtları reddeder, bu kanıtlar çok ikna edici olsalar bile. Tıpkı farklı fikirlere karşı çalışan bir bağışıklık sistemi gibi, uygun olmayan her şey atılır. Bu reddediş, kesinlik ön yargımızla yakından ilişkilidir. İnançlarımızla çelişen bir durumla karşılaştığımızda bilişsel bir ahenksizlik oluşur çünkü birbiriyle çelişen çok fazla sonucu düşünmek zorunda kalırız. Tıpkı bir şeyden emin olmamaktan duyduğumuz hoşnutsuzluk gibi, bilişsel ahenksizlikten de hoşlanmayız ve mümkün olduğunca hızlı bir şekilde bunu çözmeye çalışırız.

Beynimiz, bilişsel ahenksizliği çözüme ulaştırmada çok başarılıdır. Fikrimizle çelişen kanıtları görmezden geliveriz. Mümkünse,onları hiç var olmamış sayarız. Bunlar sık sık karşımıza çıkıyorsa ve onları görmezden gelmemizi imkânsız kılıyorsa, bunu bir anomali ilan ederek üzerinde daha fazla düşünmenin gereksiz olduğuna karar veririz.

Kendi düşüncelerimiz ve inançlarımızla çelişen kanıtları düşünmeye zorlandığımızda objektif olamayız. Bunun yerine, beynimiz hemen atağa geçerek bu can sıkıcı düşünceyi reddetmek için bir neden aramaya başlar.

Bunun iyi bir neden olması gerekmez. Genelde, aklımıza gelen ilk neden yeterince iyidir. İlk akla gelen, genelde karşı düşünceyi savunan kişiye saldırmaktır: "Aptal işte", genellikle hoşlanmadığımız bir düşünceden kurtulmak için yeterli bir nedendir.

Beynimiz, o düşünceden kurtulmakla yetinmez. Bu yeni kanıtı reddetmek için bir neden yarattıktan sonra beynimiz bizi dopamin (mutluluk hormonu) salgılayarak ödüllendirir. Karşı kanıtı reddettiğimizde ve bilişsel ahenksizliği çözdüğümüzde kendimizi iyi hissederiz.

Elbette ki güncel inançlarımıza karşı olan kanıtı ve kanıtın ilham verdiği düşünceleri reddetmek için iyi sebepler de vardır. Yeni düşüncelerin yerleşmesi çok maliyetlidir, bunu daha sonra geniş bir şekilde ele alacağız. Geçmişte insanlar yeni bir avlanma tekniğinde ustalaşmadan ya da yeni ekini ekmede mükemmelleşmeden önce kolayca ölebilirlerdi. Yeni düşüncenin her ne kadar ciddi sonuçları olsa da günümüzde bu sonuçların ölümcül olma olasılığı hayli düşüktür.

Yeni düşünceler, şahsa eskiden olduğu kadar tehlike arz etmezler. Yine de yeni kanıtı ve ilham verdiği yeni düşünceleri reddetme düzeneği beynimizde hâlâ aktiftir, tıpkı kuralları yıkmak ya da kendi sınırlı hakikat evrenimizden kaçmak için doğuştan gelen ya da öğrenilmiş engeller gibi. Bu korkunç bir dezavantajdır çünkü karşı kanıt ve onun yarattığı bilişsel ahenksizlik aslında yıkılması gereken bir kuralın erken belirtileridir.

Kayıptan Kaçınma

Hakikat evrenimizin kuralları, kayıptan kaçınma isteğimiz tarafından korunur. Kaybetme nefretimiz, kazanma sevgimizden daha ağır basar. Örneğin; her olasılık aynı olsa da bir insan için 5 dolarlık kaybı engellemenin sıkıntısının, 20 dolar kazanmak için uğraşmaktan daha fazla olması çok yaygın bir durumdur. Beynimiz bir kaybı, kaybın gerçek sonuçlarından oldukça orantısız bir acıyla ilişkilendirir. Sonuç olarak fırsatları değerlendirirken, özellikle bir değişimi gerektiren fırsatları değerlendirirken,nispeten küçük potansiyel kayıplar çok daha büyük fırsatların değerini gölgede bırakır.

Alışılmamış çözümleri iyimserlikle değerlendirmek daha da zorlaşır. Sonuçta, yeni bir şeyler deneyebilir ve bunun işe yaramadığını görebiliriz. Kaybettiğimiz zaman da bundan nefret ederiz. Yine de, kayıptan kaçınmak aynı zamanda yetersiz sonuçlar doğuracak var olan çözümlere tutunmamıza neden olur. Çok yüksek beklentilerimiz olmadığı için, beklediğimiz sonucu alırız. Bu yüzden de kaybediyormuş gibi hissetmeyiz.

Yeni düşünceleri değerlendirirken kayıptan kaçınma ön yargımız, yeni düşüncelerin riskini abartarak ve kazanımlarını azaltarak alışılmamış çözümleri dikkate alma cesaretimizi kırar. Sonuç olarak çoğu zaman,potansiyel kayıpları küçük ve potansiyel kazanımları yüksek olan düşünceleri reddederiz.

Korku

Kayıptan kaçınmamızla yakından ilişkili bir duygu, korkudur. Özellikle, bilinmeyen şeylerden korkarız. Hakikat evrenimizin güvenli alanından çıktığımızda, hiçbir şeyin ters gitmesini istemeyiz. Böylece kendimizi korkuya olan içgüdüsel tepkilerimizle koruruz: Savaş ya da kaç.

Hem savaşmamak hem kaçmamak, yeni düşüncelere karşı iyi bir tepkidir ama bu iki tepki genelde ilk verdiğimiz tepkiler olur. Bu, hep karşılaştığınız bir şeydir. Yeni bir düşünce sunulur ve tahmin edileceği gibi bu düşünce hemen saldırıya uğrar. Saldıranlar, genelde söz konusu düşüncenin kazançlı bir yönü olup olmadığını düşünmek için bir saniye bile ayırmazlar. Bu fikir yeni ve bilinmezdir, her şey ters gidebilir ve bu yüzden bu düşünceye karşı çıkmak gerekir.

Bazılarıysa yeni düşüncelerden kaçarlar. Bununla da karşılaşmışsınızdır. "Durum değişirse, giderim." Pek çok insan, yeni bir şeyin parçası olmaktan korkar ve kaçar. Sonuç olarak korkularımız sıklıkla bizi kendi hakikat evrenimizin sınırları içerisinde ve güvende tutar, elimizin altındaki yeni çözümlerin sayısız yöntemlerini keşfetmek korku vericidir çünkü henüz bilinmeyen ve deneyimlenmemiş çözümlerdir.

Tesadüfi Başarılar

Aklımız, hep bir kalıp arayışı içindedir ve tesadüfi başarılardan kurallar üretir. Beynimiz, bu tesadüfi ödüllere, öngörülebilir olanlardan daha fazla dikkat etmek üzere tasarlanmıştır.

Bu, faydalı bir kişisel özelliktir çünkü yeni yiyecek kaynakları ya da yeni bir pazarlama stratejisi gibi fırsatları tanımlamamıza yardımcı olur; yine de bu çarpık özelliğimiz, aynı zamanda problemlere de neden olabilir. Pek çok şey bizde bağımlılık yaratabilir: Kumar, ani duygusal değişimler yaşayan sevgililer ve bir kez başımıza gelmiş olduğu hâlde belli koşullarda işe yaradığına inandığımız çözümler...

Örneğin; kumarın tesadüfi başarıları inanılmaz derece bağımlılık yaratabilir. Kişi, muhtemelen kaybedeceğini bilse bile beyin nadiren gerçekleşen tesadüfi kazanımlara, düzenli kayıplardan daha çok dikkat harcar. Sonuç olarak kumarbazlar oyuna devam eder ve kumarhanelere düzenli olarak para harcamanın son derece mantıklı olduğuna ikna olurlar.

Tesadüfi başarılar sıkı sıkıya bağlı olduğumuz kural alışkanlıkları yaratabilirler, bu kurallar bizi başarıdan çok başarısızlığa götürse bile. Bu kurallar,aptalca olduklarını bilsek bile, düşüncelerimiz üzerinde güçlü bir etkiye ulaşabilir. Bir arkadaşımız pokerde eski bir şapka giyerek büyük para kazanabilir ve sonra da her poker oyununda hep aynı şapkayı giyer, daha sonra sadece ortalama bir şansın ötesine geçemese de. Aklındaki kurallar mantığını aşar.

Bizim de kendimize koyduğumuz, batıl inanç olarak görmediğimiz benzer kurallar vardır. Belki bir keresinde kötü bir davranışınız veya şikâyetçi tavrınız sizi istediğiniz sonuca ulaştırmıştır. Bu başarıyı hatırlar ve sonucu her seferinde iyi olmasa bile bu davranışı sürekli olarak tekrarlarsınız. Bu,sizin kuralınız olmuştur çünkü bir kere işe yaradığını görmüşsünüzdür.

Ait Olmayı İstemek

Hepimiz bir grubun üyesi olmak isteriz. Bu, tüm eğlencenin olduğu yerdir. Orası, güvenli olduğumuz yerdir. Bir grubun üyesi olarak kabul edilmek isteyen beynimiz, onlara uyum sağlamak için düşünce şeklimizi esnetmede uzmandır. Kalabalığa uyum sağlamak için düşüncemizi hızlıca, doğal bir şekilde ve çabalamaksızın değiştiririz.

Bu davranış için doğru nedenler vardır. Geçmişte uygunsuz düşüncelere sahip insanlar genelde büyük tehlike altındaydılar. Bugün bile, çatışmayı iyi geçinerek engellemek çok daha kolaydır.

Uyum sağlama isteğimiz, bizi de herkesin kör olduğu düşüncelere ve çözümlere karşı körleştirir. Bu, ayrıca bizi ait olduğumuz grubun ilgilenmediği düşünceleri önermekten ya da yeni bir şeyleri denemekten caydırır. Kural alışkanlıklarınız, ilişkili olduğunuz insanların kurallarına çok benzerdir. Uyum sağlamak da kurallara daha bağlı olmanız için ekstra baskı uygular.

Mevcut zihniyetimizin büyük ölçüde geliştirilebileceğini fark etmeliyiz. Ne yazık ki beynimiz, kendi hakikat evrenimizin ötesini görmemizi engelleyerek bize komplo kurar. Kuralları yıkmayız çünkü bu kuralları korumak üzere programlanmışızdır.

Görmezden geldiğimiz şeyleri anlamamız, tüm cevapları bilmediğimizi fark etmemiz, korkularımızı yenmemiz; kendi gerçeklerimizin dışına kalan sonsuz evrenlerde, yani risk bölgelerinde keşfe çıkmamız gerekiyor. Sadece o zaman beynimizin sınırlarının ötesinde yer alan, hayret verici düşünceleri keşfedebiliriz, tıpkı Einstein'ın yaptığı gibi.

BÖLÜM ÜÇ

EINSTEIN GİBİ DÜŞÜNMEK

"Kabul ettiğimiz geleneklerden, talihimizi ve itibarımızı zedeleyenleri ayırmalı ve hayatlarımızı buna göre şekillendirmeliyiz."

ALBERT EINSTEIN

SİZ DE EINSTEIN GİBİ DÜŞÜNEBİLİRSİNİZ

Siz de Einstein gibi hayal gücünüzü kullanarak alışılmışın dışında düşünebilirsiniz. Kuralları yıkmak, doğuştan gelen bir hakkımızdır. Biz yenilikçi bir nesiliz. Ağırkanlı ve yumuşak insanlar, böyle bir dünyanın karmaşasında sağ kalabilmesi beklenen son kişilerdir. Ancak, daha zorlu yarışlarda mücadeleyi biz kazanırız çünkü nesilleri olmasa da stratejileri saniyeler içinde değiştirerek kuralları yıkabiliriz.

Çocuklar, üstün yenilikçiler olarak hayata başlarlar. Bir engel tarafından önlenemeyen fantastik çözümler bulurlar. Yaşımız ilerledikçe bile cesurca düşünceye hayranlık duyarız. Devrim *tarzdır*. Modayı belirleyenler idolleşir. "Orijinal olmayan", "sabit" ya da "geleneksel" biri olarak görülmek küçük düşürücüdür. Kuralları yıkma fırsatı bize şevk verir.

Peki; değişim, yenilikçilik ve yaratıcılık öylesine saygın niteliklerken neden rutinlere saplanıp kalıyoruz? Kuralları yıkmak için sahip olduğumuz harika yeteneğimiz nereye kayboluyor?

HERKES EINSTEIN GİBİ DÜŞÜNEBİLİR

"Bilim, her günkü düşüncenin arındırılmasından başka bir şey değildir."

ALBERT EINSTEIN

Einstein gibi düşünmek; olgunluk, deneyim ya da eğitim gözetmeksizin herkesin başarabileceği bir şeydir. Daha az deneyimli olanlar, daha aydınlık çağdaşlarının başarısız oldukları şeylerde tekrar tekrar başarılı olurlar. Olmalılar da, çünkü akıl rutinlerinin çok derin olmaması gibi bir avantajları vardır.

Uzmanlar bile yenilikçi olabilirler. Alexander Graham Bell'in sağır bir öğretmen olarak kariyeri ona, telefonla ilgili çalışmasında konuşmayla ilgili harika bir içgörü kazandırdı. Ama başka bir avantajı daha vardı. Elektrikli aygıtlar konusunda çok az şey biliyordu. Herkes telgrafı geliştirmeye odaklanmışken Bell, ses tellerini taklit etti. Telefon, onu zengin yaptığında kuralları yeniden yıkabileceği yeni alanlara yöneldi. İnsanı havada tutan dev uçurtmalar yaptı, bunlar hidrofil botlarından üretilmişti; ayrıca fonografı geliştirdi. Uzmanlığın ya da yaşın onu yenilikçilikten alıkoymasına asla izin vermedi.

EINSTEIN GİBİ DÜŞÜNMEK

"Nazizm'den ve iki evlilikten sağ çıktığım düşünülürse gayet iyi olduğum söylenebilir."

ALBERT EINSTEIN

Einstein Gibi Düşünmek karmaşık bir süreç değildir ama kolay da değildir. Yanlış elle yazmak gibidir. Sağ elinizi kullanıyorsanız sol elinizle yazmak size kendinizi tuhaf hissettirir. Genelde başvurduğunuz, rahat ettiğiniz yönteme bir an önce geri dönmek istersiniz. Einstein Gibi Düşünmek de aynı hissi verir. Sağduyunun tuhaf olduğunu söyleyerek çığlık atacağı düşünceleri dikkate almalısınız. El üstünde tuttuğunuz kuralları yıkacaksınız, kutsal gelenekleri çiğneyeceksiniz ve bir asi gibi düşüneceksiniz. Şansınız varsa ve doğru ruh hâlindeyseniz bu iş çok eğlenceli olabilir. Einstein'ın "(iki elini kullanarak) çok yönlü" düşünme tekniği dünyayı değiştirdi. Daha çok Einstein gibi düşünmek, hayatınızı değiştirebilir.

Einstein Gibi Düşünmek, Einstein'ın problem çözme yaklaşımını taklit eden tekniklerin bir koleksiyonudur. Gerçek problemleri hedef almayı, kalıpları kırmayı, kuralları yıkmayı; yepyeni düşünceler ve Einstein için doğal olan türden diğer alışkanlıklar geliştirmeyi destekler.

Einstein'ın yorumlarından, problem çözmek için neyi önemli gördüğünü anlayabiliriz. Einstein'ın içgüdüsel olarak kullandığı kural yıkıcı teknikler, herhangi birinin taklit edebileceği yöntemlerdir. Onun yaptığını yaparak hepimiz Einstein gibi düşünebiliriz. Bu süreç 4 temel adımı içermektedir.

Doğru Problemi Bulmak

Einstein bile, yanlış problemle uğraşırken bir çözüm bulamazdı. Bunun için elinizde etkin hâle getirilebilir, sizin kendi beklentilerinizden farklı, hayal gücü çözümlerine izin veren bir probleminiz olmalı. Engelleyici problemlerin birçok sınırlaması vardır ve ancak imkânsız görevlerle çözülebilirler. Engelleyici bir problem,örneğin şu olabilir: "Kollarımı kanat gibi çırparak uçmak istiyorum."

Etkin hâle getirilebilir bir problem, ayaklarınızı yerden kesen bir çözüme izin verir. İyi bir problem, seçenekleri genişletir. Doğru problemi bulmak yoğun bir düşünce çabası gerektirir, özellikle de çözüm ortada görünürken.

Kalıbı Kırmak

Einstein, en çok her olasılığı düşündüğünde başarılı oluyordu, özellikle de saçma gelen fikirleri düşündüğünde. Kalıpları kırmak,genelde mantıklı düşündüğünüz için gözden kaçırdığınız ilginç fikirleri ortaya çıkararak sizi rutininizden koparır.

Kuralları Yıkmak

Kural yıkıcılık, çözüm bulmak için odaklı ve kasten izlenen yoldur. Tüm makul alternatifleri değerlendirip çözüm bulamadığınızda imkânsız alternatifleri incelemeli, bazı kuralları yıkmalısınız.

Çözüm Üretmek

İzafiyet teorisini faydalı bir hâle getirmek Einstein'ın yıllarını aldı. Harika çözümler, ilk akla geldiği zaman nadiren harika görünürler. Var olan düşüncelerle karşılaştırıldığında, en iyi buluşlar bile basit görünür. Yargınızı askıya almalı, yardım almalı ve hataları, harika bir çözüme götüren bir düşünceye çevirmelisiniz.

Einstein, dünyayı değiştirmek için bu teknikleri kulandı. Etkinleştirilebilir bir problem seçti. Çılgınca düşüncelerle uğraştı. Spesifik bir kuralı yıktı. Ve kuralları yıkarak ortaya çıkardığı fikri, üstün bir çözüm hâline getirene kadar geliştirdi. Siz de aynı şekilde problemlerinizin üstesinden gelebilirsiniz.

HİLELER

"Dünyada anlaşılması en zor olan şey kazanç vergisidir."

ALBERT EINSTEIN

Genç Einstein'ın Einstein gibi düşünmek için yardıma ihtiyacı yoktu. Bu, onun için doğal bir şeydi. Sadece fiziğin çiğnenemez kurallarını görmezden geldi. Yine de sonradan biraz yardım alsa daha iyi olurdu. Her zamanki kadar zekiydi ama aynı zamanda yeni kurallara ev sahipliği yaptığı için aklı oldukça kalabalıktı da. Bunların doğru kurallar olduğuna inanmak için iyi nedenleri vardı. Sonuçta,bu yeni kurallar evrenin nasıl işlediğine dair dikkat çekici çözümler bulmasına olanak tanımıştı. Bu kuralları genel görelilik teorisini yaratmak için kullandı. Onu dünya çapında şöhretle ve takdirle buluşturdu. Oldukça faydalı kurallardı.

Ne yazık ki Einstein'ın yeni kuralları onu kendisi için çok önemli olan yeni çözümleri bulmaktan uzaklaştırdı. Kuantum fiziğinin tabiatında yer alan belirsizliği kabul etmedi ve evrenin kurallarındaki bu lekeyi temizlemek için yıllarını harcadı. Einstein'ın evrenin rastgele olmadığı yönündeki kuralı, ilerlemek için ihtiyacı olan düşünceleri ve konseptleri bastırdı. Yine de yeni kurallarını yıkmayı düşünmek bile onun için imkânsızdı çünkü bu kurallar onun düşüncesinin kritik parçaları hâline gelmişti. Einstein'ın, Einstein gibi düşünmek için yardıma ihtiyacı vardı.

Bizim de yardıma ihtiyacımız var. Kendi kurallarımızı yıkmak elbette kolay değil. İyice oturmuş kural rutinlerimizin yolundan gidersek çıkmazda saplanıp kalırız. Bu yüzden Einstein gibi düşünme eylemini taklit etmek için ufak hilelerden yardım alacağız.

Hileler düşüncelerinizin akış yönünü değiştirir. Bir ırmağın yatağına yeni bir yön vermek isteseydiniz, bu yönü doğanın bizzat vermesini beklemezdiniz. Bu yeni yönü oluşturacak bir kanal olmalı. Düşüncenizi yeniden yönlendirmeniz için sizin de bir yapıya ihtiyacınız var. Kural rutininizden kaçmayı başarana kadar hileleri kullanmalısınız.

İlk hile, ne kadar sıklıkla Einstein gibi düşüneceğinize karar vermek ve sonra bu düşünceyi ne kadar sıklıkla gerçekleştirdiğinizi ölçmektir.

ÖLÇÜ

"Bahsettiğiniz şeyi ölçebilir ve sayılara dökebilirseniz, o şeyi anlıyorsunuz demektir."

LORD KELVIN

Sorumlu tutulduğumuz şey neyse onu yaparız. Kendinizi, kurallarınızı yıkmak için sorumlu tutmazsanız bunu başaramazsınız. Bir kural beyninize yerleştikten sonra, bu kuralı öylece görmezden gelmek çok zordur. Aklınız, Genç Einstein gibi olayların nasıl olması gerektiği yönünde sayısız kuraldan özgür değilse, kendi kurallarınızı yıkmak için kendinizi sürekli olarak zorlamanız gerekir.

Bunun bir yolu,farklı düşünmek için kendinize düzenli bir zaman aralığı belirlemektir. Bu zamana yayılmış sürekli çabaların,tek bir kural yıkma denemesinden çok daha harika sonuçlar vereceğini göreceksiniz. Süreklilik, aynı zamanda spontane fikirler ya da ilhamdan çok daha iyi sonuçlar verecektir. Yeni yöntemlerle ne kadar sık çözüm ararsanız, aradığınız çözümleri bulmanız da o kadar olasıdır.

Düşünmek ve bunu kayıt altına almak için, haftalık ya da aylık bir takvim hazırlayın. Ben düzenli kurallarımın ve projelerimin tamamlanma durumlarını takip eden bir program kullanıyorum ve hatalarımı ailemle paylaşıyorum. Çocuklarımın iyi niyetli alaycılıklarını, bir görevi tamamladıktan sonra yanına tik işareti koymanın verdiği haz kadar güçlü bir motivasyon kaynağı olarak görüyorum.

Alternatif olarak, gözünüze çarpacak bir yere takvim veya çetele koyabilir; ayda kaç kere hakikat evreninizi yıkmaya giriştiğinizi hesaplayabilirsiniz. Bu yöntemler, zorlayıcı olmadan, size kurallarınızı yıkmak için biraz zaman harcamanızı ve kendi hakikat evreniniz dışında çözümler bulmanızı hatırlatacaktır.

KILAVUZLAR

"Sürekli yaptığımız şey neyse, biz oyuzdur. O hâlde mükemmellik bir eylem değil, alışkanlıktır."

ARISTOTELES

Einstein bile, yaratıcılığını engelleyen "belirsizlik" rutininin dışına çıkmak için bir formülden yararlanabilirdi.

Bu kitapta, yaratıcı düşünce için gerekli konseptler; kılavuzlar ve hatırlatmalar olarak verilmiştir. Bunları tamamlamak, düşüncelerinizi kural rutininizden bağımsızlaştıran egzersizler yapmanızı sağlayacak.

Bu kılavuzları, zor problemlerimizi çözmek için kullanalım. Einstein gibi düşünmek en çok, var olan çözümler işe yaramadığında faydalı olur. Kuralları yıkmanız gerekir, çünkü bundan başka bir çözüm yoktur. Bu tarz problemler daha iyi motivasyon sağlar; ödüller daha büyük, sonuçlar daha ciddi olacaktır. Einstein, kulları yıkarak bir yılda fizikle ilgili en zor iki problemini çözdü. Kuralları yıkmanın, sizin en zor probleminiz için neler sağlayabileceğini görün.

Bu tekniklerin birçok çeşidi olabilir. Einstein düşüncesi bile geliştirilebilir bir şeydir. Kendinize uygun birkaç yöntem de siz geliştirin. Dünyanın daha fazla iyi çözüme ihtiyacı vardır, bu yüzden daha iyi fikirler aramayı alışkanlık hâline getirin. Sıradaki bölümde, size bir problemi nasıl seçeceğinizi ve bu problemin üstünde nasıl çalışacağınızı göstereceğiz.

BÖLÜM DÖRT

DOĞRU PROBLEMİ BULMAK

"Çözüm basitse, Tanrı cevap veriyor."

ALBERT EINSTEIN

Einstein, $E= mc^2$ sonucuna ulaştığı görelilik ve çözümü üzerine çalışmaya başladığında büyük bir avantaja sahipti: Elinde iyi bir problem vardı. Einstein'ın çağdaşlarının çoğu da o sıralarda aynı olgu üzerine çalışıyorlardı ama çok farklı bir problemi çözmeye odaklanmışlardı. Onların problemi şuydu:

"Doğa,nasıl bizim hareket edemeyeceğini bildiğimiz bir yönde hareket ediyor olabilir?"

Başarılı olamadılar. Daha fazla deney, daha fazla para ya da daha fazla çabanın bir faydası olmayacaktı. Başarısız oldular çünkü var olmayan bir cevabı arıyorlardı. Einstein başarılı oldu çünkü o geçerli bir çözümü olan bir problem üzerinde çalışıyordu. Kendine, *"Doğa, hareket edeceğini gözlemlediğimiz yönde hareket etseydi ne olurdu?"* diye sormuştu.

Bu problemin bir çözümü vardı. Einstein, bu çözümü buldu ve dünyamız değişti. Ama harika Einstein bile, yanlış problemi takip etseydi başarısız olabilirdi. Einstein gibi düşünmenin ilk adımı,sizi bir çözüm aramaya ve çözümü tanımaya yönlendirecek bir problem seçmektir.

CEVAPLAR SORULARI GEREKTİRİR

"Gözlem alanında, şans sadece hazır aklın yanındadır."

PASTEUR

Cevaplar, soruları olmadan cevap olamazlar. Cevapları ve çözümleri buluruz çünkü doğru sorularımız vardır. Şu listeye bir göz atın:

- Herbert Hoover
- Amundsen-Scott Güney Kutbu İstasyonu
- Belçika Kongosu

Listedeki maddelerin pek de ortak noktaları yok gibi görünüyor. Ancak hepsi birbiriyle ilişkili cevaplar, sadece soruların ne olduğunu bilmiyorsunuz.

Yukarıdaki tüm cevaplar madenciliğin politik boyutlarıyla ilgilidir. Ama soruları bilmeksizin bunu fark etmek elbette çok zordur. Doğru sorular olmaksızın cevapları tanımlamanız güçtür. İyi bir problem olmadansa bariz çözümlere bile ulaşmak çok zordur.

Yirminci Yüzyılda Maden ve Politika

Herbert Hoover	Hangi ünlü maden mühendisi Amerika Birleşik Devletleri Başkanı olmuştur?
Amundsen-Scott Güney Kutbu İstasyonu	Hangi bilimsel proje, Antartika'daki maden taleplerini sınırlamada rol oynamıştır?
Belçika Kongosu	Hangi ülkedeki uranyum madenlerini Nazilerin kontrolü altında olması, Albert Einstein'ın Franklin Roosevelt'e nükleer silah önerisinde bulunduğu bir mektup göndermesine neden oldu?

Şekil 4-1

Bir problemi çözmek değerli antika eşyalar aramak gibidir. Ne aradığınızı bilmediğiniz sürece sadece işe yaramaz şeyler bulacaksınız. Yeni harika fikirler; bizim güncel düşüncemizden çok farklı, çözüme ulaşmayan problemlerle ise fark edilemeyecek kadar çok benzerdir. Ama ne aradığımızı bildiğimizde, harika bir çözüm bulma ihtimalimiz artar.

Antik çağın dâhilerinden Arşimet, hayatı boyunca banyo yaptı ve her banyoya girişinde su yükseliyordu. Ama sadece kralın tacının hacmini ölçmek için bir yöntem ararken yükselen suyun harika bir hacim ölçme çözümü olduğunu fark etti.

O kadar heyecanlıydı ki banyodan çıplak çıkıp koştu. Bir buluşu bu kadar heyecan verici bulmak için aradığınız çözüme yönelik netbir görüşünüzün olması gerekir. O zaman, siz de cevabınızı ona doğru yöneldiğiniz anda fark edebilirsiniz.

AKLINIZI TOPLAYIN

"Ünlendikçe daha da aptallaştım, bu da çok yaygın bir olaydır."

ALBERT EINSTEIN

Çözmeye çalışacağınız problemi tanımlamadan önce, akıl karışıklığınızdan kurtulun. Farkında olduğunuz tüm problemler üzerinde yeterince düşünecek kadar yaşamayacaksınız. Çok fazla problemi düşünmek dikkatinizi dağıtacaktır. Bu problemlerin çoğunu bir kenara ayırırsanız daha başarılı olursunuz.

Problemler, dikkat eksikliğinden zarar görür. Zor problemleri görmezden gelmeye, onlara çözüm bulacak kadar dikkat harcamaktan daha eğilimliyizdir.

Diğer kolay problemler, en kötü dikkat dağıtıcılardır. Çözmek istediğiniz birden çok probleminiz varsa, bu problemleri aşağıdaki örnekte olduğu gibi kaydedin.

Problem Listesi

Problem	Neden Çözülmeli	Önemi	Sonraki Adım
Ürün geri dönüşünü azaltmak	Ürün fazlalıklarını yok etmek için	Orta	Geri dönüşler için en başta üç nedeni tanımla
Daha çok para kazanmak	Çocukların kolej masrafları için	Yüksek	Patrondan zam iste
Avrupa'ya satışı üç kat arttırmak	Ölçek ekonomileri kâr edebilmek için çok küçük	Orta	Münih'teki satış gücünü arttırmak
Açlığı sonlandırmak	Çünkü yeterince yiyecek var, aç kalmanın gereği yok	Yüksek	Einstein'ın düşünce analizi
Çatı sızıntısı	Tavana ve evdeki halılara zarar veriyor	Düşük	Kiremitleri değiştirmek

Şekil 4-2

Listeyi tamamladıktan sonra, Einstein gibi düşünerek, çözmek için bir problem seçin. Ben, sadece bir problemi, genelde en ilginç bulduğum problemi aktif olarak düşünüyorum. Diğerlerinin beklemesi gerekiyor. Onların aklınızı karıştırmasına izin vermeyin.

BİR YERE NOT ALIN

"Yirmi birinci yüzyılın cahili okuma-yazması olmayanlar olmayacak; öğrendiklerini unutup yeniden öğrenemeyenler olacak."

ALVIN TOFFLER,
FUTURE SHOCK KİTABININ YAZARI

Büyük problemler birçok ayırt edici özelliğe sahiptir ama bu problemler somut şekillerde başlar. Problemleri yazmak ve tekrar düzenlemek, maceracı düşüncelerinizi tetikleyecektir. Bu yüzden, problemlerinizi yazmalısınız. Düşünceleri kaydetmek onlara hayat verir. Aniden ölümle yüz yüze gelmediğiniz sürece, zorlu problemlerinizi çözümlemek için onları bir yere yazın. Ben Ek A.'da görebileceğiniz İyi Problem Kılavuzu'nu kullanacağım, ama daha iyi düşünmenize yardımı olacak her türlü problem tanımı formatı işinize yarar.

Problem tanımı yapmak, zihninizi odaklar. Tıpkı bir lazerin odaklanmış ışık dalgasının metali kesmesi gibi, aklınız da odaklandığında zorlu problemleri keserek dilimleyebilir. Problem için yaptığınız tanım, işte bu odak olacaktır.

Bu egzersizi yapmamak için aklınız çelinebilir. "Problemi biliyorum, yazmama gerek yok." diye düşünüyor olabilirsiniz. Okumaya devam etmeyi tercih edebilirsiniz. Bunu aklınızdan bile geçirmeyin, işe yaramayacak. Zekice çözümler bulabilmek için problemleri yazmanız gerekiyor.

Kısa bir problem tanımı ile başlayın. Problem için elzem olan birkaç isme ve fiile yoğunlaşın. En fazla yirmi beş kelime kullanın. En zor problemler bile yirmi beş kelime ile ifade edilebilir. Birkaç temel noktanın ötesindeki her tanım, problemin çözümünü engelleyen birçok kuralı ortaya çıkarabilir. Problemi tanımladıktan sonra, bu problemin neden çözülmesi gerektiğini kısaca yazarak kaydedin. Zorlayıcı ihtiyaçlardan kaynaklanan problemler, çözüme ulaşır. Çözmeye ihtiyacınız yoksa, karşılaştığınız gerçek bir problem değil demektir.

Daha İyi Bir Problem Listesi

İlk problem tanımı (En fazla yirmi beş kelime)	Açlığı sonlardır.

Şekil 4-3

Probleminizi düzenli olarak gözden geçirin. Sadece problemlerinizin listesine düzenli olarak göz gezdirmek bile, ilginç fikirler için ilham kaynağı olabilir. Bir problem hakkında kısa bir an bile düşündüğünüzde, beyniniz o problemin çözülmesi gerektiğini hatırlar. Nöronlarınız bir çözüme ulaşana kadar çabalamaya devam edecektir. Matematik dehası Maria Agnesi, geceleri bir problemin çözümüyle uyanırdı. Çözümü detaylandırdıktan sonra tekrar uykusuna dönerdi. Genelde sabahları yatağının yanında bir problemin çözümüyle karşılaştığında şaşkınlığa uğrardı.

GEÇERLİ BİR PROBLEM YARATMAK

"Araçların kusursuzluğu ve hedeflerin birbirine karıştırılması, bana göre, çağımızın karakteridir."

ALBERT EINSTEIN

Bazı görevlerin yerine getirilmesi imkânsız olsa da, çözümü imkânsız hiçbir problem yoktur. İmkânsızı başarmanız gerektiğini düşünebilirsiniz: Bir gecede yeni bir ürün çizgisi yaratmak ya da bir haftada bir fabrika inşa etmek gibi. Öyleyse probleminiz yanlıştır. Kötü problemlerin başarıyla çözülmesi söz konusu değildir. İyi problemler, harika çözümler sunar. Harika bir çözüm yaratmak için sonraki adımınız geçerli bir problem oluşturmaktır.

Probleminizi yapılandırın. Böylece mümkün olduğunca çok sayıda ve çeşitli cevaplara ulaşabilirsiniz. İyi problemler, gerçek ihtiyaçları karşılar. Kötü problemler ise aşikâr çözümleri açıkça ortaya koyar. Açık bir çözüm, uygulanamaz bir çözümse saplanıp kalırsınız. İyi problemler değiş-tokuşa izin verir. Kötü problemler esnek değildir.

Probleminizin çözümünü nerede bulacağınızı ya da sonunda çözüme nasıl rastlayacağınızı bilemezsiniz. Geçerli bir problem,çözümleri birçok yönden değerlendirmenizi mümkün kılar, özelikle de işe yaramayacağını düşündüğünüz çözümleri.

Diyelim ki size, çözmeniz için aşağıdakine benzer bir problem verildi:

Bob'un elmaları markete göndermesi için daha fazla kutuya ihtiyacı var. Dikdörtgen şeklinde bir kartonu var. Ölçüleri bire ikidir. Bob*'un elmalarını markete taşıması için kartondan yapabileceği en büyük kutu nasıl olur?*

Bu, iyi bir problem değildir. Bu problemi çözmenin tek yolu en büyük karton kutunun nasıl yapılacağını hesaplamaktır. Cevap sorunun içinde gibi görünüyor. Cevabın sorunun içinde olduğu sorular güzeldir ama bu, çoğu zaman çözmeye çalıştığınız zorlu problemler için işe yaramaz.

Einstein, bir probleme temeline inerek saldırmak gibi kendine has bir alışkanlığa sahipti. Bilinen gerçeklerin çoğundan ayrılıyor, en baştan anahtar konseptler oluşturuyordu. Bu şekilde meslektaşlarının aklını kurcalayan birçok kötü varsayımı engelliyordu. Bu tekniği,elinizdeki problemi de geçerli bir problem hâline getirmek için kullanabilirsiniz.

MOTİVASYONUNUZU TANIMLAYIN

"Bir insanın, iki hafta içinde asılacağını bilmesi, mükemmel derecede odaklanmasını sağlar."

SAMUEL JOHNSON

Yeni, rahatsız edici düşünceleri dikkate almamız için zorlayıcı nedenlere ihtiyacımız vardır. Bir çözüm bulmak, ruhsal ve fiziksel eylemsizliğimizi aşmamız için yeterince önemli olmalıdır. Bu, insanların "gereklilik, icadın anasıdır"demelerinin nedenidir. İyi ya da kötü bir teşvik varsa bir çözüm bulunabilir. Harika fikirler, ihtiyaç duyuldukları için harikadır.

Hristiyan ilahisi "Sakin Gece", kilise orgunun bir parçası kırıldığı için yazıldı. Noel hizmeti için ellerinde sadece bir gitar vardı. Sonuç olarak, gitar eşliğinde söylenebilecek güzel bir ilahi bestelendi. Başka bir dâhi, Stephen Hawking, fizik kariyerine hoş bir kızla tanıştığı ve onunla evlenmek istediği için atıldığını iddia etti. Bunu başarması için iyi bir işe ihtiyacı vardı. Hawking, bir aileyi desteklemek için evrenin sırlarını çözdü.

James Spangler, işini kaybetmemek için daha sonra Hoover markasıyla piyasaya sunulacak olan elektrikli süpürgeleri icat etti. Çok ağır olan halı temizleme makinesini kaldırabilmek için çok yaşlıydı. Ayrıca, bu makinenin kaldırdığı toz sebebiyle hasta oluyordu. Spangler, halıları temizlemek için başka bir yol bulamasaydı, işini bırakmak zorunda kalacaktı; bunu göze alamazdı.

J.C. Hall, Amerikan tebrik kartı işinin yeniden şekillenmesine yardımcı oldu çünkü başka bir seçeneği yoktu. Diğer kart dağıtımcıları gibi, o da Sevgililer Günü ve Noel için Avrupa'dan zarifçe işlenmiş kartlar ithal ediyordu. Ancak, Sevgililer Gününden birkaç hafta önce, bir yangında bütün kart stoku kül olmuştu. Avrupa'dan kart getirtmek için çok geçti. İflasın eşiğine gelen Hall, küçük bir yazı işleme firmasını satın aldı basit tasarımlar üretmeye başladı. Artık kendi baskısını kendi yaptığı için, diğer özel günler için de kartlar hazırlamaya başladı. Başka seçeneği olmadığı için şirketini ve çalıştığı endüstriyi değiştiren Hall, Hallmark'ı kurdu.

İhtiyacınız ne kadar büyükse o kadar yaratıcı olursunuz.

Dolabınızı düzenlemek gibi basit bir problem düşünün, şimdiye kadar imkânsız görünüyordu. Ancak, dolabınızı temizlemezseniz iki hafta sonra asılacağınız söylense, temizlerdiniz. Ya da 100.000 dolarla ödüllendirileceğiniz söylense, yine yapardınız. Doğru güdülenmeyle çok daha zor problemleri bile çözebilirsiniz.

Hernan Cortez, bir motivasyon ustasıydı. Ateşkesin bozulduğu izlenimini vermek için kendi donanmasına saldırıp ordusunu düşman bölgesinde bırakırdı. Aynı zamanda, küçük ordusunu ikna etmek için ödüller yaratmakta da eşit derecede yetenekliydi. Cortez, ordusunu Meksika'ya çekmek için zengin hazineler vadetmişti. Onu takip eden askerler, inanılmaz derecede zengin olmak istiyorlardı; o kadar zengin olacaklardı ki bu, yıllarca sürecek olan uğraşa, yoksunluğa ve uzak topraklarda ölüm riskine değerdi. Cortez, o kadar ikna ediciydi ki Küba adasında yaşayanların İspanyolların çoğu, ona bu seferinde eşlik etmek için adayı terk etti.

Cortez, soyut olmayan bir motivasyon sundu. Takipçilerinin zihninde, başarının onlara neler getireceğine dair net bir resim vardı. Kendilerini, geniş toprakların lordları olarak; onlara dalkavukluk etmeye gelen kraliyet armaları altındaki ziyaretçileri ağırlarken hayal edebiliyorlardı. Bolluk ve zenperestlik[1] içinde yaşamayı bekliyorlardı. Ruhlarını kurtarmak için kitleleri satın alacaklardı. Portrelerini, devasa salonlarda asılı dururken; asil torunlarının nesiller boyunca onurlandırılıp saygı duyulduklarını hayal ettiler. Bu, ciddi işkencelere, acıya ve ölüme göğüs germeye yeterdi.

---

1) Zenperest: Kadın peşinde koşan, zampara.

Kendilerini; dalkavuklarını ordunun krallık ceketleri altına alan, büyük varlıkların efendileri olarak gördüler. Zamparalığa ve açgözlülüğe giriştiler. Ruhlarının kurtuluşundan emin olmak için satın aldıkları yığınlar onlara büyük rahatlık verdi. Portre çizimlerini büyük salonlarda gördüler, soylu bir nesilden geldikleri için onurlandırıldıklarını ve saygı gördüklerini hissettiler. Bu, mükemmel düzeyde gerçek işkenceye, acıya ve ölüme cesaretlendirmek için yeterli bir zorlamaydı.

Cortez'in sağladığı güçlü motivasyon sayesinde ordusu, başarının yolunu buldu. Bunu, salt kas gücüyle ya da tek başlarına yapmadılar. Cortez, birçok muharebeyi, ordusunu fiziksel olarak dâhil etmeden; karmaşık dilbilim ve diplomatik problemleri aşarak kazandı. Pek çok tabi devleti, kendisine katılırlarsa Aztek baskısını kaldıracaklarına ikna etti. Hiçbir şey kolay ya da hoş olmadı. Ancak, Cortez ve adamları çözümleri buldu. Kazanacak ve kaybedecek çok şeyleri vardı. Cortez'in, kansere çözüm aramamış olması çok yazık.

Sizi çözüm bulmaya güdülemeleri için, ödüller ve bedeller bulmalısınız. Şekil 4.4'de gösterildiği gibi, çözmek istediğiniz problemi tanımladıktan sonra, başarılı olmanız durumunda ne kazanacağınızı da belirtin. Bu, sizi heyecanlandırmalı, hatta korkutmalı. Her fırsatta, bir çözüm üzerinde çalışmayı istemelisiniz. İkna edici ödülleri ya da bedelleri olan problemler çözüme ulaşır.

Motivasyonunuz, sadece kâğıt üzerine yazılmış soyut kelimeler olmamalı. Kendinizi, bölümünüzü yönetirken, önemli bir ödül alırken, başarınızın tadını çıkarırken hayal edin. Vizyonunuz, probleminizi çözmek imkânsız gibi göründüğünde size ilham verecek kadar somut şeylerden oluşmalı.

Çözüm bulmanın, sizin için ifade edeceği her şeyi kapsamalı. Kelimeler, sizi imkânsızı başarmanız için ikna etmeye yetmeyecektir. Duygularınızdan körüklenen bir vizyon, bunu yapacaktır. Bu vizyonu açıklayın.

Daha İyi Bir Problem Listesi

Çözümün size getirisi ne olacak?	Huzursuz suçluluk duygusu olmaksızın zenginlik

Şekil 4-4

Başarısızlığın sonuçları eşit düzeyde zorlayıcı olmalı. Yenilirseniz nasıl hissedersiniz? Nasıl sıkıntı çekersiniz? Şekil 4.5'te gösterildiği gibi; hayal kırıklıklarınızı, pişmanlıklarınızı düşünün, hatta fiziksel acıyı da hesaba katın. Bu düşünceleri gerçekçi ve korkunç kılın. Tabii, bir de bu düşünceleri kaydedin. Böylece, daha kolay hatırlanabilirler.

Daha İyi Bir Problem Listesi

Çözüm bulunamazsa ne olur?	Savaş Salgın Çevresel kriz Suçluluk

Şekil 4-5

Motivasyonunuz yeterince zorlayıcı olmadığı sürece, probleminizi çözemezsiniz. Motivasyon, çözümden önce gelir. Motivasyonunuzu kontrol etmek için kendinize şunları sorun:

Bu problemin çözüleceğine inanıyor muyum?

Problemi *ben* çözebilir miyim?

Problemi çözmek hoşuma gidecek mi?

Bu soruların herhangi birine"hayır" cevabı verdiyseniz, o zaman bir şeylerin değişmesi gerekiyordur. Aksi durumda, ikna olmayışınız ya da problemin hoşunuza gitmemesi, çabalarınızı sabote edecektir.

Daha İyi Bir Problem Listesi

Problem zorlayıcı ve eğlenceli mi?	Evet!!!

Şekil 4-6

Biz insanlar, imkânsız olduğuna inandığımız bir şeyde pek başarılı olamayız. Ancak, insanların imkânsızı, imkânsız olduğunu bilmeden başarmaları da oldukça sık rastlanan bir şeydir. Çözerken eğleneceğimizi düşündüğümüz problemler de çözüme ulaşır. Bir problemin çözüleceğine ve bu problemi çözerken eğleneceğinize inanırsanız, kartları kendi lehinize çevirirsiniz.

Motivasyonunuz üzerinde, zaman ve enerji harcamanın çözüm için gerekli olduğuna ikna oluncaya kadar çalışmaya devam edin. Yeterli motivasyon yaratamıyorsanız, problem tanımınıza geri dönerek baştan başlayın. Probleminiz sizin için zorlayıcı değilse, boşuna çabalamayın. Benim birinci kuralım şudur: Bir problem, eğer siz kahvaltıdan önce bu problemi düşünüyorsanız, zorlayıcıdır. Alarm saati çaldığında probleminizi hatırlıyorsanız da gerçekten motive olmuşsunuz demektir. Yeterince motivasyon yaratamıyorsanız iki seçeneğiniz vardır: Ya problemi olduğu gibi bırakın ya da probleme ilişkin yeni bir tavır belirleyin.

ESKİ CEVAPLARI TANIMLAYIN

"Geçmişteki örnekler, tehlikeli bir otorite kaynağıdır."

ANDREW JACKSON

Eski cevaplarınız, geçmişte problemi çözmek için işe yaramayan o fikirler, sizi bir çözümden alıkoyan kuralları tanıyabilmeniz için elinizdeki en iyi ipuçlarıdır. Bu cevaplar, işe yaramasa da kullanılır. Probleme bakış açınız, bu cevapları geçerli olarak görmenize neden olur.

Daha İyi Bir Problem Listesi

Şu anda elinizdeki en iyi çözümler neler?	Yiyecek yardımı Gelişme projeleri

Şekil 4-7

Etkin ya da tam olarak yararlı olmasalar da en iyi güncel çözümlerinizi bir yere kaydedin. Bu kayıtları, problemi çözmek için var olan kurallarınızı keşfetmek için kullanacağız.

Problemi Çözmek İçin Kurallarınızı Tanımlayın

Şimdiki düşüncenizi sınırlayan bir kuralı görebilirsiniz. Bu kural, problemi çözmek için bir koşul, bir kısıtlayıcı baskı ya da eyleme geçmek için istenen bir süreç olarak görünecektir. Eğer düşüncenizi sınırlayan bir kuralı görüyorsanız mutlaka bir kenara kaydedin. Örneğin, açlığı sonlandırmak için bütün çözümlerinizde "gıda ithalatı" olduğunu fark ettiyseniz, "gıda ithalatı yapılmalı" maddesini bir kural olarak kaydedin. Kendi kurallarınız, yenilikçi çözümleri görmenizi engeller. Bu kuralları tanımlamaya başlayın. Daha sonra onları yıkmak üzerinde çalışacağız.

DAHA İYİ BİR PROBLEM YARATMAK

"İlhamınızı ve hayal gücünüzü söndürmeyin, modelinizin kurbanı olmayın."

VINCENT VAN GOGH

Probleminiz hakkında düşündüğünüze göre, artık daha iyi bir problem yaratabilirsiniz. Daha iyi bir problem, sizi motive eder, size ilham verir, sizi eyleme geçmeye zorlar. Şimdilik, ilk adım kesin sınırları görmezden gelmektir.

GERÇEK SORUNLARI TANIMLAYIN

"Hayatı üzücü yapan şey, bir motivasyon ihtiyacıdır."

GEORGE ELIOT

Tüm problemler, bir ihtiyaçlar hiyerarşisinde yer alır. Her problem,üst düzey ihtiyaçlardan kaynaklanır. Bu da çözüm arayışının sebebidir. İnsanlar; zengin olmak, yemek yemeye devam etmek ya da ailedeki büyük teyzeye bir şeyler başarabildiğini göstermek için problemleri çözer. Ancak, bu üst düzey ihtiyaçlar, genelde problem çözümünde görmezden gelinir.

Hedefinizdeki problemi seçtiniz çünkü bu problemin daha yüksek ihtiyaçları karşılamak için bir yöntem olduğuna inanıyorsunuz. Ancak, bunun için başka, daha iyi yöntemler de olabilir. Belki de bu yüksek düzey ihtiyaç sizin gerçek sorununuzdur. Problem tanımınız, yüksek düzey ihtiyacınızı karşılamak için bu yolun tek seçenek olduğunu söyleyen,demode bir kural tarafından yönetiliyor olabilir. Bu yüksek düzey ihtiyacı, hedef problem kılmak pek çok yeni çözümlerin kapısını açabilir.

Bob ve elmaları hatırladınız mı? Bu problemi daha yakından inceleyelim. Elma çiftliği sorumuz, Bob'un elmaları taşımak için dikdörtgen kartonları en yüksek hacme sahip kutulara dönüştürmesi koşuluyla çözülüyordu. Markete daha fazla elma göndermek Bob'un problem hiyerarşisinin küçük bir parçası olabilir. Gerçek bir çözüm bulmak için Bob'un temel ihtiyaçlarından başlamamız gerekiyor.

Bob ile görüşseydik onun sadece hayatın tadını çıkarmak istediğini öğrenebilirdik. Bu, bir sürpriz olmazdı. Derine indikçe, Bob'un çiftçilikten daha fazla haz alırsa ya da daha fazla para kazanırsa hayatın tadını çıkarabileceğine inandığı sonucuna varırız. (Şekil 4.8)

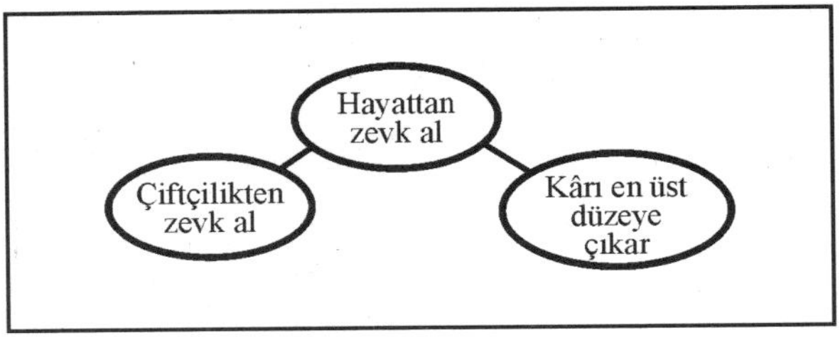

Şekil 4-8

Bob gerçekten kârını artırmakla ilgileniyor olsaydı onun problem tanımı şuna benzerdi: *Bob, markete göndermek için elindeki kutulardan daha fazla elma yetiştirdi. Aynı zamanda, beş yüz adet, bir metreye iki metre karton parçaları var. Bu durumda Bob'un kârını maksimuma nasıl çıkaracağını bulun.*

Aynı problem için bu tanım, yeni olasılıkların kapısını açar (Şekil 4.9). Bob, kartonları gösterişli külahlara ya da piramitlere dönüştürebilirdi. Hacim açısından daha küçük olsa da, yeni paketler elmaların görünümünün çekiciliğini ve market değerini arttırabilir. Paketlemeyle ilgisi olmayan başka çözümler de bulunabilir. Bob, üretim fazlası elmalarla ilgili önemli şeyler biliyordur. Bolluk sebebiyle ucuza satacağı elmaları paketlemekle vakit kaybetmek yerine, bu bilgiyi kullanarak, belki de elma üretimini kısarak daha fazla para kazanabilir.

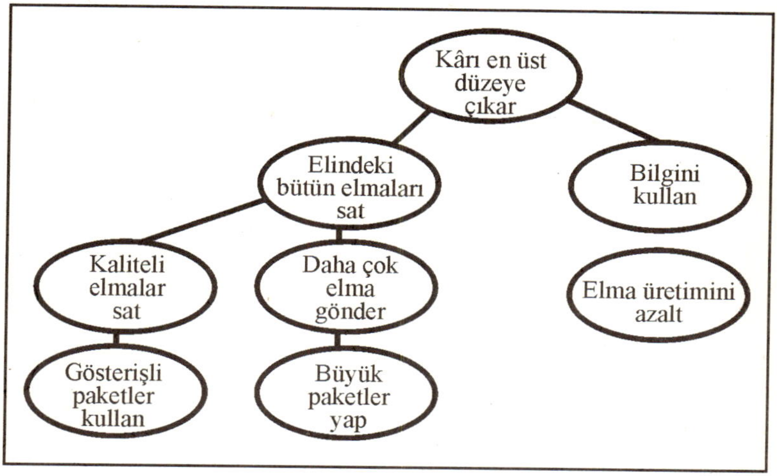

Şekil 4-9

Başka bir temel problem, çiftçilikten nasıl daha çok haz alabileceğidir. Bob, elmalarının dünyanın en iyisi olmasını istiyor olabilir. Belki de elma şırası yapmaktan daha çok zevk alacaktır. Bob'un imkânsız görünen elma problemi, şekil 4.10'da gösterildiği gibi, birçok yeni çözümü doğurabilir. Problemin temeline inerek olası çözümlerin sayısını çoğalttık, çözüm bulma sürecini de daha ilginç bir hâle getirdik.

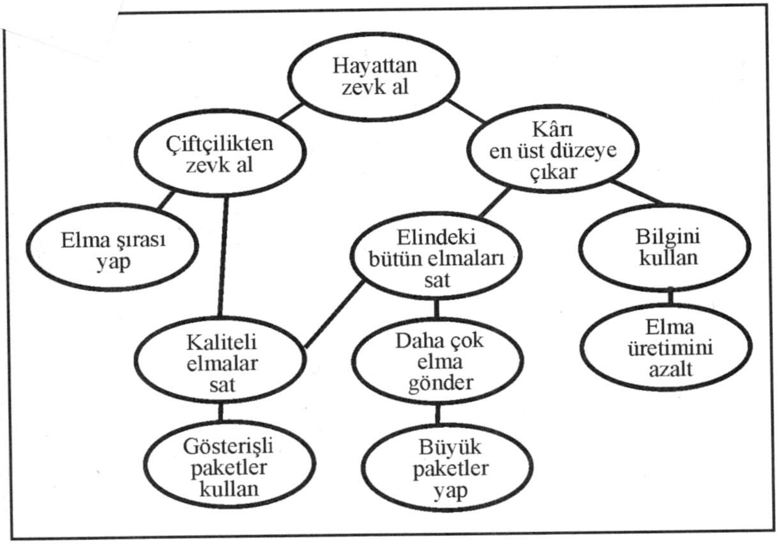

Şekil 4-10

Probleminizin kökünü oluşturuyor olabilecek yüksek düzey bir ihtiyacınızı tanımlayın. Şekil 4.11'de bununla ilgili bir örnek verilmiştir. Kendinize, bu ihtiyacın asıl probleminiz olup olmadığını sorun. Eğer öyleyse, olası çözümlerinizin sayısı artacaktır.

Geçerli Bir Problem Yaratma Kılavuzu

Problem hiyerarşisi	
Üst düzey ihtiyaç	Fakirliği sonlandır
Gerçek problem bu mu?	Açlığı sonlandır

Şekil 4-11

PROBLEMİ YENİDEN ÖLÇEKLENDİRİN

"Hırstan ya da sadece görev anlayışından doğan hiçbir şey gerçekten değerli değildir."

ALBERT EINSTEIN

Probleminiz çok büyük ya da çok küçük olabilir. Küçük problemler genelde,kısa vadede çözümlenmelerinin maliyeti, kısa vadede getirecekleri zarardan daha fazla olduğu için yıllarca bekletilir. Büyük problemlerden de vazgeçeriz çünkü çok zordurlar. Probleminizi çözebilmek için, yeniden ölçeklendirmeye ihtiyaç duyabilirsiniz.

Küçük bir problemi, daha büyük bir hâle getirin ki ona gerekli önemi veresiniz.

İhtiyacınızı etkileyici düzeyde arttırdığınızda sıkıntılarınızın çözümlerini bulmada daha yaratıcı ve dayanıklı olursunuz. Küçük probleminizi, büyük bir problem yapın. Başarısızlık durumunda olası sonuçların en kötüsünü kurgulayın. Çözümlenmezse hissedeceğiniz acıyı düşünün. Sonra problemi çözün.

Büyük problemler aynı zamanda zordurlar da. Başlamadan vazgeçeriz. Kötü sonuçlar kaçınılmaz görünür. Büyük ödüller bile ulaşılamaz görünür. Bu problemi çözmeye çalışma ihtimaliniz, Büyük Kanyon'un üstünden atlamaya teşebbüs etme ihtimaliniz kadar düşüktür.

Büyük probleminizi, çözebileceğiniz bir hâle getirmek

için küçültün. İnsanlar, bu yöntemi bizim üzerimizde her zaman kullanırlar. "Zor olmayacak" ya da "Sadece birkaç saatini alır." derler. Tabii! Problemi, baş edilebilir bir hâle getirmeye çalışıyorlar. Doğru da yapıyorlar. Yapacağınız şeyin ulaşılabilir olduğuna inanmanızı istiyorlar, aksi takdirde denemezsiniz bile.

Geçerli Bir Problem Yaratma Kılavuzu

Problemi yeniden ölçeklendirin	
Problem büyütülmeli mi?	Evrensel refahı hedefle.
Problem küçültülmeli mi?	Bir mahalledeki açlığı sonlandır.

Şekil 4-12

Sınırlamaları Görmezden Gelin

Bazen sınırlamalar, para ya da bilgi eksikliği gibi,beynimizi bir problemi tanımaktan alıkoyar. Problem çok zor göründüğü için hemen vazgeçeriz.

Einstein,yerleşmiş düşüncelerin, yeni çözümleri düşünme özgürlüğünü sınırlamasına çoğu zaman izin vermezdi. Bu yüzden bazen kendi teorilerini bile görmezden gelirdi.

Geçerli Bir Problem Yaratma Kılavuzu

Yaygın sınırlamalar	
Para sınırlıyor mu?	Var olan çözümlerin maliyeti çok yüksek
Bir başkasının egosu sınırlıyor mu?	
Korku sınırlıyor mu?	
Bilgi sınırlıyor mu?	
Formaliteler sınırlıyor mu?	Maliyeti ve gecikmeleri arttırıyor
Yetenek sınırlıyor mu?	
Zaman sınırlıyor mu?	
Eğitim ya da yeterlilik belgeleri sınırlıyor mu?	
Taahhüt sınırlıyor mu?	
Tavır sınırlıyor mu?	Bencillik, yardımlaşmayı engelliyor

Şekil 4-13

Sizi, hedef probleminize harika bir çözüm yaratırken sınırladığına inandığınız her şeyi yazın. Sonra bu sınırları unutun. Bu sınırlamaları, kural yıkmakla ilgili bir bölümde daha sonra ele alacağız. Şimdilik bu sınırlamaları yok sayıyoruz. Bu sınırlamalar yolumuzdan çekildiğine göre, problem tanımınızı nasıl daha geçerli kılabilirsiniz?

BASİTLEŞTİRİN

"Basitlik, çözüme giden en kısa yoldur."

WARD CUNNINGHAM

Basit problemler, çözülmesi en kolay olanlardır. Einstein, problemlerini basitleştiriyordu. Önce Özel Görelilik Teorisi'ni geliştirdi. Bu teori, bazı basit olaylara uygulanabilir olması açısından özeldi. "Basit Görelilik Teorisi" daha uygun bir isim olurdu.

Daha basit bir problem üzerinde çalışmak, Einstein'ın daha genel teoriyi mümkün kılan düşünceleri ve araçları geliştirmesine yardım etti.

Çoğu insan, bir problemi basitleştirmekten çekinir çünkü bu onlara hile yapmak gibi gelir. Öyledir de. Probleminizi imkânsız kılan kuralları yıkmaya çalışıyorsunuz, problemi basitleştirmek de bunun için çok önemli bir adımdır.

Geçerli Bir Problem Yaratma Kılavuzu

Basitleştirin	
Problemin daha basit bir versiyonunu tanımlayın.	Refaha engel olan unsurlardan birini saf dışı bırak

Şekil 4-14

Problem tanımınızda yer alan şeylerden mümkün olduğu kadarını eleyin. Ön koşulları, eksik çözümleri, fazla kelimeleri çıkarın. Problem tanımınızı, çözümü zorlaştıran yükten kurtarın. Einstein, bir dersinde fizik kurallarının basit olması gerektiğini açıklamıştı. Eğer basit değillerse ne yapacağını sormaları üzerine, şu cevabı verdi: "O zaman o sorunlarla ilgilenmem." İlginizi basit bir probleme odaklayın.

YENİ TUTUM

"Nasıl biriymiş gibi davrandığınıza dikkat edin çünkü ne gibi davranıyorsanız osunuzdur."

KURT VONNEGUT

Eğer hâlâ doğru problemi bulduğunuzdan eminseniz ve yine bu problemin çözülemez olduğuna inanıyorsanız değiştirilmesi gereken tek bir şey kalmış demektir: tutumunuz.

Arkasına saklanacak doğru maskeyi ve doğru ikinci kişiliğinizi bulmanız gerekiyor. İkinci kişiliklerimiz, genelde daha başarılıdır çünkü bizim yolumuza çıkan sınırlamalardan uzaktırlar. Kendi kişiliğimiz olmadığına göre, bizim zayıflıklarımızı da barındırmasına gerek yoktur. Don Kişot ya da Dr. Jekyll gibi kurgusal karakterler, kendileri yapamadıkları ya da yapmadıkları şeyler için maskelerini ve ikinci kişiliklerini kullanırlardı. Olağanüstü sonuçlar ve biraz eğlence için kendi ikinci kişinizi oluşturun.

Önünüze boş bir sayfa alın. En üste, ikinci kişiliğiniz için bir isim yazın. İkinci kişiliğiniz, görevine göre; zorba, gizemli ya da alaycı olabilir. Bir ya da birden fazla başarı veya özellik eklemek isteyebilirsiniz.

Sonra bu kişiyi anlatın. Otoriter mi, güçlü mü, zeki mi? Bu kişinin neden probleminizi çözmek istediğini anlatın. Hayran olduğunuz insanlardan karakter özellikleri esinlenmekten çekinmeyin. İkinci kişiliğinizin tutkularının ve güçlü yönlerinin sizin için gerçekçi olması için, detay vermeniz önemli. Kullandığı araba, okuduğu kitaplar, hafta sonu planları uygun şeylerdir. Bu kişiyi tüm detaylarıyla anlatın.

Yarattığınız bu kişinin bedeninizde aniden bilince ulaştığını düşünün. Şu anda ne yapardı? Problemi nasıl çözerdi? Her şeyi yazın. İkinci kişiliğiniz tüm bunları gerçekleştirmek için sizin koşullarınızı kullandığından, bunları elbette ki siz de yapabilirsiniz. Peki, neden siz yapmayasınız?

Bu egzersiz kendi kendinizi maruz bıraktığınız sınırları; sizi,kendinizden ayırarak geçersiz kılar. Psikiyatrik bir bozukluk edinmeyin ama probleminizin çözülebileceğine kendinizi ikna edin.

NOT ALIN (YİNE)

"Olacağım kişi olmak için, olduğum kişiden vazgeçmem gerekir."

ALBERT EINSTEIN

Düşünebileceğiniz en iyi problemi yazın. Mükemmel olmayacaktır. Motive edici, geçerli bir problem tanımladıktan sonra bile, tatmin olana kadar probleminizi tekrar tekrar tanımlamanız gerekebilir. Bunu yapmak çok önemli ve faydalıdır. Böylece, problemin düşündüğünüzden daha fazla yönü olduğunu göreceksiniz. Her bir yeni bakış açısı, sizin çözümlere erişme imkânınızı genişletecektir.

Geçerli Bir Problem Yaratma Kılavuzu

Probleminizin geçerli bir versiyonunu tanımlayın.	Refaha engel olan unsurları saf dışı bırak

Şekil 4-15

Zor problemler, uzun süreli çaba ve odaklılık gerektirir. Bir problem tanımı, çabanızı bir çözüm bulmaya yönlendirmenizi sağlar. Bir yere not alıp incelediğiniz problemler, çözülmeye on kat daha yakındır. Gün boyu birinin düşüncelerini işgal eden problemler ise, çözülmeye yüz kat daha yakındır.

Charles Goodyear, odaklandığınıza neler olabileceğine dair harika bir örnektir. Goodyear, kauçuk maddesinin ticari değer kazanmasında anahtar bir rol oynadı. Ancak o, bunu yapması beklenecek en son kişiydi. Kauçuğu değerli bir ürün hâline getirme savaşına başladığında Goodyear, kimya ya da kimyasal üretim hakkında hiçbir şey bilmiyordu. Parası ya da iş deneyimi de yoktu. Ancak, Goodyear görmezden gelinemeyecek bir avantaja sahipti: Kauçuğu ticarete dökmeye kararlıydı, hatta buna kafayı takmıştı.

Ailesiyle birlikte harabe hâldeki bir fabrikada yaşayıp kauçuk tabaklardan yemek yerken bile (muhtemelen kauçuğun yenilebilir olmamasına hayıflanarak) Goodyear, pes etmedi. Asla vazgeçmedi. Sayısız hata yaptı ama ticari açıdan kullanışlı kauçuk üretmenin bir yolunu bulmaya odaklandı. En sonunda, problemini çözen vulkanizasyon sürecini tesadüfen bularak başarıya ulaştı. Kendisini ve uzun süredir acı çeken ailesini zenginliğe ulaştırdı.

İstediğiniz çözüm için sabit bir düşünce oluşturduktan sonra aklınız,problem çözme gücünü bu çözüme odaklayacaktır. Problem ifadenizi sık sık görmeniz önemli. Bu ifadeyi sürekli görebileceğiniz bir yere kaydedin. Bir kopyasını, defterinizden veya ajandanızdan bir sayfaya yazın. Problemin kısa bir özetini ya da problemi ifade eden anahtar bir kelimeyi göze çarpan bir yere yapıştırın; örneğin, arabanızın gösterge paneline yerleştirin. Ne zaman problemi hatırlarsanız ödülleri ve yükselen çıtaları düşünün. Motivasyon, daha iyi fikirlere öncülük edecektir. Bir problemi açık olarak tanımlamak ve bu problemi sık sık düşünmek, güncel düşünce modelinizdeki iyi fikirleri uyandırmak için yeterlidir.

Yeni fikirler oluştururken problemin tanımını değiştirmek isteyebilirsiniz. Zihninizdeki rutinin dışına çıkmak size probleminizle ilgili yeni bir perspektif kazandırır. Üstünde odaklandığınız bir problem tanımınız olduğu sürece, problemi değiştirmek sorun olmayacaktır. Teşvik edici bir problem tanımı bulmak, çözüme ulaşmak için çok önemlidir.

BÖLÜM BEŞ

KÖTÜ FİKİR YOKTUR

"Ne yaptığımızı biliyor olsaydık, buna araştırma denilmezdi, değil mi?"

ALBERT EINSTEIN

İnsanlar aptalca fikirler üretmekten çekinirler, bu yüzden de işe yaramayan ama akla yatan eski düşünceden yola çıkarak konseptler geliştirirler. Bu, dalga geçilmekten kurtulmak için iyi bir yöntemken, problem çözmek için kötü bir yöntemdir. Harika çözümler üretmek için yeni fikirlere ihtiyaç duyarsınız. Ancak, bu yeni fikirlerin çoğu kesinlikle aptalca gelecektir.

Einstein gibi düşünmek, güzel düşüncelerle birlikte birçok yanlışı, tuhaf kavramları ve çıkmaz sokakları da beraberinde getirir. Kötü fikirler neredeyse iyi fikirler kadar yararlıdır. Kötü fikirlere; sonuçta çok önemli olduğu kanıtlanan, tarihin en çılgınca fikirlerinin şerefine "Kolomb Konseptleri" olarak hitap edeceğim.

KOLOMB KONSEPTLERİ

"Tarih, üzerinde uzlaşılmış bir yalandır."

NAPOLEON BONAPARTE

Kristof Kolomb hakkında öğrendiğiniz hikâye aslında doğru değil. Kolomb, bu hikâyede *yanılan adam*dı. Herkesin onunla dalga geçmek için haklı sebepleri vardı. Kristof Kolomb; batıya, Asya'ya deniz yolculuğu yapmak istiyordu. Bu inanılmaz derecede aptalca bir düşünceydi. Önde gelen denizciler ve bilim adamları dünyanın yuvarlak olduğunu biliyorlardı. Aynı zamanda, Asya'nın deniz yoluyla gitmek için çok uzakta olduğunu da biliyorlardı. On beşinci yüzyıl tekneleri,bu seyahat için yeterli kapasitede değillerdi. Amerika kıtasının hiç beklenmedik müdahalesi olmasaydı, Kolomb ve mürettebatı Hawaii'nin güneydoğusunda bir yerlerde ölecek-lerdi.

Kolomb'un bilgileri tamamen yanlıştı. Kolomb'un düşüncesi, yanlış olduğu hâlde, onu yüzlerce yıllık bir rutinin dışına çekti. Sonunda, düşüncesini test etmesi için gerekli kaynaklar verildiğindeyse müthiş bir keşif yaptı. Bu, onun yapmak istediği ya da yapacağını düşündüğü keşif değildi ama yine de çok önemli bir keşifti.

İlerleyen yıllarda, insanlar bu hikâyeyi değiştirdiler: Kolomb'u doğru bilgilere sahip, bu önemli keşfi yapan, vizyon sahibi biri olarak anlattılar. Aslında Kolomb, elinde dünyayı değiştirecek doğru bilgilerden ziyade sadece cesareti olan biriydi.

Tüm kötü fikirler, Kolomb Konsepti olma potansiyeline sahiptir. Sizin aradığınız çözüm olmayabilirler, fakat sizi yine bir başkasının hayal bile edemediği bir çözüme ulaştırabilirler. Kolomb Konseptleri çok değerlidir. Bunlardan, mümkün olduğunca çok üretmeye çalışın. Fikirleriniz aptalca göründüğü için çekinmeyin.

MICHELSON-MORLEY HATASI

"Size başarı için bir formül vermemi ister misiniz? Çok basit: Hata yapma oranınızı ikiye katlayın."

THOMAS WATSON

Yanlış gibi görünen bazı fikirler, sizi bir buluşa götürecek olan kocaman işaret direkleridir. "Hatalı" bir fikir, Einstein'ın görelilik keşfinde anahtar bir rol oynadı. Görelilik keşfiyle ilgili buluşunu yaptığında ağırlıklı olarak "yanlış" bir deneye dayanmıştı. 1887'de A.A. Michelson ve E.W. Morley, ışık hızındaki değişimi ölçmek için bir sistem geliştirdi. Bu değişim, şu anki fizik teorilerinin önemli bir habercisiydi.

Dünya'nın hareketinin tersi yöndeki ışığın, Dünya'nın hareket yönüyle kesişen ışığa oranla daha yavaş olduğunu göstermek için bir deney geliştirdiler. Bu deney için, devasa ve ustalıkla yapılmış bir aygıta ihtiyaç vardı. Aylar süren özenli çalışmalardan sonra hazırlardı. Ünlü olup, şaşaalı partilere çağırılacaklarını ve fizik öğrencilerinin onların dehalarını okulda öğrenmek zorunda kalacaklarını bilerek huzurla öleceklerini düşünüyorlardı.

Ama bir şeyler ters gitti. Zekice deneyleri, ışığın hızında hiçbir değişim kaydetmedi. Başarısız bir deney olarak görüldü. Michelson ve Morley, bu teorinin peşinden daha fazla gitmediler. Ancak, büyük bir ipucunu ortaya çıkarmışlardı: Işık, daima aynı hızda ilerliyordu. Bu buluş, yıllar sonra Einstein'ın görelilik prensiplerini keşfetmesine olanak verdi. Michelson ve Morley, hatalarının aslında büyük bir buluş olduğunu fark edebilselerdi, onlar da Einstein kadar ünlü olabilirlerdi.

SON DERECE BAŞARILI KÖTÜ FİKİRLER

"Saçmalık olduğuna dair fikir birliği yapılmadıysa, büyük bir buluş yapmamışsınız demektir."

BURT RUTAN

Kötü fikirler, yani Kolomb Konseptleri, iyi çözümler geliştirmenin temelidir. Yenilikçilik, nadiren problemden çözüme doğru düz bir çizgi hâlinde gider. Harika çözümlere giden yol döner, dolaşır ve aynı yola tekrar girer. Yol boyunca, son çözümü geliştirebilmek için mühim olan birçok hata vardır. Problem ve çözüm arasındaki tüm Kolomb Konseptlerinden sakınmak mümkün olsaydı harika olurdu ama bu şans çok nadir görülen bir şeydir.

Kolomb Konseptleri, tarihin en büyük keşiflerinin çoğunda bir anahtar olmuştur. Alexander Fleming, gözyaşlarının bakteri oluşumunu engellediğini fark ettiğinde çok heyecanlanmıştı. Gözyaşlarını tıbbi amaçlı kullanmayı denedi ve başarısız oldu. Ancak bu fikir, önemli bir noktayı fark etmesine yol açtı: Bazı maddeler, hastaya zarar vermeden zararlı bakterileri öldürebiliyordu.

Fleming, bazı küflerin bakteri oluşumunu engellediğini bulduğunda, bunun önemini hemen fark etti. Bu keşif, milyonlarca insanın hayatını kurtaran penisilinin gelişimine olanak tanıdı. Bu, aynı zamanda tarihteki en önemli tıbbi ilerleme oldu. Bu ilerleme, kötü bir fikirle ortaya çıkmıştı.

Özgürlük Heykeli'ni Mısır'a götürmek mi? Bu, aslında orijinal plandı. Süveyş Kanalı için bir deniz feneri olacaktı. Auguste Bartholdi, bu proje üzerinde yıllarca çalıştı. Tasarım tamamlanmıştı ama fon eksikliğinden dolayı hiçbir zaman inşa edilemedi. Devasa sanatsal tasarım çalışması korkunç bir israf gibi görüldü, ta ki doğru fırsat karşılarına çıkana kadar. Bu fikir aniden son derece başarılı ve meşhur oldu.

Komşu ülkeler, Gail Borden'ın tüm Galveston, Texas nüfusunu "hastalıktan kurtarmak için" soğutulmuş binaya taşıma düşüncesiyle dalga geçmişti. Galveston'un yakınında yaşamış olan herkes bunun aptalca bir fikir olmadığını biliyordur ama bu fikrin kullanılabilir hâle gelmesi yıllar aldı. Yine de Borden'ın fikri, ürünlerin bozulmasını engelleyerek hastalığı önlemesine yaradı. Yıllar sonra, Atlantik'te gemideki birkaç çocuğun bozuk süt nedeniyle ölmesine tanık oldu. Borden, bozulan günlük ürünlerin neden olduğu hastalıkları engellemeye kararlıydı. Sütü yoğuşturup tenekelerde muhafaza ederek mandıra endüstrisinde bir devrim gerçekleştirdi.

Kötü fikirler hâlâ meyve veriyor. Yakın zaman öncesine kadar, çoğu insan daha çevrelerinde böyle bir şeyin olduğunun farkına varmadan, video mesajları (videotext) tarih olmanın eşiğine gelmişti. Video mesajlarını hatırlamıyorsanız;-bunlar, televizyonlarda gördüğünüz haberler, alışveriş, hava durumu vs. ile ilgili videolardı. Başka bir Kolomb Konsepti mi istiyorsunuz? Video mesaj fikrini internete taşıyarak milyoner olan ilk video mesajların öncülerine sorun.

YENİ DÜŞÜNCEYİ TERK ETMEYİN

"Dünya hakkında en anlaşılmaz şey, anlaşılabilir olmasıdır."

ALBERT EINSTEIN

Var olan çözümleriniz için zararlı derecede basit kaçan yeni düşünceler bile terk edilmemelidir. Var olan çözümler çıkmaza girebilir. İlerleme, bazen bu eski kalitesiz çözümlerinizin bulunduğu yönde olabilir.

Keşif çağının başlangıcında dünyadaki en büyük gemi yolculuğuna çıkan halk, Çinlilerdi. Çin'in deniz kuvvetleri devasaydı. Kocaman gemileri, Avrupa'nın sahip olduğu teknolojinin yüzlerce yıl önündeydi. Çinli tüccarlar, Güney Pasifik'teki ve Hint Okyanusu'ndaki ticaret rotalarını işletiyorlardı. Çinli Amiral Cheng Ho, Afrika'nın Doğu Körfezi'ne kadar olan limanları ziyaret etmek ve kayda (haritaya) geçmek amacıyla birçok sefer düzenledi. Çin, bu açıdan dünyada rakipsiz bir ulus olma yolunda başarıyla ilerliyordu.

Ne yazık ki Çinli liderler, Cheng Ho'nun seferlerinden yanlış şeyler öğrendiler. Ülkelerinin dışındaki teknoloji, ürünler ve toplumlar kendilerine göre çok alt düzeyde olduğu için buralardan bir şeyler öğrenmek zorunda olmadıkları sonucuna vardılar. Çin,yabancı ülkelere gidiş-gelişi yasakladı, piyade ve ticari gemilerini limanlarda çürümeye bıraktı. Portekiz, İspanya, İngiltere ve Hollanda gibi çok daha küçük ve az gelişmiş uluslar bile güçlü bir şekilde deniz ticaretini ve keşfini takip etti. Çin'in başladığı yeri yakalamaları yüzyıllarını aldı ama bunu başardılar. Dünyada egemen hâle geldiler, buna Çin'in ticari yollarının çoğunu kontrol etmek de dâhildi.

Kötü bir fikir, kolodyum gibi olabilir. Kolodyum, on dokuzuncu yüzyılda yaygın olarak kullanılan bir ilk yardım malzemesiydi. Hiçbir tıbbi faydası yoktu. Zehirliydi. Ama herkes kolodyumu yaranın üzerine koymanın iyi geldiği kanaatindeydi. Atölyelerde çok kullanılırdı, potansiyel bir mucidin elindeki kesiklere uygulanırdı. Kolodyum, tamamen şans eseri olarak; güvenli cam, selüloit, suni ipek ve püskürtme başlığının icadında yardımcı rol oynadı. El altındaydı, bir şeylerin arasına karıştı ve aslında işe yarar bir şey olduğu ortaya çıktı. Kolomb Konsepti de kolodyuma benzetilebilir. Bunlar, istenen bir çözüm için faydalı olmasalar bile yeterince uzun süre el altında olurlarsa büyük bir buluş için katalizör olabilirler.

Beyinlerimizin kapasite sınırı yoktur. Ayrıca, birçok seçeneği aynı anda düşünmekte sıkıntı çekmezler. Yararlanmak için hiçbir fikir fazla değildir. Bugünün Kolomb Konsepti, yarının ana kaynağı olabilir.

Değeri sonradan anlaşılan boksit, kötü fikre harika bir örnektir. Alüminyum, boksit madeninden rafine edilir. Doğada oldukça bol bulunur. Madenciler, yıllarca sayısız boksit deposu buldular ama bunları görmezden geldiler: Sadece bir aptal, boksitten hak talep ederdi. Çünkü rafine edilmemiş boksit, değersizdi. Alüminyumun en küçük birimlerini bile çıkarmak son derece pahalıydı. Alüminyum, değerli metallerin en değerlisiydi; imparatorların taçlarını süslüyor ve Washington anıtının başını kaplıyordu. Boksit, madenlerin en değersizlerinden biriydi. Sonra alüminyumun, boksitten elektrik akımı kullanılarak nasıl rafine edileceği keşfedildi. Süreç ucuzdu ve zamanla daha da ucuzladı. Birden boksit, çok iyi bir fikir hâline geldi. Alüminyum o kadar yaygın oldu ki artık onunla işimiz bitince bir kenara fırlatmaktan çekinmiyoruz. Zengin boksit madenleri büyük bir hevesle araştırıldı ve geliştirildi. Boksit artık harika bir çözüm.

FİKİRLERİNİZİ KAYDEDİN

"Hayat, ciddiye alınamayacak kadar önemlidir."

OSCAR WILDE

Tüm fikirlerinizi kaydetmek hayati derecede önemlidir. Eğer kaydetmezseniz yaratmakta olduğunuz birçok Kolomb Konsepti kaybolup gidebilir. Kötü fikirleri kaydetmek onları aklınızda tutar, böylece onları gelecekte de kullanabilirsiniz.

Fikirlerinizi kaydetmek zekice düşünmenin de temelidir. Tarihin tekrarlaması, aynı güzel fikirlerin birçok yerde bağımsız olarak belireceğini gösterir. Fikrini çözüme ulaştıran ve övünme hakkı kazanan kişi, o fikri kaydeden kişidir.

Bütün fikirlerinizi kitabın sonundaki *Fikir Sentezi Formu*na ya da benzer bir yere kaydedin. Zamanla, ürettiğiniz şeyleri sığdırabilmek için bir not defterine geçiş yapma ihtiyacı duyacaksınız. Fikirlerinizi üretirken değerlendirme yapmayın, sadece listeleyin. "Fikrin işe yarama nedenleri" ve "fikrin işe yaramama nedenleri" kısımlarını daha sonra doldurun. Fikirlerinizi yazıp daha sonra tekrar incelemek daha çok düşünceyi uyandıracaktır. Diğer düşüncelere yol açan tüm bağlantıları da kaydedin. Einstein Gibi Düşünmek; kişisel düşünceler, bağlantılar ve analojiler ile daha fazla düşüncenin ham hâli için sizde bir depo yaratır.

Fikir Listesi

Fikir	Neden işe yarar?	Neden işe Yaramaz?
Dünyayı vejetaryen yap	Uygun besin kaynakları arttırılacak	Davranışı değiştirmek zor
Lüks tüketime açlık vergisi uygula	En çok dayanabilecek olana uygulanacak	Zengin uluslar desteklemeyecektir
Kentsel alanlarda ekin yetiştir	Yiyeceklere fakir kentlerde ihtiyaç var	Kentte çevre koşulları çok zorlu
Gıda ürünlerindeki vergileri kaldır	Daha fazla yiyecek üretimi için teşvik edecek	Fakir uluslar tüm ekonomik faaliyetleri vergilendirir

Şekil 5-1

Yeni düşünce,durduk yere oluşmaz. Yeni bir konsepti düşünmek, bu konsept çözüm olmasa da, gelecekte kullanılacak fikirler yaratır. Fikir listenizi, problem çözüm aracı olarak kullanın. Kolomb Konseptlerini başka fikir ve çözümler için ilham kaynağı olarak kullanın.

NE KADAR ÇOK, O KADAR İYİ

"Sonuçlar! Neden, elimde bu kadar sonuç var? İşe yaramayacak binlerce şey biliyorum."

THOMAS EDISON

Problemleri çözerken mümkün olduğunca çok yeni düşünce yaratın. Ne kadar çok fikriniz varsa, o kadar iyi fikir üretebilirsiniz. Biyologlar, poliploitliklerden (birden çok gen dizisi olan organizmalar) faydalı mutasyonlar yetiştirmeyi daha kolay bulurlar. İşe yarayabilecek olan daha fazla matervyal vardır. Yeni çözümler üretirken, her zaman güçlü bir şans unsuru olur. Üstünde çalışacak birden fazla fikir varken gerekli ilhamı bulmak daha kolay olur. Probleminiz için mümkün olduğunca çok konsept oluşturun. Her fikir, bir şekilde işe yarayacaktır. İşinize yaramayıp elinizde kalan fikirlerden, Kolomb Konseptlerinin başka kullanımları olduğu için, yine de kazanç elde edebilirsiniz.

Fikirleriniz, probleminizi çözmek konusunda kurallarınızın doğasıyla ilgili paha biçilmez ipuçları sunar. Kuralları yıkmak, Einstein Gibi Düşünmenin anahtarıdır. Eğer bu kuralları yıkacaksanız,önce onları tanımlamak zorundasınız. Kolomb Konsepti, kurallarınızı tanımlamak için idealdir. Yeni fikirlerinizi, yıkılacak kurallar bulmak için nasıl kullanacağınızı anlattığımız bir bölümde bu konuyu daha kapsamlı tartışacağız. Bu yüzden her şeyi kaydedin, özellikle de kötü fikirlerinizi.

DÜŞÜNCELER GÜZELDİR (NOKTA)

"İyi bir fikir bulmanın en iyi yolu, birçok fikir bulmaktır."

LINUS PAULING

Kötü fikirler, geri dönüştürülmeselerdi bile, yine de oluşturmaya değer olurlardı. Bütün o kullanılmamış konseptlerin içinde, geliştirilirse hatalara harcanan vakti değerli kılacak çözümler vardır. İyi çözümler, binlerce Kolomb Konseptini ve fazlasını kapsar. Ayrıca iyi çözümler, genelde epey Kolomb Konseptinden sonra ortaya çıkar.

Çözümler, olağanüstü derecede değerlidir. Elektrikli ışık ya da eve yemek siparişinin kümülatif faydası muazzamdır. Bu yeniliklerin bazı faydaları yaratıcısına döner. Kalanı bizimle paylaşılır. Problem çözücü, geniş bir uygulama alanına sahip bir çözümün getirdiği faydanın büyük çoğunluğunu nadiren elde eder ama tarih boyunca bireyler kendi yeniliklerinin getirdiği talihin meyvelerini toplamışlardır. Kârlı çözümler, sadece icatla sınırlı değildir. Yeni liderlik stilleri, iş süreçleri ve maliyetleri kısma yöntemleri;bunların üreticileri ve geniş açıdan bakınca toplumlar için büyük faydalar yaratmıştır.

Nasılsa çoğunu kullanamayacaksınız diye fikirlerinizi sınırlandırmayın. Kolomb Konseptinizi orta seviyeli bir çözüm için, bir katalizör olarak ya da kural yıkmada kullanmıyorsanız bile yine de mümkün olduğunca çok fikir üretin. İçlerinden biri, diğer hepsine harcadığınız vakti değer kılacak kadar harika bir fikir olacaktır.

Kalıpları kırma üzerine olan sıradaki bölüme geçerken veya Einstein Gibi Düşünme yöntemini ne zaman kullanırsanız kullanın, fikirlerin her zaman iyi olduğunu daima hatırlayın. Çılgın fikirler, aptalca fikirler, işe yaraması imkânsız fikirlerin tamamı sizi o problemin çözümüne yaklaştıracaktır. Çok uçuk bir Kolomb Konseptinin elinizden kayıp gitmesine asla izin vermeyin. Not alın. Bu fikirden ders alın. Bu fikri yeniden düzenleyin. Tüm fikirleriniz, yaklaşmakta olan çözümünüz için ham malzemedir.

BÖLÜM ALTI

KALIPLARI KIRMAK

"Hayal gücü, bilgiden daha önemlidir."

ALBERT EINSTEIN

Bizim gibi Einstein da üç boyutlu bir dünyada büyüdü. Ama neyse ki o sadece bildiği dünyayla sınırlı bir insan değildi. Einstein, hayal gücü sayesinde deneyiminin ötesindeki çok boyutlu bir evrenin sınırlarını zorladı. Hayal etmek zor olsa da fizikçiler bunun evrenin gerçekte nasıl biçimlendiğine dair daha yakın bir yorum olduğunu kanıtladılar. Bu, sadece bilinenin ötesine geçerek anlaşılabilirdi.

Kural Rutinlerinden Kaçma

Einstein Gibi Düşünmede bir sonraki adım, düşüncemizi baskılayan kuralların ötesine geçmektir. "Bildiğimiz"şeyler, bilmediklerimizden daha büyük bir engeldir. Ama aklımızı önyargılardan temizlemek, tüm havayı bir odanın dışına itmek kadar zordur. Bir şeyler, eski kuralları değiştirmeli.

Derleyici yazılımının mucidi Tümamiral Grace Murray,

ofisinde geriye doğru çalışan bir saat bulundururdu. Bu, ona ve misafirlerine; teamülün, statükonun devam etmesi için bir neden olmadığını hatırlatıyordu. Bu saat mükemmel bir fikirdi. Önyargılarımız, kuralları yıkmak için bilinçli girişimlerimizi bile eski düşünceye doğru yönlendirir. Rutinlerimizin dışına çıkmak ve dışında kalmak için yardıma ihtiyacımız var.

TOHUM FİKİRLER

"Kendimi ve düşünce metotlarımı incelediğimde,hayal kurma yeteneğimin benim için, olumlu bilgileri içselleştirme yeteneğimden daha önemli olduğu sonucuna varıyorum."

ALBERT EINSTEIN

Tıpkı derin bir çukurdan tutunacak bir şey olmaksızın çıkamayacağınız gibi, bir kural rutininden çıkmak için de dışarıdan bir fikrin yardımına ihtiyacınız vardır. Kendimizi, kurallarımızın ötesine çekmeleri için tohum fikirleri kullanacağız. Tohum niteliğindeki bir fikir, probleminizi çözmek için eskimiş kurallardan çok uzak bir odak sunar. Tohum fikirle ilişkili olarak mücadeleniz hakkında düşünmek, size olası çözümler için tamamen yeni bir perspektif sunar.

İyi bir tohum, çözülmesini istediğiniz problemle yok denecek kadar az bir bağlantı içindedir. Bu size çok saçma gelebilir. Dünyadaki açlığı sonlandırmak istiyorsanız, o zaman *bir çivi*iyi bir tohum fikirdir. Yüzeysel olarak bir çivinin açlıkla hiçbir ilgisi yoktur. Tohum fikir ile problem arasındaki ilişki güçlüyse, o zaman bu tohum fikir kural rutininin içindedir ve bu düşünce sizi dışarı çekemez. Güncel kurallarınızın dışındaki bir düşünce, "Çivi üretimi ve dağıtımı nasıl yüz katına çıkarılabilir?", "Çivi üretimine alternatif olacak şeyler neler olabilir?" ya da "İnsanlar çivileri yiyebilir mi?" gibi birçok yeni perspektifi tetikleyebilir. Açlık ve çiviler hakkında aynı anda düşünüyorsanız, böcek yemeyi ya da genetik olarak metabolizmayı yavaşlatmayı düşünmek daha kolay gelir. Zihninizi açık tutacak bir tohum fikir olmazsa, düşünceniz eski alışkanlıklarına geri döner.

Tohum niteliğinde bir fikir kullanmak, size ciddi bir iş gibi gelmeyecek. Ancak, kasten mantığın dışına çıkıyorsunuz. Mantıklı olmaya çalışırsanız, düşünceleriniz eski kural rutininize geri dönecektir. Einstein, kendi görelilik buluşuna çok tuhaf bir düşünceyle, bir ışık dalgasına binmenin nasıl olacağını hayal ederek ulaştı. Sizin de eşit düzeyde tuhaf karşılanacak, hayalperest bir düşünceye ihtiyacınız var.

Yetişkinler, saçma gelen fikirleri ciddiye almakta zorluk çekerler. Açlığı sonlandırmak için çivileri düşünmek onlara aptalca gelir. Bu yüzden, siz de faydalı bir tohum fikir seçmek için yardıma ihtiyaç duyacaksınızdır. Aksi takdirde, seçtiğiniz tohum fikir sorunla ilgili olacaktır, bu yüzden de faydasız olacaktır. Tohum fikirleri rastgele seçmelisiniz. Mecbur kaldığınız aptalca bir düşünceyle çalışmak daha kolaydır, bu yüzden daha sonraki bölümlerde rastgele seçeceğiniz bazı tohum fikirleri keşfedeceğiz. Sizin için rahat bir tercih buluncaya kadar bu düşünceler arasında gidip gelmeyin. Rahatsız olmalısınız zaten. Kalıp kırmak, sezgilere ve mantığa aykırıdır.

Saçma fikirler iyidir. Bir tohum fikir size mantıklı geliyorsa, o zaman bu düşüncenin sizin eski tarz düşüncenize çok fazla yakın olduğunu söyleyebiliriz.

FİKİR SENTEZİ: ABSÜRDÜ KEŞFETMEK

"Birleştirici oyun, yaratıcı düşünmenin en önemli parçasıdır."

ALBERT EINSTEIN

Tohum fikir, size tek başına bir çözüm vermeyecektir. Bu sadece, faydalı fikirler yaratmak için bir başlangıç noktasıdır. Farklı bir fikirdir, daha iyi bir fikir değil. Bunu incelerken, eğlenceli hâle getirin; ilginç ya da ilham verici yönlerini ortaya çıkarın. Tohum fikir, bir çözüm yaratmanız için dehanızı özgür kılar. Bu,*fikir sentezi*dir.

Fikir sentezi, Einstein'ın bir ışık dalgasına binmek için sorduğu sorular gibidir. Bu görüntü,o ışık dalgasına binerken aynaya baksaydı kaybolur muydu? Bu, absürt bir fikirle ilgili aptalca bir soruydu ama zekice bir çözümle sonuçlandı.

Fikir sentezi,fikirleri çözüm olabilecek düşüncelere çevirir. Tohum fikir sizin rutininizin dışında olduğundan,ondan ürettiğiniz fikirler de büyük ihtimalle sizin rutininizin dışında olacaktır. Fikir sentezi değişir, genişler ve düşünceleri, eşine çok rastlanmayan çözümler için ipuçlarına yönlendirir. İyi oluşturulmuş bir problem tanımı bu süreç için hayatidir, çünkü size uygun bir cevap için kılavuzluk yapar. Rutininizin dışına çıktığınızda problem tanımınız, size çözüm araştırmanızda yön verir.

Tohum fikri iyi sentezlenmiş bir fikre dönüştürmek için altı teknik kullanıyorum. Yeni bir konsept için işe yarayacak teknikler bunlarla sınırlı değildir fakat içlerinden rastgele bir tanesini seçip kullanabilirsiniz. İşinize yarayan başka bir teknik varsa o tekniği kullanın.

Düşünce sentez teknikleri, güzel alışkanlıklar yaratır. Alışkanlıklar, kural rutinleridir ama kurallar, kolay kullanım avantajına sahiptir. Bir fikir sentezi alışkanlığını, yeni bir düşünceye doğru ilerlemek için kullanabilirsiniz. Böylelikle fikirlerinizdeki yeni olasılıkları da görebilirsiniz. Aşağıdakiler benim fikir sentezi için kullandığım tekniklerdir.

MİZAH

"Bilimde duyulması heyecan verici olan ve yeni keşifleri müjdeleyen ifade 'Evreka!' değil, 'Bu çok komik...' ifadesidir."

ISAAC ASIMOV

Zorlu bir problemi çözmek konusunda ciddi olmak istiyorsanız, mizahı kullanın. Mizah, eski düşünce kalıplarını kırmak için en etkili hiledir. Bir problem karşısında radikal düzeyde yeni yöntemlerle düşünme girişimi, iyi bir mizah anlayışını gerektirir.

Beynimizin bağışıklık sisteminden bahsetmiştik. Bilişsel bir ahenksizlik durumunda, zihnimiz kendine karşı gelen fikirleri reddeder. Mizah, zihinsel bağışıklık sisteminizi bastırır. Yeni bir fikre mizahi bir açıdan bakarsanız, bu fikri hemen reddetmezsiniz. Böylece bu fikri daha detaylı inceleyebilirsiniz. Zihniniz, bu çekirdek fikirle ilgili başka absürt bağlantılar kurmakta ve çözüm için yeni konseptler oluşturmakta özgür olacaktır.

Beynimizde, bağışıklık sistemine eşdeğer bir mekanizma vardır: Yabancı gelen fikirleri reddeder. Mizah, sizin zihinsel bağışıklık sisteminizi bastırır. Yeni bir fikre mizahla yaklaşırsanız, hemen reddetmeyeceğiniz için onu çok daha detaylı incelersiniz. Ayrıca zihniniz, tohum fikir ile başka absürt bağlantılar kurarak çözüm için daha fazla oluşturmakta özgür olur.

Kalıp kırmak için çok derin fikirler istemezsiniz. Fikirlerin farklı olmasını istersiniz. Bağışıklık sisteminizin ve diğer insanların yeni fikirleri incelemeden reddetmesini engellemek için bu fikirlerle dalga geçin. Yeni bir fikre kaygısızca yaklaşın ki onu ciddi anlamda düşünebilesiniz. Bu, bir çelişki gibi görünebilir ama çelişkiler orijinal düşüncelerin anahtarıdır.

Mizah Kullanım Örneği

Yeni fikri espride kullanın.	Çivileri, açlığın olduğu bölgelerde daha fazla şarküteri ürünleri satan marketler inşa etmek için kullanın.
Mizahi bir resim oluşturun.	Çivileri yiyelim.
Tohumu yanlış yerde kullanın.	Hırsız hükûmetlerin kapılarına tahta çivileyelim.

Şekil 6-1

Bir tohum fikir ile çalışacak zihinsel duruma ulaşabilmek için, bu fikirle dalga geçin. Probleminizle ve tohumunuzla ilgili,olabilecek en alaycı resmi zihninizde oluşturmayı deneyin. Bunlarla birçok kez dalga geçebiliyorsanız, muhtemelen rutininizin dışına çıkmış ve keşfetmeye hazırsınız demektir. Tohum fikrinizi geliştirmek için kullandığınız fikir sentezini yaparken, fikirlerinizi de kaydedin.

Fikir Listesi

Düşünce	İşe yarayacak düşünce	İşe yaramayacak düşünce
Manav dükkanları inşa et	Manav dükkânları insanları beslemek için gerekli olan altyapının parçalarıdır.	Parası olmayan insanlar manav dükkânı olsa da yiyecek alamaz.

Şekil 6-2

GÖZÜNÜZDE CANLANDIRIN

"Hiçbir zaman kelimelerle düşünmem. Aklıma bir fikir gelir ve ben onu kelimelerle açıklamaya çalışırım."

ALBERT EINSTEIN

Haberlerde düzenli olarak devlet başkanları ve başbakanların en son krizde yaptıkları olay yeri incelemelerine dair bilgiler alırız. Orada meşgul insanların dikkatini dağıtmaktan başka bir şey yapmazlar aslında. Yine de bu kötü bir fikir değildir, bunu sadece haber değeri açısından da kastetmiyorum. Zihnimiz, tam ve uygun bağlamda görebildiği şeyleri anlamakta daha başarılıdır.

Zihinde canlandırma, Einstein'ın düşüncelerinde önemli rol oynuyordu. Problemleri net ve kişisel bir şekilde hayal ederdi. Bu, fikirlerin fark edilmek için çok büyük ya da çok küçük detaylarını keşfetmesine yardımcı oluyordu.

Çözmeye çalıştığınız problemi resmedin, hatta üç farklı şekilde resmedin. Problemlerin farklı açılardan incelenmesi daha iyidir. Bu resimler; zihninizde, kâğıt üstünde ya da bloklardan inşa edilmiş şekilde olabilir. Ancak, net resimler olmaları gerekiyor.

Önce, problemi kendi perspektifinden canlandırın. Nasıl göründüğünü hayal edin. Nasıl hissettiriyor, tadı nasıl? Ne olsun istiyor? Probleminiz, yeni bir teknolojiyle kimin ilgilenmesi gerektiğine dair başka bir bölümle yaşanan çekişmeyse, o zaman bu çekişmeyi, teknolojinin bakış açısıyla aklınızda canlandırın. Bir çözüme doğru ilerlemek istiyorsunuz. Bunu en iyi kim yapabilir? Kaybı nasıl telafi edersiniz?

Sonraki adım, probleminizi tohum fikrinizin bakış açısından düşünün. Tohum, bir taş ya da fiil de olsa bakış açınızı canlandırın. Bu size gerçekten benzersiz bir perspektif verecektir. Tohum fikrinizin, yeni teknolojiyi geliştirecek bölümle çekişme hâlinde olan Jeanned'Arc olduğunu hayal edin. O, işin yapılması gerektiğini bilirdi. İşi bitirirdi. Gelenek, bunun onun sorumluluğunda olmadığını belirtse de takımın zafer kazanmasını sağlardı. Aynısını siz de yapabilirsiniz.

Son olarak tohum fikrinizi ve problemi bir çocuğun bakış açısından canlandırın. Çocuklar parlak zekâya sahiptirler, ayrıca yetişkin deneyiminin önyargısı onlarda yoktur. Tohum fikir ve probleminiz arasında bir çocuğun dikkatini çekecek ilişkiler üzerine düşünün. Bir çocuk tohum fikirlerinizi ve probleminizi nasıl tanımlardı? Bir çocuk bunları nasıl resmederdi? Bunu bir çocuğa sormak yardımcı olabilir.

Bir çocuk, teknolojiyi kimin geliştireceği problemimiz için, paylaşmanın daima iyi olduğunu ifade ederdi. Jeanne d'Arc bile paylaşırdı. Muhtemelen yeni bir birimler arası ekip, teknolojinin her yönden katkı almasını sağlardı.

Canlandırma Örneği

Problemi görün	Cömert, sınırsız yeryüzü. Güçsüz insanlar
Tohum fikirlerinizin bakış açısı	Çiviler; binalar, marketler ve fabrikalar yapar.
Bir çocuğun bakış açısı	"Niye yiyecek bir şeyler almıyorlar?"

Şekil 6-3

Her resmi oluşturduktan sonra yeni çözümleri arayın. Yeni çözümler muhtemelen zihninizdeki resimlerin bir parçasıdır. Problemi çözmek için bu resme neler ekleyebilirsiniz? Bu çözüm nasıl görünürdü? Çözüm nereden gelirdi?

Fikir Listesi

Fikir	Neden işe yarar?	Neden işe Yaramaz?
Yapay sınırları kaldır.	Sınırlar kalkarsa açlık sona erer.	Zengin ve fakir ülkeler.
"Yiyecek satın al."	Fakir insanlar kendi kaynaklarıyla beslenebilir.	Ne işleri, ne paraları var.

Şekil 6-4

KARAKTERİSTİK ÖZELLİKLER

"Neyin araştırılabilir olduğuna karar veren, teoridir."

ALBERT EINSTEIN

Her tohum fikir, sizi yeni fikirlere yönlendirebilecek özelliklere sahiptir. Bu, tohum fikrinizin özelliklerinden başka ilave fikirler oluşturur. Tohum fikriniz bir çiviyse, o zaman çivinin karakteristik özelliklerini problemi çözmek için kullanabilirsiniz.

Tohum fikrinizi parçalara ayırın. Bir çivinin parçaları nelerdir? Her bir çivinin nitelikleri nelerdir? Parçalar nasıl bütünleşir? Farklı parçaların fonksiyonları benzersiz mi yoksa aynı mı?

Tohum Fikir Özelliği Örnekleri

Tohum fikrinizi benzerliklerine ve farklılıklarına göre ayırın.	Seri üretim, basit, her yerde standart. Farklı boylarda üretilir.
Daha büyük bir bağlama nasıl uydurulabilir?	Çiviler kümülatif etkiden bağımsız hareket eder. Küçük çivileri büyük şeyleri bir arada tutar.

Şekil 6-5

Fikir Listesi

Fikir	Neden işe yarar?	Neden işe Yaramaz?
Gıda maddelerini ve dağıtımlarını basitleştirin	Gıda dağıtımı zengin ulusların ihtiyaçlarını tahmin etmek için tasarlanmıştır.	Gelişmemiş bölgelerdeki insanlar sadece kurtulmak istemiyorlar, aynı zamanda refah da istiyorlar.

Şekil 6-6

Candido Jacuzzi, oğlunun hidroterapi tedavisi sırasında kullanılan pompaların, şirketinin sattığı küçük pompalara çok benzediğini fark etti. Birkaç modifikasyonla Jacuzzi bir insanın evinde rahatlıkla hidroterapi alabileceği bir pompa üretti. Kısa bir zaman sonra da vücuda çarparak fışkıran suyun sadece terapi sağlamaktan daha fazlasını yapabileceğini keşfetti ve spa endüstrisi doğdu.

UYGULAMALAR

"Yüceltmenin yıpratıcı etkisinden kaçınmanın tek yolu çalışmaya devam etmektir."

ALBERT EINSTEIN

Diğer bir basit düşünce şekli, tohum fikri çözüm olarak kullanmaktır. Problem ve tohum fikrin ne kadar bağlantısız ya da farklı göründüğü önemli değil. Tohumu cevabın parçası olmaya zorlayın.

Bu hile, seçenekler sınırlı olduğunda faydalıdır. Amerikan ovalarındaki göçebe kabileler arasında çözüm bufaloydu. Bundan başka çok az uygun doğal kaynak vardı. Cevap, problemle bağlantısız olarak her zaman bufaloydu. Suyu nasıl taşırız? Bufalo işkembelerini çanta yaparak. Ne yeriz? Bufalo eti. Ne giyeriz? Bufalo derisinden giysiler giyeriz. Yakıt üretmek için ne kullanırız? Bufalo gübresi yakarız. Bufalolar binlerce şey için kullanıldı çünkü başka bir seçenek yoktu.

Doğrudan Uygulama Örneği

Tohum fikir ne zaman çözüm olur?	Binalar insanların karnını doyursaydı.
Tohum fikre uyması için problemi değiştirin.	Çivilerle, refah için gerekli çiftlikler ve fabrikalar inşa edin.
Tohumu bir çözüm olması için uygun hâle getirin.	Çiviler; makine, bina ve yol hâline gelir.

Şekil 6-7

Seçeneklerinizi sınırlayarak kendinizi normal rutinlerinizin dışında yaratıcı olmaya zorlarsınız. Tohum fikriniz, normalde önereceğiniz bir çözüm değildir. Bu sayede probleminizi yeni, benzersiz yöntemlerle keşfedebilirsiniz. Bu size, yeni çözümlere dönüşen fikirler ve perspektifler verir. Sonuçta tohum fikirlerin, gerçekten işe yarayan birer çözüm olduğunu bile keşfedebilirsiniz.

William Coleman, hukuk okulunu tamamlamak için kırsal bir kesimde satış görevlisi olarak çalışırken çözüm tohumu karşısında belirdi. Tohum fikri,piyasadakilerden daha parlak ve daha iyi bir lambaydı. Coleman, bu lambayı çözümü hâline getirdi. Lambanın satışını yapmaya başladı ve üretim haklarını satın almak için yeterli parayı biriktirdi. Kısa zamanda kazançlı bir iş kurdu.

Kırsal kesimlerde elektrik dağıtımı lamba pazarını öldürürken Coleman, lamba teknolojisinden ısıtıcıya geçiş yaparak işini büyütmeye devam etti. II. Dünya Savaşı sırasında Coleman'ın kamp ocağı çok fazla övgü aldı; o zamanlar ünlü bir Amerikan gazeteci olan Ernie Pyle, bu ürünün jeep'ten sonra en faydalı şey olduğunu söyledi. Savaştan sonra refah ve merkezî ısıtma, Coleman'ın işini yine tehdit etti. Vârisleri, bu zekice çözüme bağlı kaldı ve kampçılık ekipmanlarına odaklanarak şirketi daha da büyüttüler.

Tohum fikrinizi çözüm olarak kullanmak için kendinize şu soruları sorun:

- Problemim hangi koşullar altında çözülebilir?
- Tohumun çözüm olması için problem nasıl değişmeli?
- Tohum fikir nasıl etkili bir çözüm hâline getirilir?

Fikir Listesi

Fikir	Neden işe yarar?	Neden işe Yaramaz?
Çiftlikler ve fabrikalar kur	Çiftliklerin ve fabrikaların altyapısıyla aç insanlar kendilerini besleyebilir.	Çiftlikler ve fabrikalar yapacak hiç hayırsever sermayesi yok.

Şekil 6-8

METAFORLAR

"Kelimeler ve dil, ister yazılı ister sözlü olsun, benim düşünce sistemimde yer almıyor."

ALBERT EINSTEIN

Metaforları ve benzetmeleri, dildeki farklı unsurları birbirine bağlamak için kullanırız. Bunlar, zaten bildiğimiz şeylerle bağlantı kurarak bizi başka bir konsepte götürür. Metaforlar, fikirleri birbirlerine bağladığı için, bir tohum fikirden daha fazla fikir çıkarmak için harika bir hiledir.

Metaforlar,normalde benzer olmayan konseptleri birbirine bağlar. Bunları, yeni bir konsept oluşuncaya kadar fikirleri birbirine bağlayarak yeni düşünme kalıpları yaratmak için kullanabiliriz. Örneğin akıllı telefonlar, hayat taşıyan kutular gibidirler. Tohum fikrinizi, metafor olarak kullanmak için onu probleminizle bağlantılı hâle getirin. Tohum fikrinizi probleminize ne bağlayabilir? Bu, birkaç başlangıç düzeyinde bağlantı gerektirir ama probleminizi her şeye bağlayabilirsiniz. Probleminiz, kendinizi tam zamanlı olarak beste yapmaya adamaksa ve tohum fikir Jeanne d'Arc ise hangi metaforları yaratabilirsiniz?

Muhtemelen Jeanne gibi sıra dışı ve alışılmadık koşullara ihtiyaç duyacaksınız. Ya da Jeanne gibi ne istediğini bilen, kararlı bir yapıya ihtiyacınız olacak. Hatta doğrudan, çevrenizdeki en önemli müzik otoritesine gidip kendinizi tanıtabilirsiniz.

Metafor Olarak Tohum Fikir Örneği

Tohum fikrinizi bir durumla bağlantılı hâle getirin.	Çivi gibi küçük şeylerin büyük bir kümülatif etkisi vardır: "Çivi yokluğundan bir nal kaybedildi. Bir nal yokluğundan bir at kaybedildi. Bir at yokluğundan bir seyis kaybedildi. Bir seyis yokluğundan bir muharebe kaybedildi. Bir muharebe yüzünden bir savaş kaybedildi. Ve hepsi de bir at nalı çivisinin yokluğundan kaybedildi." *(Benjamin Franklin'in "For Want of a Nail" şiiri.*
Tohum düşünce başka nelere benziyor?	Açlığı sonlandırmak, aç insanları kaynaklarla bağlantılı hâle getirmeyi gerektirir.

Şekil 6-9

Üçüncü bir düşünceyle bağlantı kurarak bir tohumdan daha fazla fikir yaratın. Tohum fikir neye benziyor? Kâğıt ataşı; bir metal parçası, şekli bozuk bir kanca ya da bürokrasinin temel unsurudur. Metaforları, tohum fikrinizi başka bir şeyle bağlayarak düşünmekte olduğunuz fikir çemberini genişletmek için kullanın. Sonuçta, bir düşünce diğerlerini beraberinde getirecektir.

Fikir Listesi

Fikir	Neden işe yarar?	Neden işe Yaramaz?
Küçük değişiklikler büyük etkiler yaratır.	Küçük değişiklikler müthiş sonuçlar getirir.	Büyük değişikliklere ihtiyaç var.

Şekil 6-10

KOMBİNASYONLAR

"Hayal gücüne başvurmadan hiçbir yaratıcı eser ortaya çıkmaz. Hayal gücünün oyunlarına neler borçlu olduğumuz hesap edilemez."

CARL JUNG

Dünyamızda sayısız farklı cisim vardır. Kaz tüyünden granite kadar her şey atomların farklı şekillerdeki kombinasyonundan oluşur. Atomlar, içerdikleri atomaltı parçacık sayısına göre birbirinden ayrılır. Evrenimizin çeşitliliğini oluşturan şey; bu elektron, proton ve nötronların farklı ölçülerdeki birleşimidir.

Fikirler dünyasında kavramlar, büyük fikirler yaratmak için sürekli olarak bir araya getirilmektedir. İlk hava aracı, motoru olan bir planördü. Bir sörf tahtasına paraşüt eklerseniz uçurtma sörfü yapabilirsiniz. Zürafalar, uzun boyunları olan ineklerdir. Kate Gleason, Henry Ford'un otomobil fabrikaları için tedarik sağlarken öğrendiği kitlesel üretim tekniklerini tek tip ev yapılandırmasında kullandı. Bir şeyleri yeni kombinasyonlarla bir araya getirerek neredeyse sonsuz çeşit ortaya çıkabilir.

Kombinasyon Örnekleri

Eski çözümleri birleştirin.	Dolaylı yardım ve çiviler, fakirleşmiş alanlarda gelişim için uğraşan şirketlere sübvansiyon sağlar.
Karşı çözümlerle birleştirin.	Ters göç-zengin insanları fakir ülkelere taşımak.
Diğer tohum fikirlerle birleştirin.	Çiviler ve nilüfer yaprakları - tüm yardımı (çiviler) başarılı yerel projelerde (nilüfer yaprakları) bir araya getirin.

Şekil 6-11

Kombinasyon yoluyla tohum fikrinizi diğer içeriklerle birleştirin. İşe, probleminize yönelik en iyi geleneksel çözümlerle başlayın. Tohum fikriniz bu çözümlere nasıl eklenebilir? Ya da tohum fikri bir karşıt çözümle, probleminizi daha kötü yapacak bir içerikle birleştirin. Oksijen ve hidrojen birbirlerinden ayrıldıklarında patlayıcı olurlar. Bir araya geldiklerinde suyu oluştururlar. İçerikler birleştiğinde ne tür karakteristik özelliklerinin değişeceğini asla bilemezsiniz.

Tohum fikrinizi, fikir listenizdeki bir Kolomb Konseptiyle birleştirin. Daha fazla fikir geliştirmek için fikir araç kutunuzu kullanın. Bir tohum fikri tesadüfen seçtiğiniz diğer bir tohum fikir ile kombine edin. Sonucun sizin rutininizin dışında olacağı kesindir. Örneğin, Jeanne d'Arc'ı eski, suda ve karada kullanılan araçlar düşüncesiyle kullandığınızda hangi düşünceleri yaratabiliyorsunuz?

Probleminiz, terfi almaksa; bunları kombine edebilirsiniz. Böylece, Jeanne d'Arc'ın ve hem karada hem suda çalışan arabaların özel, olağan olmayan koşullarda başarılı olduğunu fark edebilirsiniz. Peki, hangi olağan dışı koşullar sizin ilerlemenizi geliştirebilir ve aynı zamanda size öncülük eder? Eşinizin size sosyal ortamlarda katılması için uğraşıyorsanız; eşinizin, Jeanne d'Arc'ın ve bir kara-su aracının hepsine uyacak bir parti hayal edin. Sonra Jeanne ve arabayı kaldırın.

Fikir Listesi

Fikir	Neden işe yarar?	Neden işe Yaramaz?
Tersine göç	Girişimciler ve sermayedarlar fakir ülkelerde büyük bir fark yaratabilir.	Girişimciler ve sermayedarlar dev kârlar elde etmeyecekleri sürece fakir ülkelere gitmezler.

Şekil 6-12

KÖTÜ FİKİRLERE YER YOK

"Bir dâhi, yanlış yapmaz. Onun yanlışları bilinçlidir ve keşiflerin kapısıdır."

JAMES JOYCE

Kalıpları kıran düşünce egzersizleri, kendi düşünce alışkanlıklarınızı kırdığınız zaman başarılı olur. Elbette hâlâ çözümler bulmak istiyorsunuz. Bu fikirlerin hepsi faydalı olacaktır. Kötü fikir yoktur, sadece Kolomb Konseptleri vardır. Gerçekleşmesi en imkânsız fikir bile zorlu bir problemi çözmede faydalı olabilir. Bunları ilerleyen bölümlerde ele alacağız.

Çok şey vadeden bir fikir bulduysanız, bunu bir çözüm tohumu olarak kaydedin. Bu fikirler, geçerli çözümler geliştirebileceğinizi hissettiğiniz düşüncelerdir. Çözüm tohumlarının uygulanabilir olması gerekmiyor ama hoşunuza gidiyorlarsa potansiyele sahipler demektir. Bunlar, en iyi ya da en işe yaramaz fikirleriniz olabilir.

Çözüm Tohumları

ORTAK FAYDA SAĞLAMAK İÇİN İNSANLARIN, ZENGİN ULUSLARDAN FAKİR ULUSLARA TAŞINMALARINI SAĞLAYIN. MADDİ OLARAK KISITLI İNSANLARIN ÖNÜNDEKİ ENGELLERİ İÇİNDE BULUNDUKLARI KOŞULLARI DÜZELTEREK KALDIRIN.

Fikir Listesi

Fikir	Neden işe yarar?	Neden işe Yaramaz?
Manavlar kurun.	Manavlar, insanların beslenme ihtiyacını gidermeleri için altyapının parçalarıdır.	İnsanların yiyecek alacak paraları yok, her ne kadar yakında bir manav olsa da.
Yapay sınırlamaları ortadan kaldırın.	Cömertlik sınırları aşarsa açlık biter.	Zengin ve fakir uluslar kendi egemenliklerini korurlar.
"Yiyecek bir şeyler satın alın."	Aç insanlar kendilerini kaynaklarla besleyebilirler.	Fakirlerin işleri ve paraları yok.
Gıda maddelerini ve dağıtımları basitleştirin.	Gıda dağıtımı, zengin ulusların refah ihtiyacına göre tasarlanır.	Az gelişmiş bölgelerdeki insanlar sadece kurtulmak istemiyor aynı zamanda refah içinde yaşamak da istiyor.
Çiftlikler ve fabrikalar kurun.	Çiftliklerin ve fabrikaların altyapısıyla aç insanlar beslenebilir.	Çiftlikleri ve fabrikaları kuracak hayırsever sermaye sahipleri yok.
Küçük değişikliklerle büyük etkiler yaratın.	Küçük değişimler büyük sonuçlar getirir.	Büyük değişikliklere ihtiyaç var.
Tersine göç	Girişimciler ve sermayedarlar fakir ülkelerde büyük farklar yaratabilirler.	Girişimciler ve sermayedarlar büyük kârlar elde etmedikleri sürece fakir ülkelere gitmez.

Şekil 6-13

BÖLÜM YEDİ

KURALLARI YIKMAK

"Matematik kuralları, gerçekliğe dayanıyorsa kesin değildir; kesinse de gerçekliğe dayanmaz."

ALBERT EINSTEIN

Einstein tam bir kural yıkıcıydı. Anlamsız kurallardan nefret ederek büyüdü. Açık ya da gizlice, hoşuna gitmeyen her kuralı yıktı. Her ne kadar zeki bir öğrenciyse de okulda devamlı sorunlar yaşadı. Dünyanın önde gelen bilim adamlarından biri oluncaya kadar üniversiteye de gitmedi çünkü akademik teamüllere karşı çıkıyordu. Alman vatandaşlığını reddetti ve uyruksuz kaldı. Tüm mücadelesi birçok kişisel zorluk yaşamasına neden olan kurallara karşı çıkmaktı ama bu mücadele onun bilimsel araştırmasına olumlu bir etkiye sahipti.

Örneğin, çağdaşlarını önemli fikirlere karşı körleştiren kuralları yıkmak konusunda hiçbir sorunu yoktu. Einstein'ın bir ışık dalgasını hayalinde canlandırdığı fiziksel olaylar hakkındaki farklı düşünme biçimi diğer fizikçileri görelilikten uzak tutan anahtar kuralı tanımlamasına ve yıkmasına olanak sundu. Einstein, zamanın mutlak olması gerekmediğini keşfetti. Bu yıkılamaz kuralı yıkarak Einstein bilimin en önemli problemlerinden birini çözüme kavuşturdu. EK B, bu kuralın yıkılmasının peşinden nasıl harika çözümleri getirdiğini açıklıyor. Einstein gibi düşünmeyi öğrenmek, kuralları yıkmaktır.

KURALLARI YIKMAK ZORUNDASINIZ

"Joshua Lederberg, klasik düşünce yöntemine takılı kaldığı için, onun deneyinin doğru yorumunu ondan önce bulabilmenin başarısına ulaşma olasılığı hoşuma gitmişti."

JAMES WATSON

Her problemin bir çözümü vardır ama bazı görevler imkânsıza yakındır. Bu imkânsız görevleri, bir çözümün koşulu yaparak çözümleri erişilemez hâle getiriyoruz. Bürokrasiler, en basit eylemleri anlaşılmaz yapmakta özellikle başarılıdırlar. Eğer bir problem herhangi bir çözüme karşı koyacak gibi görünüyorsa, zorluğun özünde bir kural vardır. Hem geleneği takip edip hem de zorlu bir problemi çözemezsiniz. Kuralları yıkmanız gerekiyor.

Efsaneler; Büyük İskender'in ilk imkânsız problemi, Gordion düğümünü çözdüğüne işaret ediyor. Bu, iki halatı birbirine bağlayan inanılmaz karmaşık bir düğümdü. Gordion düğümünü çözecek bilgeliğe ve beceriye kim sahip olursa Asya'nın hükümdarı olacaktı. İskender bu düğümü kılıcıyla temiz iki dilime ayırdı. Sonra da benzer yöntemlerle Asya'yı fethetti.

Bazıları, İskender'in gerçek bir kural yıkıcı olmadığını söyleyerek itiraz edebilir. Birinin düğümü kesemeyeceği durumu "gerçek" bir kural değildi. Herkes tam olarak düğümün çözülmesi gerektiğini varsaymıştı. Fakat bu birçok kuralın gerçek noktasıdır. Kurallar sadece biz yıkılmaz olduklarını varsayarsak öyledirler.

Kurallar faydalı bir amaca hizmet eder. Ahlaki ve sağduyulu oldukları zaman kurallara uymalıyız. Ama kurallar gerçek değildir, gerçeğin temsilcileridir. Değer verilen kuralların bile yıkılması gereken zamanlar vardır. Yine de kurallar için saygımız o kadar büyüktür ki bunu tam olarak yapamayız. Kurallar, dünyayı algılayışımızda hayati önem taşır. O yüzden bizi bir çözümden uzaklaştıran çok yanlış düşüncelere dayanak bulmak için yollar ararız.

İlk astronomi âlimleri "Her şey dünyanın çevresinde dönüyor" kuralını benimsemişlerdi. Bu çok yararlı bir kuraldı. Ancak gezegenler bu kurala tam olarak uymuyordu. Astronomlar, bu kuralı her zaman işe yaramadığı için ıskartaya çıkarmak yerine, gezegenlerin hareketleri için ek bir kurallar icat ettiler. Karmaşık kurallar, bir gezegenin hareketini şaşırtıcı bir doğrulukla öngördü. Bu zekice bir çabaydı ama tamamen yanlıştı. Bu kuralların kısmi başarıları daha ileri çalışmaları bastırdı.

Mantıklı, iyi temellendirilmiş kurallar çözümleri engeller. Bir kentte, yaya geçitlerinin kaldırılmasıyla araba ve yaya kazalarının azaltılabildiğini görüldü. Bu, "yaya geçidi, güvenliği sağlar" kuralına açıkça aykırıydı. Yayaları, caddenin karşısına geçerken ürkekleştirmenin yapay bir güvenlik bölgesi yaratmaktan daha etkili olduğu anlaşıldı. Ama bu kırılması çok zor bir kuraldı.

Başarılı işletmeler, başarılarını borçlu oldukları kuralları yıkmakta zorlanırlar. Eski kurallar çok işe yaramıştır. İşletmeler, bu kurallar çerçevesinde kurulmuşlardır. Bu tekrar tekrar kullanılan kurallar, işletmeleri eski kurallara meydan okumak isteyen rakiplerine karşı kırılgan yapar. Zaman içinde kendini kanıtlamış bir kural bir çözüme nasıl ayak bağı olur? Kurallar pek çok yolda sizi yanlış yönlere sevk eder. Aşağıda birkaç örnek göreceksiniz.

HER ŞEY DEĞİŞİR

"Gerçekler, illüzyon olduklarını unuttuğumuz illüzyonlarıdır."

FRIEDRICH NIETZCHE

Güncel çözümlerimizi, insan başarısının zirvesi olarak düşünürüz; sonuçta daha iyisini henüz başka kimse ortaya koymamıştır. Ancak, atletizmden zoolojiye kadar her gayret bir üst noktaya ulaşacaktır. Sadece küçük değişimler değil; büyük, önemli gelişmeler olacaktır.

1904'de, Einstein'ın dünyayı değiştirecek üç dikkat çekici belgesini yayınlamasından önce, dünyanın nasıl bu kadar büyük ölçüde değişebileceğini düşünmek çok zordu. Gelişmiş ülkeler biraz demokrasiye sahipti, nüfusun çoğu haklarından mahrum edilse de. Atletler, insan performansının mutlak sınırlarına yaklaşıyorlardı. Gemiler, telefonlar ve hatta uçaklar bile icat edilmişti. Artık daha fazla değişecek bir şey kalmamış gibi görünüyordu.

Şekil 7.1'in gösterdiği gibi, kurallar 1904'ten itibaren değişti. Yine değişecekler, hem de büyük ölçüde. Şu anki durum bize hep böyle kalacakmış gibi geldiği için, bu değişimlerin neler olacağını hayal etmekte zorlanıyoruz.

Geçici Standartlar ve Rekorlar

	1904	2014	2124
Yüksek atlama	1.8 metre	2.4 metre	3.28 metre
New York-Paris uçuş süresi	6 gün	2.5 saat	18 dakika
100 metre koşusu	11.0 saniye	9.58 saniye	8.9 saniye
Sırıkla atlama	3.5 metre	6.16 metre	8.61 metre
100 metre serbest yüzme	62.8 saniye	46.91 saniye	38.37 saniye
Disk fırlatma	41.45 metre	74.08 metre	94.4 metre
Oy verme hakkı	21 yaş ve üstü erkekler	18 yaş ve üstü	Direk yasama oylaması

Şekil 7-1

YEREL KURALLAR

"Bilinmeyenle başa çıkabilme yeteneğine, ancak bilinenleri henüz keşfetmemiş olanlar sahip olabilirmiş gibi görünüyor."

ERIC HOFFER

Pek çok kural yereldir. Güneş her sabah doğar ve bu yerel bir olgudur. Kutuplarda güneş her sabah doğmaz ya da her akşam batmaz. Yörüngedeki bir astronot bir gün boyunca defalarca "gün" doğuşu görebilir. Bir insan dünyanın yörüngesinden çıksa, güneş onun için daima göğe yükselmiş görünürdü.

Kuralların yerel doğası insanlara her zaman sorun çıkarır. 1950'lerde o zamanın Başkan Yardımcısı Nixon, Latin Amerika'ya bir iyi niyet gezisi düzenledi. ABD, bölgede o zamanlar popüler değildi ve Nixon iyi bir izlenim bırakmak istiyordu. Uçaktan inerken ellerini başının üzerine koydu, işaret parmağını başparmağıyla birleştirerek sırıttı ve ABD'de "Her şey yolunda" anlamına gelen bir işaret yaptı. İzleyenler, bu işaretin yerel anlamı olan bir küfür şeklinde anladı ve tepki gösterdi. Bir yerde doğru olan kuralın her yerde doğru olması gerekmediğini unutmayın.

GELENEKLER 'GERÇEK' OLARAK MASKELENİR

"Gerçeği ve bilgiyi aramak, insanlığın en iyi özelliklerinden biridir. Gerçi bu, çoğu zaman bunun için en az çalışanlar tarafından en yüksek sesle dillendirilir.

ALBERT EINSTEIN

Pek çok gelenek uzun zamandır varlığını sürdürüyor, biz de onları gerçekler olarak kabul ediyoruz. Ancak, bu "gerçekler" kültürden kültüre geniş ölçüde değişiklik gösterir. Dünyanın bir bölgesinde saçmalık olarak görülen bir şey, başka bir bölgede sarsılmaz bir gerçek olarak kabul edilmiş olabilir. Örneğin, size iki karşıt özellikli fikir sunuldu diyelim, ikisi de gerçek olabilir mi? Yetiştiğiniz yere göre,*Tabii ki hayır* diyebilirsiniz ama dünya kültürlerinin çoğunluğu,çelişkiyi sorgulamadan kabul eder. Kültürel önyargılarımızın mutlak olarak gerçeği temsil ettiğine inanmamız için hiçbir neden yok.

SÜRÜ DÜŞÜNCESİ

"Kanılar, gerçekler için yalanlardan daha tehlikeli düşmanlardır."

FRIEDRICH NIETZSCHE

Güçlü düşünceler çok ikna edici olabilir, karşıtı bir kanıt olsa bile. Bir çalışmada katılımcılar deneklerin bazı gerçekler hakkındaki düşüncelerini değiştirmeyi denedi. Denekler, katılımcılarla konuşmadan önce bu gerçeklerin doğruluğundan eminlerdi. Katılımcıların ısrarlı itirazlarıyla karşılaştıktan sonra, deneklerin yüzde 37'si yanlış olduklarına inandıkları cevabı seçtiler.

Herkesin inandığı yanlış bir fikre inanmak kolaydır. Nesillerce edinilmiş tarihi deneyimin aksine, bütün dünyanın yanılıyor olabileceğine inanmayız. Buna defalarca şahit olmuşuzdur üstelik.

ÖLÇEK

"Özel bir yeteneğim yok. Sadece tutkuyla meraklıyım."

ALBERT EINSTEIN

Kurallar genelde bir şeylerin ölçeğine göre değişir. Bir düzeyde çok iyi çalışan bir genelleme, örneğin, "Senden daha büyük nesneler, taşımak için çok ağırdır" gibi, bir karınca ölçeğine indirgendiğinde doğru değildir. Newton fiziği, büyük ve yavaş nesneler için geçerliydi. Yine de bir nesnenin boyutu ya da hızı fark edilir derecede değiştirildiğinde Newton fiziği işe yaramıyordu. Einstein'ın fizik kuralları, daha geniş koşullar ölçüsünde geçerlidir ama onun kuralları da uç koşullarda geçerliliğini yitirir. Hâlâ yıkacak çok kuralımız var.

İnsan ilişkilerinin de benzer, ölçeğe bağlı özellikleri vardır. Küçük bir grupta işe yarayan kural, çok büyük bir organizasyonda her zaman geçerli değildir. Çözümler ve problemler her zaman uygun değildir. Yine de bu, denememiz için bir engel değildir. Büyük organizasyonlar, genelde küçük gruplarda işe yarayan eski çözümleri, durum absürtleşene kadar uygulamaya devam eder.

KENDİLİĞİNDEN DEĞİŞEN KURALLAR

"Hiçbir şey, kendini kandırmaktan daha kolay değildir. Çünkü bir insanın istediği şey, aynı zamanda onun gerçek olduğunu inandığı şeydir."

DEMOSTHENES

Çoğu kural,kendiliğinden değişir. Sabit yapıda olmamaları, sürekli değişmelerine neden olur. Bunun için uygun bir örnek, yakıt fiyatlarıdır. Petrol fiyatları, 1970'lerden beri, sık sık ucuzluk-pahalılık arasında gidip gelir. Fiyatlar yüksek olduğunda, üreticiler yeni rezervlere yatırımları arttırırken talep azalır. Hiçbir masraftan kaçınılmaz. Daha sonra talep artarken ve piyasa kaynakları bollaştığında fiyatlar düşer. Tüketim teşvik edilir, yatırımlar azalır.

KURALLARINIZI TANIMLAMAK

"Boş umutlar peşindeki otorite, gerçeğin en büyük düşmanıdır."

ALBERT EINSTEIN

En zor problemi çözmek, çözümü engelleyen düşünce yönteminizi, yani kurallarınızı değiştirmenizi gerektirir. İyi kurallar bile bir problemi çözmenize engel olabilir. Şekil 7.2'yi bir kâğıda çizmeyi deneyin. Çizerken kaleminizi kâğıttan kaldırmayın. Bunu yapabilir misiniz? İnsanlardan bunu yapması istendiğinde çoğunluk bunun imkânsız olduğunu iddia eder. Bu problemi zorlu yapan şey aslında onların kendi kurallarıdır.

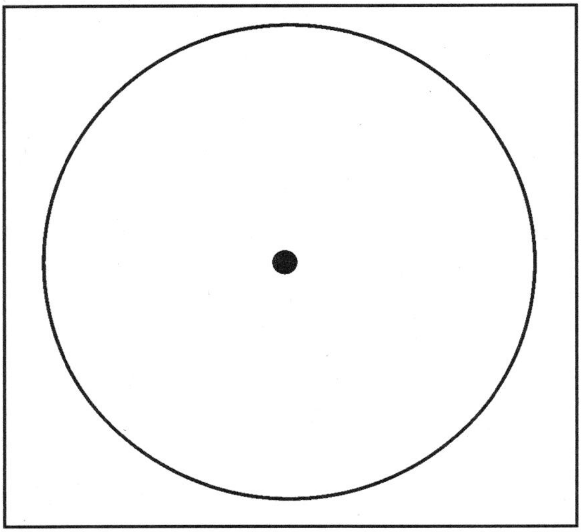

Şekil 7-2

Normalde, tek seferde kâğıdın bir yüzünü kullanırız. Şekil 7.2'yi kalemi kâğıttan ayırmadan çizebilmek için iki yüzü de kullanmanız gerekiyor. Şeklin ortasındaki noktayı çizin, sonra kâğıdın bir kenarını bu noktaya gelecek şekilde katlayın. Sonra, kalemi kâğıttan ayırmadan, katladığınız köşe boyunca çizin; 90 derece çevirip yuvarlağı çizmeye başlayın. Siz çizerken, kaleminiz kâğıdın ön yüzüne geri dönecek ve kaleminizi kâğıttan ayırmadan yuvarlağınızı tamamlayabileceksiniz. Hayatınız boyunca kâğıt üzerine çizim yapmış olmasaydınız, bu sizin için basit problem olacaktı. Yıllarca edindiğiniz deneyimler problemi zorlaştırdı.

Kural yıkmada ilk adım, kurallarınızı tanımlamaktır. Probleminizi tanımlarken fark ettiğiniz sınırlamalarla başlayacağız. Algılanan sınırlamalar, genelde bizi çözümlerden uzaklaştıran başlıca kurallardır. Sınırlama listenizi inceleyin. Listenize parayı bir sınırlama olarak eklediyseniz, problemi çözmek için gerekli olan para miktarını belirten bir kuralınız olmalı. Eklediğiniz her sınırlama için bir kural oluşturun. Problemi çözmek için, kurallarınızın bir listesini yapın. Bütün kurallarınızı bu listeye ekleyin, özellikle de yıkılamayacağını düşündüğünüz kuralları. *Yıkılamaz* kurallar, genelde imkânsız problemlerin temelini oluşturur.

Hâlâ probleminizle ilgili birçok kuralınız var. Düşünce kalıplarınızı yıkarken yeni fikirler ürettiniz. Bu fikirlerin bazıları iyi, bazıları korkunçtu. Bu fikirler hakkındaki görüşünüz, kurallara dayanıyor. Bu fikirleri kabullenmeniz ya da reddetmenizin ardındaki sebeplere göre kurallar oluşturun. Fikir listenizi inceleyin. En iyi fikirlerinizden başlayın. Görüşünüzün oluşmasının ardındaki nedenler neler? Bu nedenler, yine kurallarınızın birer parçasıdır. Bu kuralları da kural listenize ekleyin.

İşe yaramayacağını düşündüğünüz bazı fikirleriniz de vardır. Bunların neden yaramayacağını tanımlayın. Bunlar da kurallardır, hepsini kaydedin. Örneğin, bir fikri çok riskli olduğu için reddetmiş olabilirsiniz. Bu durumda, sadece az riskli projelerin kabul edilebilir çözümler olduğunu söyleyen bir kuralınız var demektir. Geçerli olduğunu düşündüğünüz çözümler için büyük bir takıma ihtiyacınız olduğunu düşünüyorsanız; kuralınız, problemi kişinin tek başına çözemeyeceği olabilir.

Prosedürler ve temel kurallar, kural yıkımı için mükemmel adaylardır. Örneğin, bir zamanlar bir değişiklik için on üç başkan yardımcısının imza atmasını gerektirecek iyi bir neden vardı belki ama bu neden artık ortadan kalktı. Listenizde yer alan ve sizi engelleyen her prosedürü çalışmanıza dâhil edin.

Kurallarınız bariz görünüyorsa bile endişelenmeyin. Birçoğu o kadar bariz şeyler olacak ki listenize eklemek saçma gelecek. Bariz kurallar, yıkmak için ideal kurallardır. Kimse, bariz çözümler defalarca başarısız olmasına rağmen, bu kuralları ihlal etmeyi aklından geçirmez.

Uzun bir kurallar listesi oluşturun. Sonra yıkmak için içlerinden birini seçin. Yıkılırsa probleminizin çözümlenmesine olanak sunacak bir kural var mı? Varsa bu anahtar bir kuraldır. Yıkılamayacak bir kural olmasını boş verin. Size engel olan asıl kural,bu olabilir.

Ana ilke için örnek bir kural, "Açgözlü, bencil insanlar açlığın son bulması için yardım etmeyecektir" olabilir. Bu kuralı yıkabilirseniz açlığı bitirebilirsiniz. Açgözlü, bencil insanlar bunu yapmak için yeterli imkânlara sahiptir. Kırabileceğiniz hiçbir kural yoksa daha köklü kuralları tanımlayın. Düşüncenizi genişletmek için kalıp-kırıcı bir egzersiz yapın. Ana ilke olabilecek bir kural arayın. Geçerli bir probleminiz varsa bu kural da ortaya çıkacaktır. Ana ilke olabilecek kuralı tanımladığınızda, Einstein gibi düşünmek için en önemli adımı atmanın zamanı gelmiş demektir: Bu kuralı yıkın.

İyi Problem Örnekleri

Para sınırlıyor. Bağışlar olmaksızın insanlar beslenemez.
Formaliteler sınırlıyor. Sınırdan malzeme geçirmek zor.
Bencillik sınırlıyor. Asla yeteri kadar para toplayamayacağız.
Küçük değişimler aç insanları doyurmayacaktır.

Şekil 7-3

KURAL-YIKICI TEKNİKLER

"İnsanlar ara sıra gerçeğe takılıp düşerler ama her seferinde ayağa kalkıp hiçbir şey olmamış gibi devam ederler."

WINSTON CHURCHILL

Kuralları yıkmak asla kolay değildir. Sizi çözümden uzak tutan kuralları çiğnemek yaratıcılık ve zekâ gerektirir. Sağduyuyu da görmezden gelmeniz ve biraz eğlenmeniz gerekir. Kırmam gereken kurallar için dört teknikten birini uygularım. Bu teknikler çok basittir ve her kural için işe yararlar. Yer çekimi gibi bazı önemli kuralların etrafından dolanarak bu tekniklerin nasıl kullanıldığını size göstereceğim. Size yüksek bir binadan atlamanızı önermiyorum. Bunlar ciddi kurallardır, mizaha yer bırakmayacak şekilde uyulması zorunlu olan kurallardır. Ama birçok yetenekli insan bu kuralları yıkmak için sıkı biçimde çalıştılar ve başarılı oldular.

Kuralı Çiğne

İlk kural yıkıcı hile, açık ihlaldir: Kuralı yıkar ve sonuçlarına katlanırsınız.

Bu hiçbir şey işe yaramadığında kullanılan temel bir stratejidir. Kuralı açık seçik çiğnemek cesaret gerektirir. "Gerçeklerle ilgilenmiyorum, hiçbir şey bana engel olamaz" tavrını gerektirir. Jül Sezar, Roma'nın yönetimi için Pompey (Pompeius Magnus) ile giriştiği iç savaş sırasında, açık bir ihlalin tek seçenek olması sebebiyle ikilem yaşadı. Sezar'ın rakibi Pompey, Roma'daydı, güç ve destek topluyordu. Sezar ve orduları Galya'da, güçlü oldukları yerden uzaktalardı. Çözüm barizdi: Pompey'i Roma'dan çıkarmak gerekiyordu. Sezar, bunu ordusuz yapamazdı. İtalya'ya bir orduyla girmek, bir isyan hareketi demekti. Bu durumda Pompey de Roma'nın bütün ordularını Sezar'ın üstüne salma hakkına sahip olurdu. Sezar, daha güçlü savunma pozisyonu olan, daha kuvvetli bir orduya karşı savaşmak zorunda kalırdı. Bu da savaşın pragmatik kurallarına aykırıydı.

Çözülemeyecek bir problem gibi geliyor. Ama Sezar tek seçiminin Roma'yı almak olduğunu fark etti. Kendinden daha güçlü bir orduya saldırmama ve düşmanınızı daha güçlü hâle getirmeme kurallarını ihlal edip tek bir lejyonla Rubicon Nehrini geçerek İtalya'ya girdi. Ölüm ve kaderle yüz yüze gelirken bir strateji düşündü. Hızla hareket ederek, direnç sağlamlaşmadan saf dışı bıraktı ve destekçi kazanmak için ilk başarıları kullandı. Sezar, kısa sürede Roma'yı kontrolü altına aldı, bu, kazanmanın tek yoluydu. Sezar, kuralları yıkacak cesareti olmasaydı tarihe sadece bir dipnot olarak geçerdi.

Yer çekimi her zaman görmezden gelinir. Çitlerden atlarız, havuza dalarız. Bir risk olduğunu biliriz ama şansımızı deneriz. Uçaklardan ve yüksek binalardan düşenlerin bile hayatta kaldığı olur. Bu, çok sık olmaz ama kuralları bu şekilde açık açık çiğnemenin,uç durumlarda bile işe yarayabileceğini gösteren birer kanıttır.

Hiçbir kural çiğnenmez değildir. Söz konusu kural, tohum üretmeyen ya da filizlenmeyen bir bitki türü ölecektir gibi sağlam bir kural olabilir. Ama bu kuralı yıkmada başarılı olmuş bir portakal ağacı türü var. Yıllar önce tek bir portakal ağacının bir dalının tohumsuz portakallar ürettiği keşfedildi. Portakal yetiştiricileri, bu steril mutasyonu yaymayı işleri hâline getirdiler. Yok olmaya yüz tutmuş bir tür olmaktansa, tohumsuz portakallar yaygın bir tür oldular. Tüm kurallar çiğnenebilir.

Siz kendi kuralınızı nasıl açıkça çiğneyeceksiniz? Zeki ya da kurnaz olmak konusunda kaygılanmayın. Sadece kuralı yıkın.

KURAL: KÜÇÜK DEĞİŞİKLİKLER AÇ İNSANLARI BESLEMEZ.

Kural yıkmayı nasıl bir çözüm hâline getirebilirsiniz? Fikrinizi kaydedin. Bu tam bir çözüm olmayacak. İyi bir fikir gibi bile gelmeyebilir ama bu yine de bir başlangıçtır.

KURALI ÇİĞNE: KÜÇÜK DEĞİŞİKLİKLER YAPARAK REFAHI DESTEKLE.

Kuralı Alt Edin

İkinci kural yıkıcı hile, sonucundaki cezadan kurtularak kuralı alt etmektir. Kuralı alt etmek, kural yıkmanın gizli bir türüdür. Sonucu değiştirerek kuralın çevresinden dolaşın. Yine kuralı yıkıyorsunuz ama canınız acımıyor.

Adrenalin bağımlıları, uçaklardan paraşütle atlayarak yer çekimi kanunun acı dolu sonuçlarının çevresinde dolaşırlar. Yine yeryüzüne düşüyorlar ama son birkaç bin fitte yaralanmalarını önlemek için yeterli düzeyde yavaşlayarak yere ayak basıyorlar.

Başkan Franklin Roosevelt, Anayasa Mahkemesi onun Yeni Ticaret programlarını reddettiğinde kuralları alt etmeyi denedi. Mahkemeye doğrudan karşı çıkamazdı. Anayasa Mahkemesi, en temel Amerikan kuruluşlarından biridir. Bu yüzden, yargıçların sayısını, kendi adamları mahkemede ona çoğunluk kazandıracak seviyeye ulaşıncaya kadar attırmayı denedi. İşe yaramadı ama bu çözümü imkânsız problem için yaratıcı bir çözümdü. Kuralınızı alt edecek bir yol bulun. Ona zekice yaklaşın. Engellerin çevresinde dolaşın. Kanunlara uyun ama yasal boşluktan faydalanın. Hilelerde uzman bir arkadaşınızın tavsiyesini alın. Bu kuralı etkisiz hâle getirmek için elinizden ne geliyorsa yapın.

KURAL: PARA ENGELİ - BAĞIŞLAR OLMAZSA İNSANLAR BESLENEMEZ.

Kuralınızı alt etme fikrinizi bir çözüm tohumu olarak kaydedin. Unutmayın, kötü fikir yoktur; sadece çözümle buluşmayan fikirler vardır.

KURALI ALT EDİN: YARDIM PARASINDAN BAŞKA BİR PARA KAYNAĞI BULUN.

Karşı Bir Kural Benimseyin

Kural yıkmak için harika ve mantık dışı bir hile de karşıt bir kural yaratıp bu kurala uymaktır.

Bu aslında göründüğü kadar absürt değildir. "Vergileri ödemelisin" için karşı kural "Hükûmet sana ödeme yapmalıdır." olur. Bu yeni kuralı tamamlamak için hükûmetin size para vereceği bir yol bulun. Pek çok insan kesintisiz vergi ödemekten kaçınmak için bu stratejiyi kullanıyor. Bazı ülkelerde potansiyel iş gücünün üçte biri böyle yapıyor.

Bu strateji, karmaşık kurallar ve bürokrasilerle sınırlı değildir. Fizikçi Richard Feynman, "Tam zıttı doğru olsaydı ne olurdu" sorusunu sorduğunda Nobel ödülünü kazandı. Onların mantığa aykırı kanunu, evreni çok daha iyi açıklayan bir şeye dönüştü.

İşletmeler bir zamanlar, ölçek ekonomilerinin rekabet başarısında anahtar olduğu düşüncesine sıkı sıkıya inanmışlardı. Fabrikalar, uçaklar ve organizasyonlar verimliliği artırmak için sürekli büyüdü. Sonra birileri, bunun tam tersi olup aynı zamanda işe yarayan bir kural keşfetti. Daha küçük fabrikalar, uçaklar ve şirketler çabucak daha büyük rakiplerinin dokunamayacakları fırsatları yakaladı.

Karşı kuralı benimsemek yer çekimi kanununda bile işe yarar. Baloncular yer çekimini kendilerini gökyüzüne itmek için kullanırlar. Yer çekimi, balonun çevresindeki havayı aşağı çekerken,yoğunluğu daha düşük olan balonu yukarı iter.

Doğa "Karşı kural" stratejisini birçok yönde geçerli kılmıştır. İnek kuşları yavrularını yetiştirmek için karşı kural stratejisini kullanır. Kuşlarda yavru yetiştirme kuralı normalde, anne-babaların yavrunun ihtiyaçlarını karşılamasıdır. İnek kuşları,bu kuralı "yavru kuşu terk ederek yetiştirmek" olarak değiştirir. İnek kuşları, yumurtalarını diğer kuşların yuvalarına bırakır. İnek kuşu yavrusu, üvey kardeşlerini yuvanın dışına iter ve durumdan bihaber, çalışkan üvey anne-babaları tarafından yetiştirilir.

Karşıt bir kuralı çocuklarımı yatağa hazırlamak için kullandım. Onları yatağa göndermek her akşam bir saatimi alırdı. Karşıt bir kuralı benimsemeye karar verdim: Çocuklar yatağa hazırlanmak için istedikleri kadar oyalanabilirler. Bu karşıt kuralı bir çözüme dönüştürmek için bir saat daha önceden onları yatak için hazırlamaya başladım. Yatmaya hazır olduklarında oyunlarına devam edebilirler, öncesinde değil. Yatmak için ne kadar hızlı hazırlanırlarsa, oyun oynamak için o kadar fazla vakitleri oluyordu. Kısa sürede, bir dakikadan daha az bir zamanda her şeyi tamamlamayı öğrendiler.

Kıracağınız kuralın tam zıttı olan bir kural geliştirin. Sonra o kuralı uygulayın.

KURAL: BENCİLLİK - BAĞIŞIN GÖNÜLSÜZ AKTARIMI.

Tabii bir de, düşüncenizi gerçek bir çözümün tohumu olarak kaydedin.

KARŞI KURAL: EN AÇGÖZLÜ İNSANLAR, AÇLARI DOYURACAKTIR.

Özel Durumlar

Kuralları yıkmanın popüler ve faydalı bir yöntemi de, özel bir durum yaratmaktır. Bu özel durumlara uyanlar, kuralları yıkmayı başaracaktır. Özel durumlara,vergi ödemekten kaçınmak için sıkça başvurulur. Birinin, kâr amacı gütmeyen bir faaliyet yaparak vergilerden muaf olması oldukça yasaldır.

Özel durum stratejisinin uygulanabilirliği yasal meselelerle sınırlı değildir. Astronotlar, yörüngedeyken yer çekimi kanunundan muaf gibi görünebilirler. Yer çekimi hâlâ vardır ve hâlâ işler fakat astronot kendi yörüngesini öyle ayarlar ki yer çekimini görmezden gelir.

Einstein özel görelilik teorisini, genel görelilik teorisinden çok önce geliştirmişti. Kendini hesaplarındaki basit koşullara adayarak ilk çözümü bulabildi. Bu yeni içgörüler sayesinde, Einstein daha genel bir problemi çözmeyi başardı.

Kuralınızı yıkmanıza izin veren özel koşullar yaratın. Kendinizi, probleminizin çözümünü karmaşıklaştıran detaylardan muaf tutun. Probleminiz büyük bir kent merkezindeki trafik sıkışıklığını sonlandırmaksa, o zaman problemi hususi araçları engelleyerek basitleştirin. Toplu taşıma için sıkışıklığı azaltın. Bu problemi çözebildiyseniz, daha büyük problem kendi kendine çözülebilir.

KURAL: BÜROKRASİ SINIRLAR - SINIRLAR DEĞİŞİMİ ENGELLER.

Özel dış koşullarınızı gerçek çözümlerin tohumları olarak kaydedin.

ÖZEL DURUM: SINIRLARI, ANAHTAR NOKTALARDA GÖRÜNMEZ YAPIN.

KURAL YIKICI UYGULAMA

"Burada kural yoktur, bir şeyler başarmaya çalışıyoruz."

THOMAS EDISON

Tam bir kural yıkıcı olana kadar, derine işlemiş kalıpları bozmak zor olacaktır. Bu,rahatsız edici olacaktır. Hatta kendinizi aptal ve isyankâr gibi hissedebilirsiniz. Kuralları yıkarken hile yapıyormuşuz gibi hissederiz. Kural yıkımını atlayıp daha rahat bir problem çözme tekniğine odaklanmak isteriz. Sakın bunu yapmayın!

Seçilmiş probleminiz uzun süre çözüme direnmişse, bu muhtemelen çözüm ortak bir varsayımı çiğnemenizi gerektirdiği içindir. Kurallarınızı yıkmanız gerekir. Yıkamıyorsanız, biraz pratiğe ihtiyacınız var demektir.

Hazırlık

Şekil 7.4'ten bir kural seçin ve bu kuralı yıkmak için yöntemler hakkında düşünün. Yıkılacak uygun kuralı bulmak için sokağınızın ya da daire numaranızın son rakamını kullanın. Çoğunluğu ortak inançları ya da doğal yasaları kapsıyor, hatta bunların arasında sizi sınırlayan kurallar bile yer alabilir. Bu yüzden kuralınızı bulun ve onu yıkın.

Adresinizin Son Rakamı	Kural
0	Murphy Kanunu (Bir işin ters gitme olasılığı varsa, mutlaka ters gidecektir.)
1	Sakla samanı, gelir zamanı.
2	Eylemsizlik (Rahatlamış bir vücut rahat kalmaya eğilimlidir.)
3	Kefenin cebi yok.
4	Damlaya damlaya göl olur.
5	Acele işe şeytan karışır.
6	Erken kalkan yol alır.
7	Vakit nakittir.
8	Ucuza al, pahalıya sat.
9	Eski köye yeni adet gelmez.

Şekil 7-4

Adresinizdeki sokak numarasının son rakamının dokuz olduğunu düşünün. Köklü bir şeyi nasıl değiştirebilirsiniz? IBM bunu başardı. Onların pahalı anabilgisayarları, ucuz sunucuların yarattığı sert bir rekabetle karşılaştı. IBM ve anabilgisayarlarının kaderi, dinozorlarınkiyle aynı olacak gibiydi. Ancak IBM, alışkanlıklarını değiştirmeye hazırdı. Kurumsal müşterilerine bilgisayar hizmeti sağlarken sahip oldukları uzmanlıklarına sunucu-temelli hesaplamaları eklediler. Şimdi IBM'in gelirinin büyük çoğunluğu bu sistemlerden geliyor, büyük bilgisayarlarının yerine geçen sunucu işlemcileri de dâhil olmak üzere. Ölen dinozor olmak yerine IBM, tekrar müthiş bir rekabetçi oldu.

Siz kendi kuralınızı yıkmada başarılı oldunuz mu? O aptalca sınırı görmezden gelerek istediğinizi yapmaktan zevk aldınız mı? Sorun yaşadıysanız, kendinizi uygun bir kural avcısı durumuna getirmeniz gerekiyor olabilir.

Doğru Tavrı Geliştirmek: James Bond Çözümü

Kuralları yıkmak için doğru bir tavra ihtiyacınız var. Zihninizde, imkânsız problemleri çözen birini canlandırın, mesela James Bond gibi. Bu yetenekli insanı, yabancı bir şehirde ya da ülkede, parasız ve arkadaşsız biri olarak düşünün. Ona probleminizi verin. Daha da zorlaştırmak isterseniz, patronunuzu ya da çocuklarınızı ona verin. Başarılı olur muydu? Tabii ki olurdu. Her zaman başarılı olur, başarmaktan zevk alır. Sizin de bu tavra ihtiyacınız var.

James Bond ya da seçtiğiniz becerikli insan probleminizle nasıl baş ederdi? Bu becerikli insanın ya da Bond'un mizacıyla düşünün. Problemi çözmek için üstleneceği eylemleri canlandırın aklınızda. Nereye giderdi? Kimle konuşurdu? Şanslı kaçışları nasıl olurdu? Nasıl eğlenirdi?

James Bond ya da seçtiğiniz kişi, sizin probleminize nasıl yaklaşırdı? Onun zihninden geçenleri düşünün. Bu problemi çözmek için ne yapardı? Nereye gider, kimlerle konuşurdu? Şans nasıl yüzüne gülerdi? Bu durumdan nasıl eğlenirdi?

Hayal gücünüzü sonuna kadar kullanabilirsiniz. Düşüncelerinizi birkaç cümleyle özetleyin. Zihninizdeki insanı çözüme götürünceye kadar bu egzersize devam edin. Bu egzersizi yaparken zihninizdeki insan muhtemelen sizi çözümden uzak tutan bazı kuralları yıkmıştır. Aynı şeyi neden siz de başarmayasınız?

Probleminiz,ana rakibinizle aranızdaki bir patent davasıysa probleminizi bir James Bond gibi çözün. Karayipler'deki rakibinizin kaldığı tatil yerine uçun. Şık bir şekilde giyinerek akşam yemeğinde yanına gidip bir anlaşma teklif ettiğinizi düşünün. O alaycı bir şekilde kahkaha atarken sakince yeni bir yazılım teknolojisi için ortak olmayı önerin. Bu teknolojiyi uçaktayken siz yarattınız kısa süre önce avukatınıza fakslayarak açıkladınız. Rakibiniz pes ettiğinde onun kız arkadaşını çalın, kumarhanede seyahatin maliyetini çıkarın. Bunların hepsini istemiyor olabilirsiniz ama yazılım teknolojisini bir çözümün başlangıcı olarak kullanabilirsiniz.

YIKILACAK İYİ KURALLAR

İsyankâr, kural yıkıcı bir ruh hâlindeyseniz ama ve probleminizi çözecek bir kural bulamıyorsanız, aşağıdakilerden birini deneyin. Bu kurallar genelde iyi çözümleri engeller. Dört kural yıkıcı teknikten birini bu kuralları yıkmak için bir yol, herhangi bir yol bulmak için kullanın.

BU İMKANSIZ

"İmkânsız, henüz probleminize bir çözüm bulamadığınız anlamına gelir."

ANONİM

Kimse imkânsız problemleri çözmeyi denemez çünkü imkânsızdırlar. Engeller, bir çözümü düşünemeyecek kadar büyüktür. "Bu imkânsız bir sorun, hiç uğraşma bile" kuralı,- yıkmak için harika bir kuraldır. Çünkü imkânsız problemler bile çözülmüştür. Polonya'nın Nazilerce işgali korkunç bir olaydı. Polonyalıların yüzde yirmisi savaşta, açlıktan ve çalışmaya zorlanarak hayatını kaybetti. Direnmek imkânsızdı. En küçük bir karşı çıkış bile acı, ezici misillemelerle karşılandı.

Doktorlar Eugene Lazowski ve Stanislaw Matulewicz sonuç ne olursa olsun direnmeye karar verdiler. Zekice bir çözüm buldular. Almanlartifüs salgınından çok korkuyorlardı. Bu yüzden iki doktor ölü tifüs bakterisini çeşitli hastalara enjekte edip kan örneklerini Alman yetkililerine gönderdiler. Almanlar daha fazla test yaptılar ve çoğu test pozitif çıktı.

İşgalciler söz konusu bölgeyi karantinaya aldı. İnsanlar köle gibi çalıştırılmak için yerlerinden edilmedi ve Alman birlikleri yanlarına yaklaşamadı. Lazowski ve Matulewicz, İkinci Dünya Savaşı'nın en kötü şeyinden komşularını kurtardı çünkü imkânsız problemlerin de çözümü vardı. "İmkânsız" olanı yıkacağınız ilk kuralı oluşturun. Probleminizi çözecek karşı bir kural yaratın.

DÜZENLEMELER

"Adaletli olmayan bir şey kanun olamaz, kanun olmayan bir şeye uyma mecburiyeti yoktur."

ALGERNON SIDNEY

Kurallar genelde iyi niyetle başlar. Tüm bir geleceğin olasılıklarını öngörmekte kurallar yeterli değildir ve sıklıkla çözümlere engel olurlar. Einstein aşılmaz kurallarla yüzleşti. Alman vatandaşlığından çıkmak istiyordu ama uyruksuzluk diye tanımlanan bir durum yoktu. Bu tam olarak izin verilen bir durum değildi. Yine de uyruksuz oldu. Her ne kadar liseyi yarım bırakmış olsa da prestijli bir üniversiteye girmek istiyordu. Lise mezuniyeti, yüksek düzeyde rekabete dayanan bir programa katılmak için gerekliydi. Üniversiteye girmenin bir yolunu buldu. Kurallar sizin çözümünüzü kesinlikle daha zor hâle getirir ama yine de yıkılabilirler. Çözüme giden yolunuzda bir kural varsa görmezden gelin.

YETERLİ DEĞİL

"Para, genelde pahalıya mal olur."

RALPH WALDO EMERSON

Çoğu problem yeterli kaynak olmadığı için imkânsız görünür. Bir şeyi başarmak için hiçbir zaman yeterli para olmaz.

Kendilerine her zaman taahhüt edilen yeterli kaynaktan fazlasına sahip olan işe yaramaz projeler hariç tabii. Asla yeterli insan yoktur, asla yeterli zaman da yoktur. Önemli şeyler yine de başarılır. Kentler inşa edilir, tedavi yöntemleri bulunur ve çocuklar harika eğitim alırlar. Önemli fikirler bir şeyler yeterli olmadığı için eyleme dökülmediğinde bu durum bir trajedidir.

Kaynak yetersizliği gerçek bir problemdir. Sadece eksiklikten dolayı değil, aynı zamanda aklın çözümler hakkında düşünmeyi durdurması için bir mazeret olması açısından da problemdir. Bir şeylerin yeterli olmadığına inandığınız an, bir çözüm bulmayı denemekten vazgeçersiniz. Kaynakların yetersiz olduğu noktada, çözümsüz bir problem için bu kaynaklar olmaksızın başarılı olamayacağınız şeklindeki kuralı yıkın.

Kaynak eksikliğini bertaraf etmenin bir yolu, sınırsız kaynaklarınız olduğu düşüncesini aklınızda canlandırmanızdır (Karşıt bir kural yaratın.). Para (Veya insanlar, bilgi...) amaç değilse probleminizi nasıl çözeceğinize karar verin. Kimleri arayıp görüşünü sorabileceğinizi, ne soracağınızı ve ne yapacağınızı listeleyin. Her bir engel tanımlandığında yanına bir artı koyun. Ardından bir sonraki engele geçin.

Patronunuz sizi yeni bir reklam kampanyası için görevlendirdi ama size verdiği bütçe sadece ilk reklam için yeterli, kampanyayı geliştirmek için yeterli bütçeniz yok. Para engel olmasaydı, projede çalışması için birilerini işe alırdınız. Bu yüzden birkaç reklam firmasıyla görüşürsünüz. Bu firmalara, yeni ve işe ihtiyacı olan; sizin işiniz için paçaları sıvamak isteyebilecek reklam ajansları da dâhildir.

Ücretsiz çalışacak bir firma bulursanız harika olur. Eğer böyle bir firma bulamadıysanız patronunuza en iyi öneriyle geri dönüş yapın ve para isteyin. Ya da ondan işi ücretsiz geliştirecek daha fazla firma adı vermesini isteyin. Reklam kampanyası yaratılıncaya kadar ona sorular sormaya, ondan bir şeyler istemeye devam edin. Sonra sadece parasının cebinizde olduğu reklam kampanyasını işleme koyun, kampanya başarıya ulaştığında daha çok para isteyin.

Kaynaklar bir amaç değilmiş gibi çözümler aramak zihninizi hızlandırır. Aklınız, problemleri tanımlamaya ve başından atmaya alışır. Bir çözüme yönelik iç engelleriniz, siz bu engelleri parçalamayı öğrenirken buharlaşır.

Bir projeye başlamak,genelde bu projeyi tamamlamak için başlangıç düzeyinde çözümler yaratmaya yeterlidir. Bir keresinde, üç yıllık dünya turlarının ikinci yıllarında olan bir çiftle Viyana'yı dolaştım. Sadece Yeni Zelanda'dan San Francisco'ya uçak biletlerine yetecek kadar bir parayla tura başlamışlardı. Bu adım yeterliydi, başlamışlardı. Sonra arabaların, yiyeceklerin, turların, eğlencenin ve müzikal enstrümanların masrafını sokak performansı ya da günlük işler yaparak karşılamışlardı. Her zaman bir yol bulmuşlardı. Bir bebekleri bile olmuştu ki bu sokak konserlerinden edindikleri geliri arttırmıştı. Çoğu zengin insanın parasının yetmeyeceğini düşünecekleri türden bir seyahatte harika vakit geçiriyorlardı.

Para amaç değildir düşüncesi aynı zamanda daha pratik bir çözüm geliştirmeye yardım edebilir. *Para amaç değildir* çözümünü tasarladıktan sonra her bir eylemin ne kadara mal olacağını belirleyin. Sonra kendinize şunları sorun:

Çözüm için param yeter mi?

Çözüm için kimin parası yeter?

Onları, fatura için harcama yapmaya ne motive eder?

Bu, verilecek paraya değer mi?

Çözümün hangi parçaları için param yetebilir?

Bunun yerine geçirebileceğim ve paramın yeteceği bir türden eylem var mı?

Probleminiz, bir planla daha kolay çözülebilir. Planlar kaynaklardan önce gelir, fikirlerin eylemlerden üstün olması gibi. Bunu ihtiyacınız olan kaynakları kazanmaya yönelik bir planın temeli olarak kullanın.

EN KISA MESAFE İŞE YARAMAZ

"Gerçek ölçü etkidir, yeterlilik değil."

JACK J. PHILLIPS

Problemler genelde çözümlenemez görünür çünkü doğrudan, bariz bir çözüm pratik değildir. Varsayım, "Direkt yol işe yaramıyorsa dolaylı yollar da işe yaramayacaktır." şeklindedir. "Daha kötü olacaktır".

İki nokta arasındaki en kısa mesafe düz bir çizgi midir? FedEx'i düşünün. Kolileri iki nokta arasında en hızlı şekilde taşımanın yolunu buldular ve bu yolun, kolilerin hepsini sınıflarına ayırmak için aynı yere göndermek ve sonra en son varış adreslerine uçurmak olduğunu belirlediler. Bir koli, binlerce mil yolculuk yaptıktan sonra yakındaki bir kente ulaştırıldı ama dolambaçlı yoldan gitmek sayısız diğer prosedürlerin düzene koyulmasına olanak tanıdı. Çözüm, uzun tesisler arasındaki uzun mesafe yerine dağıtım tesisine odaklanıyordu.

Probleme yaklaşımınızda kullanabileceğiniz tüm dolaylı yolların bir listesini yapın. Probleme ısınmanız için, ilk dolambaçlı yolunuzu mümkün olduğunca karmaşık ve farklı yapın.

DAHA ÖNCE DE DENENMİŞTİ

"Merak küçük bir tohumdur, yol göstermeden ziyade özgürlükle büyür."

ALBERT EINSTEIN

Çoğu iyi fikir, bu fikirleri işler hâle getirecek bir yol bulunana kadar birkaç kez denenmelidir. Yanlışlar ve yanlış başlangıçlar neredeyse başarının ön koşuludur. Fakat bunu unuturuz. Bunun yerine, bir kere başarısızlıkla sonuçlanmış bir şeyin işe yaramayacağı düşüncesini benimseriz.

"Bu daha önce denenmişti" kuralı titizlikle takip edilmiş olsaydı uçaklarımız olmazdı, demokrasi ve üstü açılır arabalarımız olmazdı. Başarısız bir fikri tekrar uygulamaya koymak, "kuralı çiğneme" ya da "kuralın çevresinde dolaşma" şeklinde kural yıkma stratejilerinin iyi bir örneğidir. İkinci bir deneme başarılı olabilir çünkü koşullar değişmiştir ya da önceki çabanın parçasını tekrar etmeyi reddettiğiniz için başarısızlıkla sonuçlanmıştır. George Kinney'nin arkadaşları muhtemelen, tırnaklarını kazıyarak bulduğu her doları eski, başarısız işvereninin icadını satın almak için harcadığı için onun deli olduğunu düşünüyordu. Kinney'nin eski patronu bu ayakkabılar yüzünden iflas etseydi o zaman Kinney de öyle düşünürdü. Ancak, Kinney patronunun yanlışlarından bir şeyler öğrendi ve sonrasında ona bir servet kazandıracak olan işi geliştirdi, adını da *Kinney Ayakkabıları* koydu.

Bir düşüncenin başarısız olmuş olması önemli değildir. Artık işler farklı, yeni unsurlar var. Önceki hatalardan ders çıkarabilirsiniz. Bu sefer başarılı olma ihtimaliniz daha yüksektir.

KURALLARINIZI YIKMAK

"Sanat, ya intihal ya devrimdir."

PAUL GAUGUN

Zorlu problemleri çözmek için kuralları yıkmanız gerekir. Cesur olun, yaratıcı olun. Alışılmayanı deneyin. Kuralları yıkabileceğinizi varsaymanıza olanak tanıyacak çözümler yaratın. Kuralları yıkmak tavır ve yaratıcılık gerektirir. Başarabileceğinize yönelik, sınırlayıcı kuralı kırabileceğinize dair bir tavrınız varsa o zaman yaratıcılığınızı serbest bırakın. Kurallarınızı yıkın, kuralları çiğnemenizin olası sonuçlarının tüm tohumlarını kaydedin. Einstein Gibi Düşünmede sonraki adım, bu tohumları gerçek çözümlere dönüştürmektir.

BÖLÜM SEKİZ

ÇÖZÜM GELİŞTİRMEK

"Başarının değeri, başarmak için çalışmaktır."

ALBERT EINSTEIN

Einstein'ın görelilik teorisinin yanlışlığı neredeyse kanıtlanmıştı. 1914'te, yıllar süren çalışmadan sonra bile göreliliğin öngörüleri hâlâ yanlıştı. O yıl, Alman bilim insanları Rusya'da bir güneş tutulmasında bükülen ışığı gözlemleyerek teoriyi test etmeyi planladılar. Gözlem, Einstein'ın yanlış bir sonuca vardığını gösterecekti çünkü teorisi hatalı bir şekilde ışığın büküldüğünü öngörüyordu. Fikri hâlâ zekiceydi ama detaylar eksikti. 1. Dünya Savaşı planlanan testi ertelemeseydi,görelilik güvenilmez olacaktı. Einstein düşüncesini gerçek bir çözüm yönünde geliştirmek için dört yıl daha harcadı. Çok iyi geliştirilmiş teorisi 1918 tutulmasıyla geçerlilik kazandı.

Parlak fikirler bile çözüm olmak için daha yaratıcı çalışmalar gerektirir. Rutininizin dışına çıkmış olmanız, kurallarınıza karşı koymanız ve bazı çözümlerin tohumlarını yaratmış olmanızın bir sonucu olarak bundan sonra, bu tohumlardan birini gerçek çözüm hâline dönüştürmenizi gerektiriyor. Hâlâ gerçekleştirilecek çok yenilik var, bunun için ilk adım bir düşünceye odaklanmaktır.

BİR ÇÖZÜM SEÇMEK

"Tanrı bana bir katırın inatçılığını ve keskin bir koku verdi."

ALBERT EINSTEIN

Birçok ilginç seçeneğe sahip olduğunuzda tek bir fikre odaklanmaya gönülsüz olabilirsiniz ama bir çözüm geliştirmek çaba gerektirir. Aynı anda birden fazla fikre "odaklanamazsınız." Birini seçmeniz gerekir.

Fikir seçmek bir yargı biçimidir. Kurallarınız, yargınızı etkiler. Olumlu bir yargıda bulunmak aklınızdaki ilginç fikirleri saf dışı edecektir. Bunun yerine, kural rutininize uyan çözümleri eleyin. Problemi tanımlarken mümkün olan en iyi seçenekleri de tanımladınız: Elinizdekilerin en iyisi olan ama yeterince iyi olmayan çözümleri. Bu çözümler hâlâ yasak bölgede. Benzer fikirler de öyle. Zorlu bir ters köşe bulmadığınız sürece, bunları kullanarak sadece kural rutininize geri dönersiniz.

Geliştirmek üzere size en heyecan veren fikri seçin. Seçim kriteriniz, kişisel ilginiz olsun. Bir fikri işe yaramaz ya da zayıf olduğu için elemeyin. Bu yine sizin önyargınız olabilir: Devrim niteliğinde bir fikirden caymanıza neden olan bir önyargı. Sıkıcı fikirleri reddedin çünkü bu düşünceleri başarılı kılmak için yeterince sıkı çalışamazsınız. Sizi heyecanlandıran tohum fikir, sizin hedef çözümünüzdür. Bu fikri bir yere yazın. Problem çözücü enerjinizi, bu çözümü işe yarar kılmak için odaklayın.

Çözüm Tohumları

Karşılıklı fayda için zengin uluslardaki insanların, fakir uluslara taşınmasını sağlayın. Yoksul insanların önündeki, kendi koşullarını oluşturmalarını engelleyen unsurları kaldırın. Küçük değişiklikler yaparak refahı destekleyin. Para yardımı dışında bir para kaynağı bulun. Açgözlü insanların aç insanları beslemesini sağlayın. Anahtar bölgelerdeki sınırları görünmez yapın.
Hedef çözüm
Refahın önündeki engelleri saf dışı bırakın.

Şekil 8-1

HARİKA FİKİRLERİN GELİŞMESİ GEREKİR

"Güzel bir fikrin gerçekle uyuştuğunu kanıtlamak her zaman mutluluk vericidir."

ALBERT EINSTEIN

Tebrikler! Potansiyel bir çözümünüz var. Ne yazık ki hâlâ birkaç küçük problemle yüz yüzesiniz: Çözümünüz işe yaramıyor ve herkes çözümünüzün aptalca olduğunu düşünüyor.

Kaygılanmayın. İyi durumdasınız. Buluşlar nadiren ilk defasında başarılı olur ve harika fikirler başlangıçta neredeyse herkes tarafından reddedilir. Wright kardeşlerin, insanların uçakları için yatırım yapmasını sağlamak, sergiledikleri ilk başarılı uçuşlarından sonra yıllarını aldı ve fikirleri kısa sürede dünyayı değiştirdi. Yeni düşünceniz iki nedenden biri yüzünden reddedilecektir. Bunlardan ilki, tamamen yanılıyor olmanızdır. Bu, göründüğü kadar kötü değildir. İşe yaramayan fikirler,yani Kolomb Konseptleri yeni çözümler için verimlidir. En kötü ihtimalle, aklınızda işe yarar şekilde tekrar kullanılacak ilişkilendirmeler, bağlantılar ve fikirler yaratmanıza sebep olacaktır. Başarısızlık, bir dahaki sefere ne aramanız gerektiğini ve neyin işe yaramadığını anlamanız için daha açık bir fikir verir. Bir hatanın oluşmasındaki tek gerçek trajedi sizin yeniden denemenize engel olmasıdır.

İkinci olasılık, fikrinizin sadece görünüşte tamamen yanlış olmasıdır. Gerçek bir buluş faydasız görünür çünkü başta çok geliştirilmesi ve arıtılması gerekir. Harika fikirler, tamamen gelişmiş bir şekilde ortaya çıkmazlar. Yeni doğmuş bebekler gibidirler, tamamen umut verici ama kendi ayakları üzerinde durmaktan çok uzaktırlar.

Richard Feynman neden güzel fikirlerin daima aptalca göründüğüne dair harika bir örnektir. Mezoamerikalılar harika astronomlardı. Güneş sistemi hakkında ilkel fikirleri vardı ama nesillerce yaptıkları gözlemler ve düzeltmeler; tutulmalar ve diğer fenomenler hakkında doğru öngörüler yapmalarına olanak sağladı. Baş astronoma gittiğinizi, "Harika bir fikrim var. Bizler güneşin etrafında dönen gezegenlerden biri üzerindeyiz. Hadi astronomiyi bu güzel konsepte göre yeniden oluşturalım!" dediğinizi hayal edin.

Baş astronom o zaman, "Senin teorin tutulmaları tahmin edebiliyor mu?" diye sorardı.

Siz, "Hayır, henüz tahmin edemiyor. Ama ben yıllar boyunca uğraşıp geliştirdikten sonra bize daha doğru öngörüler sunacağından eminim." Alacağınız tepkiyi bir düşünün!

Buluş gerçekleştirebilecek olan fikrinize yanlış da olsa veya sadece diğerlerine yanlış görünüyor olsa bile güvenebilirsiniz. Ne yazık ki fikriniz daha fazla işe yaramıyorsa onu diğerlerinden ayırt edemezsiniz. Fikriniz gerçekten sağlamsa, iyi bir fikir oluncaya kadar onu geliştirmelisiniz.

SABIR: YARGIYI ASKIYA ALMAK

> "Kendisini bilgi ve hakikat alanında bir yargıç olarak göstermek isteyen kim olursa olsun, Tanrıların kahkahasıyla altüst olur."
>
> ALBERT EINSTEIN

Bir fikri geliştirmek sabır gerektirir. Einstein'ın görelilik teorisi doğrulanana kadar neredeyse yanlış olduğu kanıtlanmıştı. Çoğu harika fikir bu kadar şanslı değildir. Erken bir başarısızlıktan sonra birisi onu ileriye götürmeye kalkışana kadar çoğu fikir bir kenara bırakılır.

On birinci yüzyılda, Eilmer adlı bir keşişin ilkel bir planör yapmış olduğuna dair kayıtlar vardır. Planörünü yüzlerce metre uçurduğu söylenir. Eğer doğruysa, bu baş döndürücü bir buluştur. Ancak, çağdaşları uçuşu tamamen bir başarısızlık olarak gördüler çünkü Eilmer planörünün kontrolünü sağlayamamıştı. Kaza yapmış ve yaralanmıştı. Bu yüzden onların aklında bu aptalca bir fikir olarak yer etmişti.

Gerçekçiler yeni bir fikir karşısında ölümcül bir tavır takınırlar. Kusurları, boşlukları ve tüm harika fikirler için bol olan engelleri vurgularlar. Herhangi bir şeyle dalga geçilmesini sağlayabilirler. Kendi yargınızı askıya almalısınız ve fikrinizi sağlam bir çözüm hâline getirinceye dek başkalarından korumalısınız.

Parlak bir fikri geliştirmek daha fazla sabır gerekir. Sayısız engeller, en umut verici fikirlerle bile henüz gerçek çözümler olmadan uğraşır dururlar. Mahon Loomis, 1868'de kablosuz bir telgraf geliştirdi. Guglielmo Marconi'nin ilk kablosuz iletişimi sağlaması 1895'e kadar gerçekleşmedi. Loomis, icadını yayınlamak için finansal engellerin üstesinden gelmek konusunda olanaklara sahip değildi. En sonunda vazgeçti. Marconi de aynı problemleri yaşadı. Ama bu sorunlara inat etti, dünyayı değiştirdi.

UYGUNSUZ GERÇEKLERİ GÖRMEZDEN GELİN

"Eleştirel olmak, haklı olmaktan ne kadar da kolaydır."

BENJAMIN DISRAELI

Fikrinizin neden işe yaramayacağına dair birçok neden

bulursunuz. Kendi buluşunuzu terk etmeye kışkırtılırsınız. Gerçeklerin çözüm yolunuza çıkmasına izin vermeyin. Engellerden bağımsız olarak, konseptinizi çalışır hâle getirecek bir tavır belirleyin. Her varsayım, kural ve gelenek görmezden gelinebilir ama sizin fikriniz bunun dışındadır. Fikrinize engel olan bir şeyle karşılaştığınızda o engel kalkmalıdır. Yeni fikrinize, tüm diğer gerçeklerin üstünde destek verin.

Miranda Stuart, doktor olmaya karar verdiğinde yoluna çıkan gerçeklerin kendisini engellemesine izin vermedi. Miranda'nın tıp okumasına izin yoktu çünkü o bir kadındı. Ama tıp alanında ilerlemeyi kafasına koydu ve gerçekliğin yolunda durmasına izin vermedi. Edinburgh Tıp Okulu'ndan bir erkek, James Berry olarak mezun oldu. Sonra askeri hizmete girdi ve hatta Kanadalı bir genel cerrah olarak hizmet bile verdi. Dr. Stuart'ın doktor olamayacağı gerçeği, artık geçersizdi.

İyi bir fikir olup olmadığını keşfetmek için fikrinize fanatik düzeyde sımsıkı sarılmanız gerekiyor. Çözümü imkânsız kılan bir "gerçekle" karşı karşıya kaldığınızda, bu gerçeği kaydedin. Fikriniz ne olursa olsun, işlemesini sağlamak için kural yıkma tekniklerini kullanın.

Uygun olmayan gerçekler	Kuralı çiğne	Kuralın etrafında dolan	Karşı kural	Özel durum
Endüstri standartları tamamen farklı bir yaklaşım kullanıyor			X	
Mevcut kanunlar bunu engelliyor				X
Ergenlik çağındaki çocuğum dışarı çıkmama cezasını kendiliğinden uygulamaz		X		
Benim düzeyimdeki insanlar CEO'yla yeni fikirler hakkında konuşamaz	X			

Şekil 8-2

Deneyler,görelilik teorisini doğrulamazsa ne yapacağı sorulduğunda Einstein, şöyle cevap verdi: "Tanrı adına çok üzülürüm çünkü bu teori doğru." Bu tepki, bir fikri çözüme doğru geliştirmek için tavrınızın ne olması gerektiğine uygun bir örnektir. Çözümünüz için sonuna kadar direnmedikçe harika bir buluşa yaklaştığınızı ya da bir Kolomb Konseptine sahip olup olmadığınızı asla bilmeyeceksiniz.

UZMANLARA MEYDAN OKUMAK

"En kolay ve en açık gerçeği bile; eğer bu gerçek bu insanların meslektaşlarına açıklamaktan zevk duydukları, başka insanlara gururla öğrettiği ve hayatlarının kumaşlarına iplik iplik dokudukları sonuçların yalan olduğunu itiraf etmelerine zorlayacak gibiyse,bunu kabul edecek çok az insan tanıyorum."

LEO TOLSTOY

Uzmanlar yeni fikirlere karşı katıdırlar. Kendi gerçeklerini tercih ederler, kendi gerçeklerini zorlayan gerçekler onlar için tehdittir. Yeni içerik onları yakalamışsa, o zaman onlar artık uzman değildirler. Uzmanlar pek çok harika fikri öldürmüşlerdir.

Alfred Wegner, zeki bir adamdı. Astronomi ve meteoroloji eğitimi aldı, kutup gezgini olarak deneyim kazandı. Yine de bir jeofizikçi olarak güvenilirliği yoktu. Bu, talihsiz bir durumdu çünkü en dikkat çekici çalışmalarını jeofizik üzerine yapmıştı.

Alfred Wegner harika bir fikre, gerçek bir buluşa sahipti. Kuzey ve Güney Amerika kıta levhalarıyla, Avrupa ve Afrika kıta levhalarının bir yapbozun parçaları gibi uyumlu oldukları onun dikkatini çekti. Sahiller boyunca jeolojik şekiller bile karşılaştırdı. Wegner, kıtaların birbirlerinden ayrılmadan önce bir zamanlar dev bir kıta olduğundan emindi. Bu parlak bir fikirdi.

Wegner, bu yeni doğan düşüncesini uzmanlara açıklarken

bazı yanlışlar yaptı. Uzman jeofizikçiler hevesle bu küçük hataların üzerine atladı. Geliştirilmemiş içerikleri kendi alanlarında en dikkat çeken ilerlemeyi tamamen körleştirerek yok ettiler. Sonuç olarak Wegner'in atılımı onunla birlikte öldü.

Onlarca yıl sonra jeofizik bilimi, Wegner'in kıtaların ayrılma düşüncesinin yeniden ele alınması için yeterli düzeyde ilerledi. Bu kez, o fikri jeofizikçiler ele aldı. O zamana kadarki kanıt bolluğu şüphe edilemez düzeydeydi. Wegner'in düşüncesi, şimdiki jeofiziğin temelidir. Modern ders kitapları, bu teoriyi açıklar ama genelde teorinin ilk kez bir meteorolog tarafından geliştirildiğinden bahsetmeyi ihmal ederler.

En zeki insanlar bile yanılabilirler. Isaac Newton boylamı belirlemek için saatleri kullanma fikrine şiddetle karşı çıktı. Ona göre,deniz kronometreleri pratik değildi. Neyse ki John Harrison, çağın en büyük zekâsıyla anlaşmazlığa düşmekten korkmamıştı. Bu, onu yıllar boyunca ayrı tekrarlamaları yapmaya götürdü ama sonuç olarak, gemilerin dönüşünden, ısı değişimlerinden ya da rüzgârdan etkilenmeyen küçük, doğru bir saati kusursuzca geliştirdi. Bu, boylamların hesaplanması için yüzlerce yıl sonra uydu temelli konumlamanın yerini almasına kadar tercih edilen teknolojiydi.

Uzmanlar, geleneksel bilgide ustalardır ama yeni fikirlere açık olmalarıyla bilinmezler.

"Louis Pasteur'ın mikrop teorisi saçma bir kurgudur."

Pierre Pachet, Fizyoloji Profesörü 1872.

"Telefonun bir iletişim aracı olarak ciddi düzeyde dikkate alınması için çok fazla eksiği var. Bu cihazın doğası gereği bizim için bir değeri yoktur."

Western Union dâhili notu. 1876

"Havadan daha ağır, uçan makineler yapmak imkânsızdır."

Lord Kelvin Royal Society Başkanı, 1895.

"Kim aktörün konuşmalarını duymak ister ki?"

H.M. Warner, Warner Brothers, 1927

"Onların sesini ve gitar müziklerini beğenmiyoruz."

Decca Recording Şirketi, Beatles üzerine, 1962

Her uzman sizin fikrinizle dalga geçtiğinde umutsuzluğa kapılmayın. Bir kere yüz Nazi profesörü Einstein'ın teorilerine saldıran bir kitap yazmıştı. Einstein ise onlara, "Yanılıyor olsaydım bir profesör (bu kitabı yazmak için) yeterli olurdu" diyerek sadece omuz silkti. Uzmanlar fikrinizi dikkate almamak için bolca nedene sahiptir. Sizi deli olduğunuza ikna etmeye çabalarlar. Eğer fikrinizi bir çözüm olacak şekilde geliştirecekseniz, fikrinize sadık olmalısınız.

Uzmanların fikrinizle alay etmelerini önlemek istiyorsanız, onlara anlatmayın. Eğer biri keşfederse alıştırma yaptığınızı söyleyin. Başarılı olmasını beklemediğinizi ama hatanızdan ilginç bir şeyler öğrenmeyi beklediğinizi söyleyin. Onları merak eksiklikleri nedeniyle utandırın. Sonra fikrinizi işler hâle getirin. Uzmanlar en sonunda yola gelirler ya da ilgisizlik içinde unutur giderler. Dr. Barbara McClintock, kromozom içindeki gen geçişini gösteren ve otuz yıldır görmezden gelinen devrim gibi çalışmasıyla sonunda Nobel Tıp Ödülünü kazandı. Bu çalışma "uzmanların" onun ne yaptığını anlamaya çalışmasıyla geçen otuz yıl sonunda ödüllendirildi.

CİNSELLİK

"Orijinallik nedir? Fark edilmemiş intihalden başka bir şey değildir."

HERBERT PAUL

Cinsellik neden harikadır? Kolay olduğu için değil. Cinsel yolla çoğalan canlılar,genetik materyali aktarmak için büyük riskler alırlar. Çok enerji harcarlar. İnsanlarsa, genetik materyalleri aktarmak için para harcarlar. Bu durumda bile, birinin DNA'sını ölümsüzleştirmek istemesi, cinsellik ihtiyacını tam olarak açıklayamaz. Aseksüel (eşeysiz) üreme çok daha basittir ve genlerin yarısı yerine tamamı aktarılır. Kendi kendini aktaran DNA için doğal strateji bu olmalıdır. Bunun yerine, bu bencil genler cinselliği tercih etmiştir.

DNA sisteminin milyarlarca yıllık gelişmesi cinselliğin buna değdiğini gösterir. Değerli DNA'sını bir eşle paylaşarak, cinsel yolla üreyen organizmalar, eşeysiz üreyen organizmalara göre çok daha fazla gelişmiştir. Eşeysiz üreyebilen bakteri gibi canlılar, mümkün olduğu zaman bir tür seksüel üremeyi de desteklerler. Cinsel birleşme, genetik malzemenin iki başarılı forumunu yeni bir şey yaratmak için birleştirir. Bazen bu daha iyidir. Bu farklılıklar o kadar başarılı olmuştur ki doğa tamamen cinselliğe bağlı kalmıştır.

Cinsellik, fikirler için de işe yarar. Cinselliğin beyinle ilgili versiyonu, yani zihinsel birleşme; başarılı çözümler yaratmak için, başarılı organizmalar yaratmak için gerekli olan biyolojik cinsel birleşme kadar önemlidir. Zihinsel birleşme, düşüncelerin değiş tokuşu için olan yöntemlerden biridir. İşbirliğini, bir düşünceyi ödünç almayı ya da bir başkasının hatasından bir şeyler öğrenmeyi kapsar. Bilinçli ya da bilinç dışı bir durum olabilir. Bu, fikrinizi geliştirmek için yalnız başınıza uğraşmaktan çok daha uygun ve etkili bir yoldur.

Harika fikirler nadiren tek bir kişinin eseridir. Ancak bu başarı genelde tek bir kişiye atfedilir. Charles Darwin'in büyükbabası bir evrim teorisi öne sürmüştü. Alexander Graham Bell, telefonu icadından önce benzer bir telefon görmüştü. Wright Brothers, yıllarca süren aerodinamik araştırmalardan yararlanmışlardı. Yaratıcı çözümlerin birçok yaratıcısı vardır.

Fikrinizi sağlam bir çözüm hâline getirmek için kalıpların dışında bir düşünceye ihtiyacınız vardır. Yeni fikirler umut veren çözümleri destekler. Boşlukları doldurur ve zayıflığı giderir. Demokrasiden manav dükkânlarına kadar her şey, daha iyi çözümler üretmek için yeni konseptler arayışına girer. Zihinsel birleşme, fikirleri harika yapan şeydir.

Einstein, fikirlerin paylaşımından yararlanmıştır. Kendi düşüncelerini birçok insanla işbirliğine girerek oluşturup geliştirmiştir. Tek başına çalışarak bu kadar şey başaramazdı.

Dâhilerin bir avantajı da daha çok ve daha iyi zihinsel birleşmeye erişebilmeleridir. Diğer pek çok parlak zekâlı insanla konuşma fırsatına sahiplerdir. Fikirlerin sık sık değiş tokuş edilmesiyle, düşünce potansiyelleri daha da genişler. Daha iyi fikirleri, daha hızlı geliştirmek için siz de aynı şeyi yapmalısınız ve daha çok zihinsel paylaşımda bulunmalısınız.

Doğa, harika fikirler geliştirmemiz için bir önemli ders daha verir: Ensest ilişkiden kaçınmak. Doğa, ensest ilişkiden kaçınan davranışı gözetir çünkü bu ilişki sonucu zayıf genler oluşur. Çözümünüzü yaratırken, entelektüel ensesti azaltmalısınız. Kendi sahanızdan ya da kendi eğitim altyapınızdan biriyle işbirliği bazen iyidir fakat bu, bir bakıma ensest gibidir. Farklı fikirleri, profesyonel kimlikleri, altyapıları ve önyargıları olan insanlardan tavsiye almaya çalışın.

Zihinsel grup ilişkisi, iyi bir fikri harika bir fikre dönüştürmek için muhteşem bir yoldur. Türlü türlü altyapılarla ve becerilerle oluşturulan gruplar, genelde çözümleri değerlendirmede tek bir uzmandan çok daha üstündür. Her insanın gücü, zayıflığı ve önyargıları; şaşırtıcı biçimde doğru olan ve ortalamanın üzerinde yer alan düşünceler oluşturur.

Zihinsel grup ilişkisi, tüm katılımcılar ortak bir düşünceye sahipse kötü bir fikirdir. Bu düşünce değiş tokuşları neredeyse diğer grup dinamiklerinden daha fazla savaşa, yanlışa ve kayba neden olan "grup düşüncesiyle" sonuçlanır. Aynı düşünceye sahip insanlar, gerçekleri ve olası çözümleri gizleyerek birbirlerinin kural rutinlerini pekiştirir. Bu çeşit ensest paylaşımlardan kaçınılmalıdır.

Farklı bağışıklık genlerine sahip insanlardan daha çok etkileniriz. Bu doğanın bize daha yararlı cinsellik için yardım yöntemlerinden biridir. Zihinsel birleşme partnerinizi seçerken konular hakkında farklı düşündüklerinden emin olun, eğer onların fikirlerine daima katılıyorsanız, bu insanlar sizin çıkmaz yollara girmekten kaçınmanızda yardımcı olamazlar.

Fikrinizi bir çözüme dönüştürmek, bolca zihinsel birleşme gerektirir. En az on kişiyle fikrinizi paylaşın ve ortaya çıkan fikirleri kaydedin. Düşüncenizin yeterli zihinsel birleşmeden geçip geçmediğini ayırt edebilmek için paylaştığınız fikirleri kaydetmeniz yararlı olacaktır. Örneğin, Avrupa'ya gidecek yeni bir hava yolu rotası geliştirmek istiyorsanız Şekil 8.3'teki gibi bir kayıt tutmalısınız.

Doğa, maalesef düşüncelerimizi paylaşmak için bize cinsel dürtü gibi bir dürtü vermemiştir.

Bunun yerine, fikirlerimizi biriktiririz. Fikrimizin çalınmasından ya da alaya alınmaktan korktuğumuz için düşüncelerimizi kendimize saklarız. Harika bir çözüm üretmek istiyorsanız, düşüncelerinizi paylaşmama içgüdünüzü aşmanız gerekir. Zihinsel birleşme, cinsel birleşme gibi bir zorunluluk hâline gelmeli.

İşbirliği	Ensest Düzey	Fikirler
Bob Peters, Detroit	Düşük	Midwest Stuttgart rotası
Adel Wood	Yüksek	Kapıların durumu
Hanspeter Schiees	Düşük	Mevsimsel fırsatlar

Şekil 8-3

GÜVENLİ ZİHİNSEL BİRLEŞME

"Hiçbirimiz, hepimiz kadar akıllı değilizdir."

KEN BLANCHARD

Yeni doğmuş düşünceleri paylaşmak zordur ama bu düşünce yolunda ilerlemek için bazı kısmen risksiz yollar da vardır. Düşüncenizi diğer insanların perspektifleriyle güçlendirmek için aşağıdaki sakin, güvenli yollardan birini deneyin.

Öğle Yemeği

Çoğu insan öğle yemeği yer. Aynı zamanda öğle yemeği boyunca konuşabilecekleri bir şey ararlar. Öğlen yemeğinde insanlar rahat ve arkadaş canlısı olurlar. Öğle yemeği resmi bir toplantı ya da sunum değildir. Sohbet, eğlenceli olabilir. Fikirleriniz çılgınca gelirse affedilirsiniz. Yeni biriyle bir öğle yemeğine çıkın, bu kişi farklı altyapı ve perspektife sahip olsun. Ona düşündüğünüz çözümü açıklayın. Çok ciddi olmayın. Bu yeni alanı iyice keşfedin. Düşüncelerinizi açıklamak zihninizi toplamanıza yardımcı olur. Öğle yemeği, fikirler için iyi bir seçimdir.

Eski Arkadaşlar

Eski arkadaşlar harika fikir kaynaklarıdır. Onları, sizin farklı bir versiyonunuz olarak düşünün. Seçimleriniz ve deneyimleriniz düşüncelerinizi değiştirene kadar, onlarla pek çok ortak yönünüz vardı. Eski bir arkadaşınızı arayıp fikrinizi anlatın. Onun deneyimlerinin çözümünüzü nasıl etkilediğini not edin. Onun bazı fikirlerini çözümünüze dâhil edin. Montana'daki bir çiftlikte çalışan arkadaşınız, temas algılı sanal gerçeklik yoluyla alışveriş fikrinizi eleştirmek için doğru kişi olabilir. Çünkü geleneksel perakende satış dünyasında daha az vakit geçiyordur.

Başka Alanlardaki Uzmanlar

Uzmanlar, iyi problem çözücülerdir. Alanınızdaki uzmanlar, sizin düşüncenizi beğenmeyebilirler çünkü düşünceniz onların uzmanlıklarıyla çatışır. Bunun yerine fikrinizi sizin ya da çözümüzün alanıyla ilgisi olmayan bir uzmanla tartışın. Bu uzman probleminiz hakkında bir şey biliyor olması gerekmiyor ama kendi alanında pek çok şey biliyor olmalı.

Bir uzman olarak karmaşık sorunları anlayacaktır. Anlaşılmaz, zorlu çözümler bulmakta da deneyimli olacaktır. Ancak, sizin alanınızdaki uzmanların önyargıları onda olmayacaktır. Aynı zamanda, fikriniz diğer fikirlere aykırı geliyorsa da umurunda olmayacaktır. Düşüncenizi dışarıdan bir uzmanla paylaşın. Temas algılı iletişim fikriniz için yorum almak istiyorsanız başarılı bir piyanistle konuşun.

RASTGELE CİNSEL BİRLEŞME
(Zihinsel olarak)

"Hayattaki en büyük ders, aptalların bile bazen haklı olduklarını kabul etmektir."

WINSTON CHURCHILL

Sağlıklı fikirler geliştirmek, normalde güvenip fikirlerinizi paylaştığınız kişilerin dışına çıkmayı gerektirir. Entelektüel dar görüşlülüğü aşıp gerçekten rastgele fikir paylaşımları yapabilmek çok zordur. Size kalsa, büyük ihtimalle fikirlerinizi yanlış insanlarla paylaşırsınız, çünkü onları siz seçmiş olursunuz. Enseste karşı kalıtsal engellerimiz vardır ama fikirlerimizi genelde bizim gibi düşünen insanlarla paylaşırız. Harika çözümlere ulaşabilmek için daha rastgele davranmalıyız.

Ne kadar çok zihinsel paylaşım yaparsanız o kadar iyidir. Fikirlerinizi ne kadar çok insanla paylaşırsanız, zekice bir içgörü edinme ihtimaliniz o kadar yükselir. Yeni bir sıcak içecek kategorisi oluşturmak istiyorsanız, rastgele zihinsel paylaşımlar asla aklınıza gelmeyecek fikirler edinmenize katkı sağlayacaktır. Probleminizi birçok farklı insanla paylaşmanız için bazı yöntemler aşağıdadır.

Online Zihinsel Paylaşım

İnternet, düşüncelerimizi dünyanın başka yerlerindeki insanlarla paylaşmayı çok kolay hâle getirdi. Düşüncelerinden yararlanabileceğiniz arkadaşlar, uzmanlar ve tamamen yabancı insanları internet üzerinden kolaylıkla araştırabilirsiniz. Fikirlerin paylaşıldığı forumlar, bütün seçenekleri listeleyebilmemiz için çok fazladırlar ve sürekli değişim içindedirler.

İnternet, diğer çoğu düşünce paylaşım tekniklerinde bulunmayan başka bir önemli avantaja daha sahiptir: anonimlik. En acayip fikirlerimi anonim olarak paylaşarak denerim. Elbette, mimlendiğim de oldu; dalga geçenler, ciddiye almayanlar oldu. Yine de bu ortamlarda genelde kendi başıma asla bulamayacağım fikirlere ulaşabiliyorum.

Önüne Gelenle Zihinsel Paylaşım

Uçakta, sırada dururken ya da bir odada beklerken bir yabancıyla konuştuğunuzda bu kişiye yerinizde olsa fikrinizi, daha iyi bir çözüm bulmak için nasıl değiştireceğini sorun. Yabancıların genelde uygun entelektüel kromozomları vardır, yani deneyimleri sizinkilerden farklıdır. Ayrıca, probleminizi sizin gibi aynı yöntemlerle çözmeye çalışıp durmamışlardır. Şirketinizdeki sıcak içecekleri çevreleyen sınırlamalar, önyargılar ve başarısız denemelerden bihaberdirler. Fikir listenizi genişletmelerine izin verin.

Parti Çözümü

Araştırmayı bir kenara koyun. Fikrinizi geliştirmek için bir parti düzenleyin. Partiler eğlencelidir, sadece bu bile parti düzenlemek için yeterli bir nedendir. Partiler aynı zamanda gelişen fikirler için birçok avantaja sahiptir. Öncelikle partiler, beyin gücünü sinerjik bir hâle getirerek insanları konuşmak için bir araya getirir. Ayrıca partiler engelleri kaldırıp farklı düşünceleri destekler. Bu, toplantılarda pek rastlanan bir şey değildir.

Misafirlerinizi davet ederken, insanlara ne tür bir çözüme ihtiyacınız olduğunu tarif edin. Bu, onlara problem hakkında kafa yormaları için zaman verir. Sıcak içeceklerle ilgili fikirleri geliştirmek için bir parti düzenliyorsanız o zaman herkesten kendi favori sıcak içeceklerini getirmelerini isteyin. En ilginç öneri için bir ödül verin.

Misafirleriniz partiye gelip neler olduğunu anladıktan sonra en güzel yiyecek ve içecekleri, harika bir çözüm bulunana kadar saklayacağınızı söyleyin. Herkesi birlikte çalışmak için teşvik edin, fikirlerinizi açıklayın. Partinin eğlenceli geçtiğinden emin olun. Mutlu, heyecanlı insanlar daha yaratıcı düşünürler. Sıra dışı fikirlerin altını çizin, bu tarz fikirler aykırı düşünceyi destekler. Ortaya iyi fikirler çıktığında bunu kutlayın.

Çözüm Rozeti

Tanıştığınız herkesten, size fikrinizi geliştirmek için yardımcı olmalarını isteyebilirsiniz.

Sorunuzu büyük bir posta etiketine yazın ve bunu bir yaka kartı olarak kullanın. Soruyu basitleştirin ve mümkün olduğunca büyük yazın ki uzun mesafeden de görünür olsun. Birçok kahkaha, öneri ve birkaç harika fikirle karşılanacaksınızdır. Utanmayın, bunu yapın. Karşılaştığınız herkesin bağlantılarının ve beyin gücünün sizin yararınıza çalışmasını sağlayın.

"Malzemenin maliyetini nasıl yüzde 75 keseriz" diye soran bir rozet takabilirsiniz. İnsanlar sizi bu şekilde gördükleri her an problemi hatırlayacaklar ve çözüm geliştirmek için biraz daha fazla beyin gücüne başvuracaklardır.

İlan Tahtası

Utangaç hissediyorsanız çözüm önerilerini almak için ilan tahtasını kullanın. Probleminizi göze çarpan bir yere anonim olarak yerleştirin. Altına boşluklar bırakın ki herkes cevap verebileceğini bilsin. Süreci başlatmak için ilk cevabı kendinize yazın.

Ürününüz için yeni alıcılar arıyorsanız ilan tahtasına şunu yazın: "Ürünümüzü şimdi satmadığımız hangi kesime satmalıyız?" Meslektaşlarınızın anonim olarak görüş bildirmekte daha az çekingen olduklarını keşfedeceksiniz.

UYGUN BİR PARTNER SEÇMEK

"Tek başımıza çok az, birlikte çok fazla şey başarabiliriz."

HELEN KELLER

Herkesin zayıflık yaşadığı,eksik olduğu bir alan vardır. Doğru partner, bu yetersizlikleri giderebilir ve uzun vadede harika bir destek olur. Birbirine uygun partnerler birlikte daha iyi bir problem çözücü olabilirler.

Einstein da kendi hayatında birçok partnere ihtiyaç duydu. Özellikle eşler, sekreterler, yardımcılar ve asistanlar; belgeleri düzenledi, denklemleri çözdü ve onun beslenmesini, giyim-kuşamını sağladı. Einstein'ın ideal partneri onu, matematik problemlerini tamamlamak da dâhil tüm dış meselelerden azat edip tek başına çözümleri takip etmesi için yalnız kalmasını sağlayacak biri olabilirdi. Einstein'ın ilk eşi bu kriterlerin çoğuna uyuyordu. Bir yandan onun ihtiyaçlarını sağlarken bir yandan da en zorlu denklemleri çözüyordu.

Problem çözmede birçok isim, Rolls Royce gibi, iki kişilik gruplardan oluşur. Charles Rolls korkusuz bir girişimciydi, cesurca yeni iş girişimlerinde bulunurdu. Henry Royce, mantıklı de detaycı biriydi. Rolls'un vizyonlarının uygulanmasını sağlardı. Birlikte harika bir ekip oluşturuyorlardı.

Bir partnerle daha başarılı olabilecek bir çok dahi vardı. Rudolph Diesel mekanik alanında bir dâhiydi. İcatları, her yerde karşınıza çıkan dizel motor dâhil, ona bir servet kazandırdı. Ancak finans konusundaki dikkatsizliği yüzünden her şeyini kaybetti. Finansman konusunda bilgili bir partneri olsaydı her şey çok daha farklı olurdu.

Bir partnerin çözüm bulmanızda yararlı olacağını düşünüyorsanız, size uygun birini arayın. Yeteneklerinizi ve kişilik özelliklerinizi analiz edip not alın. Sizde olmayan ama başarılı olmak için ihtiyaç duyacağınız yetenek ve özellikleri tespit edin. Bu boşlukları dolduracak bir partner arayın. Partneriniz, sizin zayıf olduğun alanlarda güçlü olmalı.

Siz ve partneriniz birbirinize karşı toleranslı olmalısınız. Bu, zeki bir partner bulmaktan daha önemlidir. Einstein ilk eşini, kendisinin dikkatsizliği ve çok sayıda kadınla birlikte olması konusunda daha toleranslı yaklaşan bir başka kadın için terk etti. Partnerli kasla kolay değildir. Asla iyi bir partner bulamayabilirsiniz ama yine de aramaya değer. Partnerlikler işlemeye başladığında olağanüstü düzeyde verimlidirler.

HATALAR:
ÇÖZÜMLERE DOĞRU KİLOMETRE TAŞLARI

"Yaptığımız hatalar değil, onları nasıl düzelttiğimiz bizi anlatır."

ANONİM

Hatalar, fikir geliştirmenin temelidir. Kasıtlı olarak hata yapmazsınız ama hata yapmadan harika bir çözüme ulaşamazsınız. Hatalar, çözümünüzün sınırını zorladığınızın kanıtıdır. Bir şey, ancak onu daha önce yaptıysak kusursuz bir şekilde başarabiliriz. Yeni bir şey deniyorsak hata yaparız. Einstein Gibi Düşünmek, başarılı olmak için deney ve hataları gerektirir. Denediğiniz her şeyde başarılı oluyorsanız, çok dar bir açıdan düşünüyorsunuz demektir.

Paul Caffe, fakir bir Afro-Amerikalıyken, bir ticaret gemileri filosunun onurlu bir sahibi olana kadar pek çok hata yaptı. Caffe'nin ilk gemisini korsanlar ele geçirdi. İkincisini de kargoları satamadığı için kaybetti. Caffe her hatasından bir şeyler öğrendi. Üçüncü gemisi, sayısız başarılarından ilkiydi. Birçok gemi ve birçok hatadan sonra Paul Caffe, artık kendi filosunu edinmişti.

Çözümünüzün işe yaraması için olabildiğince çok deney yapın. Birçok Kolomb Konsepti oluşturacaksınız. Bu başarısızlıkların biri başarıyı getirecektir. Başarılı olmak için yeteri kadar hata yapıp yapmadığınızı görmek adına, her denemeyi ve öğrendiklerinizi kaydedin.

Deneyler ve Sonuçlar

Deney	Tarih	Biz Ne Öğrendik
Detroit Havalimanı'nı kiraladık	28 Mart	Stuttgart'tan Midwest'e güvenilir bir talep var.
Reklam amacıyla bedava uçuş hediye ettik	1 Nisan	İyi reklam yaptık ama isyanlar kötü etkiledi
Yüksek talep alan birkaç lokasyon için bilet hediye ettik	14 Nisan	Çok fazla bilet nakde çevrildi. Talep düştü
İki hafta boyunca az sayıda bilet dağıttık	29 Nisan	Talep de kazanç da arttı!

Şekil 8-4

Deneyler, bir fikirle ilgili işe yaramayan her şeyi eleyip önemli bir çözüm ortaya çıkarmak açısından iyidirler. Marie ve Pierre Curie'nin radyum keşfi, orada olduğuna inandıkları küçük bir parça radyumu rafine edebilmek için tonlarca kaya elemeleri anlamına geldi. Curielerin Nobel ödülü kazanmasının yanında radyum; güvenli bir radyasyon kaynağına dayanan,bir kısmı Einstein'a ait olan, diğer pek çok ilerleme için önemliydi.

Entelektüel olarak yanlışlıklar yapmanın normal olduğunu biliyoruz. Hataları görmezden gelmek, ilerlemeyi görmezden gelmek demektir. Hatalar acı verici, utandırıcı ve pahalı olduğu için hata yapmaktan kaçınmaya çalışırız. Yeni doğan fikrinizi güçlü bir çözüme dönüştürmek için pek çok hata yapmanız gerekir. Hata yapmak karşısındaki isteksizliğinizi aşın. Acıyı minimuma indirmeyi öğrenirseniz ya da bir hata yaptığınızda kederi görmezden gelmeyi öğrenirseniz daha çok hata yapmaktan korkmazsınız.

DÜŞÜNCE DENEYLERİ

"Deneyim, insanların hatalarına verdiği isimdir."

OSCAR WILDE

Einstein düşünce deneylerini seviyordu. Bir öğrenci deneyinin teknik sınırlarını zorladığı için neredeyse ciddi bir şekilde yaralanıyordu. Bu yüzden daha sonraki testlerini sadece zihninde, yani tehlikeden uzakta gerçekleştirmeyi seçti. Einstein, yeni fikirler keşfetmek için zihinsel problemler yarattı. Bu deneyler, hayal ürünüydü, bir ışık dalgasına binmek ya da iki atom altı parçacığı el yordamıyla ayırmak gibi. Her ikisi de imkânsızdı ama Einstein bu şekilde düşünerek pek çok şey öğrendi.

Düşünce deneyleri, size herhangi bir maliyet ya da mahcubiyet olmaksızın bir düşünceyi test etme olanağı tanır. Sonuçlarını sadece siz bilirsiniz. Bir yerden düşmez, çocuklarınızın kolej parasını kaybetmezsiniz ya da bir aptal gibi görünmezsiniz ama çözümünüz hakkında yine çok şey öğrenirsiniz.

Düşünce deneyleri cesurca olmalıdır. Aşırı düzeyde aydınlatıcıdırlar. İyi bir düşünce deneyi, çözümü tüm bir dünyaya ya da tek bir bireye uygular. Sonsuz kaynak olduğunu ya da hiç kaynak olmadığını varsayar. Montaj maliyetini yüzde 10 düzeyinde azaltmak için bir çözüm istiyorsanız, düşünce deneyiniz maliyetlerinizin yüzde 100 kaldırılmasına odaklanmalı. Tüm montaj maliyetlerini nasıl elerdiniz? Montajlanmış parça alırdınız, belki de üniteye olan ihtiyacı elerdiniz. Çözümlerinizin tamamen gerçekçi olması gerekmiyor. Ama uç bir problemle çalışırken çok şey öğrenirsiniz.

Fikrinizi test etmek için bir düşünce deneyi yaratın. Üstünde çalışıyor olduğunuz yeni konseptleri de içeren uç bir durum canlandırın. Çözümünüzün bu durumda işler olması için üzerine gitmeniz gereken durumları tanımlayın. Deneyinizi gerçekleştirirken neler olduğunu *gözlemleyin*. Ortaya çıkan problemleri sizin için uygun olan herhangi bir yöntemle çözün. Hatalarınızı, bu acısız ortamda yapın. Düşüncenizin gerçek bir denemesi için ekstrem durumlar üzerinde çözüm geliştirmekten edindiğiniz özgüveni kullanın.

EGO, YANLIŞLAR VE İLERLEME

"İnsanlar için başarının tek yolu, hayatın şiddetli darbelerinden alınacak derslerden geçer."

ALBERT EINSTEIN

Dr. Albert Einstein gibi tarihin en parlak zekâlarından birini, ukala bir çocuk olarak düşünmek zordur ama öyleydi. Okulu astı, öğretmenleriyle dalga geçti ve okul kurallarını çiğnedi. Onun edepsiz gösterileri, eğitimini ve kariyerini engelledi. Herkesten çok daha zeki olduğunu biliyordu. Otoritelerle kaybedeceği kesin olsa bile başa baş mücadele etti. Öğretmenlerden Nazilere herkesi öfkeden kudurttu. Einstein, bu yüzden çok sorun yaşadı ama haklı olduğunu biliyordu.

İstediğiniz işe sahip olmak için ihtiyacınız olan referansı verecek profesörü küçümsemenin (Einstein'ın yaptığı gibi) ya da ülkenizden kovulmanın (Bay Doktor bunu da yaptı) iyi bir fikir olduğunu iddia etmiyorum. Fakat bu doğru bir mizaçtır. Çözümünüzü geliştirmek ve sonucun getirdiği doğal birer durum olan yanlışlara tahammül etmek için daha büyük bir egoya ihtiyacınız var.

Hata yapmak utanç verici olacaktır. Bu canınızı acıtabilir, paranıza mal olabilir. Başarı için ilerlediğiniz yolda yaptığınız hataları kafanıza takmamak için yeterince akıllı, yeterince güçlü ve yeterince iyi hissetmelisiniz. Bu, biraz pratik gerektirebilir. Bu hayati yanlışları yapmanız için sizi hazırlayacak bir egzersizimiz var.

KAHRAMANCA ÇÖZÜMLER

"Başarınız sonsuz değildir, tıpkı yaptığınız hatalar gibi."

GEORGE MATTHEW ADAMS

Süper kahramanlar her şeyi yapabilir. Zor olabilir. Dünya bütünüyle bir krizin ortasında bocalıyorken yaralanmış olabilirler ama yine de başaracaklardır.

Einstein, ölçüsünde bir özgüven yaratmak için kendinizi en sevdiğiniz çizgi roman karakteri olarak hayal edin. İnanılmaz bir gücünüz var. Her şeyi yapabilirsiniz. Elbette kendinizi ailenize ve arkadaşlarınıza yumuşak huylu, ortalama biri gibi göstereceksiniz ama aslında size tapıyor olmaları gerekir. Gezegendeki en güçlü, zeki ve mütevazı kişisiniz.

Favori çizgi roman kahramanınızın probleminizi nasıl çözeceğini gözünüzde canlandırın. Engelleri aşmak için aşırı güç kullanabilirsiniz. Bir çözüme doğrudan ulaşmak için üstün zekânızı, gücünüzü ya da teknolojiyi kullanın. Melodram yaratın. Başarılarınızın görkeminden zevk alın. Hata yaparsanız yapın, sorun değil. Sonunda zafere kavuşacaksınız.

Sizin gibi bir süper kahraman birkaç yanlış yaptığı için kaygılanır mıydı? Hayır! Peki ya, birkaç pencere kırdığı için? Asla! Bir ya da iki şehri mahvettiği için üzülür müydü? Hayır! Problem çözülmeli. Çözüme doğru ilerlerken birkaç hata yapmak sorun değil. Bu hatalar süper kahramanlıkla birlikte gelir. Bu tavrı kendi çözümünüzü geliştirme sürecine taşıyın.

GÜNLÜK RİSK

"Bugün zorla uygulamaya konan iyi bir plan, yarın uygulamaya konulacak harika bir plandan daha iyidir."

GEORGE PATTON

Einstein ve meslektaşları, Erwin Schrödinger tarafından tasarlanan, kutunun içindeki kediyle ilgili olan Schrödinger'in Kedisi deneyini tartıştı. Kutunun içinde ayrıştığı zaman kediyi öldürebilecek bir radyoaktif bir parça vardır. Ayrışmanın zamanını ayarlamak mümkün değildir, o yüzden kedinin yaşayıp yaşamadığını öğrenmenin tek yolu kutuya bakmaktır. Deney bazı sonuçların gerçekleşene kadar öngörülemeyeceği düşüncesini gözler önüne sermektedir.

Bu, fikirler için de geçerlidir. Bir şeyi deneyene kadar işe yarayıp yaramayacağını bilemezsiniz. Daha sonra tekrar tekrar denemeniz gerekir. Önünüzdeki dört hafta boyunca, çözümünüz için her gün bir ters köşe uygulayın. Her gün çözümünüzü uygulamak için bir düşünce deneyi ya da gerçek bir deneme yapın. Pek çok hata yapacaksınız ama aynı zamanda büyük ilerleme kaydedeceksiniz. Aşağıda, bir film senaryosunu satabilmek için her gün alınan risklerle ilgili bir örnek verilmiştir.

Günlük Risk Örnekleri

Pazar	Kil ve ahşap bloklar kullanarak bir deneme videosu çektim.
Pazartesi	En önemli altı restoranın valesine park ettikleri en gösterişli arabalara senaryomu bırakmaları için para ödedim.
Salı	Max'in ne zaman dişçiye gideceğini öğrenmek için dişçinin sekreteriymiş gibi davrandım, dişçiye gittiğinde onu bekliyor olacağım.
Çarşamba	Değerlendirmeyi kadın filmleri olarak değiştirdim.
Perşembe	Film stüdyosunun önünde hikâyenin iliştirildiği bir sandviç kıyafeti giyerek durması için bir sarışın tuttum.
Cuma	Yaz tiyatro grubu için senaryoyu oyuna uyarladım.
Cumartesi	Max'in ikinci sınıf öğretmeninin, eski futbol koçunun ve üç çocuğunun, onu senaryomu okumaya ikna etmeleri için kafalarını ütüledim.

Şekil 8-5

Bir çözüm üzerinde çalışmadığınız zamanlarda bile, yeni düşünceleri denemek bir alışkanlık oluşturmanıza yardım eder. Kendinizi muhtemel bir başarısızlıkla sonuçlanacak bir duruma sokun. Deneyecek bir sürü yeni şey vardır. Amatör bir tiyatro topluluğu, farklı bir radyo istasyonu ya da yeni bir restoran küçük risklerdir. Sanatsal yeteneğinizi şimdiye kadar denemediyseniz resim yapmayı, bir arkadaşınızın heykelini yapmayı ya da iyi bilinen bir şarkıyı söylemeyi deneyin.

Bunu topluluk karşısında yapmak, özellikle iyi bir risk egzersizdir. Yeni bir şey denediğiniz her gün, denediğiniz şeyi çizelgeye yazın. Bakalım ne kadar maceracı olabileceksiniz.

DÜŞÜNCELERDEN ÇÖZÜMLER

"İnanç sahibi bir kişi, sadece ilgisi olan doksan dokuz kişinin gücüne sahiptir."

JOHN STUART MILL

Bir keresinde Einstein ve asistanının bir kâğıt ataşına ihtiyacı oldu. Tüm buldukları tek bir bükülmüş ataştı. Einstein bu ataşı düzleştirmek için uğraştı ama bir araca ihtiyacı vardı. O ve asistanı ofisi tekrar araştırdı. Bu sefer bir kutu ataş buldular. Einstein kutudan bir ataşı aldı ve onu önceki ataşı düzeltecek bir araç hâline getirmek için büktü. Asistanı, Einstein'a bir kutu ataşları varken neden bu ataşı onarmayı dert ettiğini sordu. Einstein, "Bir işe başladığım zaman bitirmeden bırakmam." diye cevapladı.

Harika çözümler yaratmak için gereken kararlılık budur. İyi bir fikri, iyi bir sonuca dönüştürmek zaman ve çaba gerektirir. Muhtemelen ilk problemi çözerken ortaya çıkan yeni problemlerinizi çözmek için kurallarınızı tekrar tekrar yıkmanız gerekir. Sonuç olarak çıkmaz bir sokağa girdiğinizi ve yeniden başlamanız gerektiğini kabullenmeniz gerekir.

Yeni bir çözümle tekrar başlamak genelde problem çözümünün önemli bir parçasıdır. Bunu, çözüm için en son yapılan denemeden öğrenilenlerin ışığında problemi yeniden değerlendirmek olarak görmeliyiz. Yeniden başladığınızda bile ilerleme kaydedersiniz.

Başarısız bir çözüm, sizin orijinal olarak hedeflediğiniz probleminizin dışında bir sonuca ulaşan Kolomb Konsepti olabilir. John Wesley Hyatt makara yatağı icat etti ve icadının demir yolu vagonlarının tekerleri için mükemmel olduğunu biliyordu. Muhtemelen de öyleydi ama demir yolları bununla ilgilenmedi. Yağlı paçavralar, demir yolu teker yatağı olarak işe yarıyor gibi görünüyordu. En önemli teker endüstrisi buluşunu satın almadığı için Hyatt projesinden vazgeçti ve işletmesini ucuz bir fiyata Alfred Sloan adında bir genç adama sattı. Sloan, makaralı yatağı dayanaklı teker yatağına ihtiyacı olan yeni doğmuş bir endüstriye sattı. Sloan, Henry Ford'a teker yatağı tedarik ederek büyük bir servet kazandı. General Motors'da yönetici olarak otomobil dünyasını domine etti.

BÖLÜM DOKUZ

EZİYET ÇEKMEKTEN KAÇINMAK

"Büyük ruhlar, her zaman ortalama zihinlerin şiddetli itirazına maruz kalırlar."

ALBERT EINSTEIN

Eziyetten Korunma Kuralları

Einstein'ın kuralları yıkma yeteneği her zaman takdir edilmedi. Einstein, uluslararası bir bilim yıldızı olmadan önce akademi ve bilim otoriteleriyle defalarca çatıştı. Vasat bilimsel zekâ sahiplerinin saldırılarına karşı güvende olduğunda bile Einstein, ileri görüşlü politik düşünceleri nedeniyle çok tepki gördü. Nazi Almanyası tarafından ABD'ye ilticaya zorlandıktan sonra bile entelektüel ifade sorunları ve nükleer savaş üzerine politik kurumlarla çatışmayı sürdürdü.

Einstein, Soğuk Savaşı ve barış dışındaki herhangi bir çözümü tamamen delilik olarak nitelendirdi. Senatör Joseph McCarthy'nin sorgularını kınayacak kadar cesur az sayıdaki insandan biriydi. Diğer entelektüelleri, komünistleri fişlemeye çalışan araştırma komitelerinin karşısına çıkmayı reddetmeleri için teşvik etti. Farklı düşüncelerine rağmen zarar görmemesi çok talihliydi. Pek çok kişi bu kadar şanslı değildi. Eziyet çekmek, kural yıkıcılar için olası bir risktir. Harika bir fikir bulduysanız, bunun uğrunda eziyet çekmekten korunmak için de bir stratejiniz olmalı.

Fikirleriniz uğruna eziyet çekme korkusu, Einstein Gibi Düşünmek için görünmez ama gerçek bir tehdittir. Bu yüzden anahtar kuralları yıkmaktan, bir çözüm üretmekten, hatta problemi tanımlamaktan bile kaçınıyor olabilirsiniz. Bu, yersiz bir korku değildir.

Yeni bir düşünceyi geliştirmek çok tehlikeli olabilir. Nikolas Kopernik, Dünya'nın Güneş'in çevresinde döndüğünü fark edebilecek kadar zekiydi. Bu büyük katkısı yüzünden ceza almaktan kurtulacak kadar da zekiydi. Bulduklarını anonim olarak yayınladı. Avrupa'daki bilim insanları, onun düşüncelerinden faydalandı ve Kopernik de idam edilmedi.

Eziyet senaryosu tarih boyunca bıktırıcı bir düzenle tekrarlanır. Önemli bir düşünce sapkınlık, hainlik ya da şarlatanlık olarak yaftalanır. Kâşifler çeşitli adaletsizlikler yüzünden acı çekerler: Ölüm, hapis cezası, yanlış anlaşılma ya da ilgisizlik. Sonra, bu düşünce benimsenir. Hatta bazen, her ne kadar keşfin ödülünü ortam güvenli olana kadar ortaya çıkmayanlar alsa da, yaratıcısı ölümünden sonra onurlandırılır.

Einstein Gibi Düşünmek, yerleşik varsayımları ihlal ederek çözüm arar. Bu düşünceyi kullanırken, en azından zekânız sorgulanır. Dikkatli olmazsanız, kimin kuralını yıktığınıza bağlı olarak; alaya alınabilir, rütbenizden olabilir,sürgün edilebilir, kovulabilir, cezaevine girebilir ya da vurulabilirsiniz.

Peki, neden zarar görme riskini alasınız? Harika çözümler yararlı olmalı, özellikle de size. Büyük düşünmenin önemli ve genelde ihmal edilen boyutu zararı engellemektir. Fikriniz, olumsuz sonuçları azaltabilirseniz başarılı olacaktır. Bunun size zarar vermeyeceğini bilirseniz aynı zamanda daha yaratıcı olursunuz. Bu bölüm, Einstein Gibi Düşünme yöntemini kullanırken eziyet çekmekten korunmak için kullanılacak teknikler üzerinedir.

DİRENCİ ANLAMAK

"Korku ve aptallık, her zaman çoğu insan davranışının temeli olmuştur."

ALBERT EINSTEIN

Güzel fikirler, dirençle karşılaşır. Mantıklı, kuralcı insanlar;zekice, içgörülü ve doğru düşünceye karşı mücadele eder. Harika fikirlerin cılız, zayıf ve gelişmemiş düşünceler olarak başladıklarından bahsetmiştik. Düşünceniz sağlam bir konsepte dönüştükten sonra bile tepkiyle karşılaşabilirsiniz çünkü fikriniz diğer insanlarda kavramsal bir karmaşa yaratır. Daha önce bahsettiğimiz gibi, yeni düşünceleri reddetmek üzerine programlanmışızdır.

Kural rutinlerinin daima kazananları vardır. En kötü durumlar bile birinin yararına olur. Bu tarz insanlar, her şeyin olduğu gibi kalmasını isterler. Statükoyu korumak için ellerinden geleni yaparlar, genelde güç sahibidirler. Radikal yeni düşünce, var olan gücü destekliyor gibi görünse de bir tehdit unsuru sayılabilir. Güç sahipleri, eski düşüncede uzmandırlar. Bu düşünce başarılı olursa, yeni dünya için daha az bilgili, daha az bağlantılı, daha az gerekli olabilirler.

Yeni fikirler aynı zamanda kötü fikirler de olabilir. Bazı değişimlere karşı çıkılmalıdır. İlerleme yokuş yukarı bir savaştır. Planlı ekonominin ya da komünizmin yavaşça düşüşe geçmesi, daha iyi bir fikre bir güç temelinden gösterilen dirence birkaç güzel örnekler sağlar.

İNATÇI KÖTÜ FİKİRLER

"Koyun sürüsünün bir üyesi olmak için kişinin kendi başına bir koyun olması gerekir."

ALBERT EINSTEIN

Komünizm, açık bir ekonomik başarısızlıktı. Özellikle de Doğu-Batı Almanya, Kuzey-Güney Kore gibi ülkeler karşılaştırıldığında. Peki, neden planlı ekonomiler varlığını sürdürdü? Cevap, komünizmden faydalanan insanların aynı zamanda silahlara sahip olmasıdır. Bu insanlar faydalı değişimi kendi avantajlarını sürdürmek için engellediler.

Değişimle sorun yaşayanlar sadece komünistler değildi. Değişime direnmek evrenseldir. Komünizmin çöküşüne Batı'nın reaksiyonu, gerçekliğe karşı kişisel çıkarın zafer kazanmasına harika bir örnektir. Sovyet ekonomisinin hızla çöküşte olduğuna dair kanıt yıllar geçtikçe artıyordu. Tarih üzerine en temel kavrayışa sahip acemi bir analist bile bu etkileyici politik değişimlerin gerçekten meydana geleceğini görmüş olmalıydı. Birçoğu muhtemelen görmüştü de. İstihbarat teşkilatları bu ihtimali görmezden geldiler. Bilgiler, komünistlerin her zamanki kadar korkutucu görünecekleri şekilde düzenlenmişti. Sonuçta, bu organizasyonlar varlıklarını sürdürebilmek için Kızıl Tehdide ihtiyaç duyuyorlardı.

Kızıl Tehdit dağılırken Doğu Avrupa muallakta kaldı, Batılı hükûmetler hâlâ değişemiyordu. Tüm gezegeni yok edecek bir savaşta daha etkili olabilmek için milyarlar harcamaya devam ettiler. Milyonlarca eski düşmanın dost olabilmesi için sadece ortak çıkarlar icat edilebildi.

Mücadele eden demokrasilere yardımdan çıkar sağlayacak taraflar yoktu ama önemli savunma anlaşmalarından bolca vardı.

ÖLÜMÜNE HAKLILIK

"Birini, diğerinin işini böyle şeytanca bir ciddiyet içinde almaya iten şeyin ne olduğu gerçek bir bilmecedir."

ALBERT EINSTEIN

Daha iyi fikirler bu kadar barizse, neden Batılı savunma kurumlarındaki insanlar, "Bu çok saçma! Hadi, her şeyi tamamen değiştirelim" demedi? Belki demişlerdir. Ne kadar görüş ayrılığı olduğunu asla bilemeyiz. Organizasyonlar, sessiz muhaliflerdir. Popüler olmayan fikirleri ortaya atanlar genelde hapis, uzaklaştırma, ölüm ya da izolasyon cezasıyla ortadan kaybolma eğilimindedirler. "Analizim, bize gerçekten ihtiyaç duyulmadığını gösteriyor" diyen birinin başına ne geleceğini aklınızda canlandırabilirsiniz. Haklı olmak, bürokratik intikamdan korunmayı sağlamaz.

Billy Mitchell Amerikan hava kuvvetlerinin ilk destekçilerinden biriydi. I. Dünya Savaşı'ndan sonra, hava araçlarının denizleri kontrol etmesi ve şehirleri mahvetmesiyle ilgili birçok iddiada bulundu. Iskartaya çıkmış bir savaş gemisini batırarak iddiasını kanıtlamak istedi. Mitchell haklıydı ama haklı olmak onun kariyerini ilerletmiyordu. Geleceği yorulmak bilmez biçimde savunduğu için bir askeri mahkemeye çağrıldı. Mitchell'in rakipleri aptallıkları için hiç yargılanmadılar.

KÖTÜ KADERDEN KAÇINMAK

"A, hayatta başarıysa o zaman A=x+y+z'dir.
X çalışmak, y oyun, z ağzını sıkı tutmak."

ALBERT EINSTEIN

Çözüm üretecek kadar zeki insanlar, mevcut durumunu bozmanın riskini de anlarlar.

Kötü haberleri verenlere ne olacağını bilirler. Bu yüzden pek çok yenilikçi, kendini gizler. Kendilerini korumak için düşüncelerini saklarlar. Böyle olmamalı. Bu çözümlere ihtiyacımız var. Fikrinizden dolayı cezalandırılma korkunuz, harika bir çözümün gelişmesini engelleyen en büyük şey olabilir. Burada Einstein gibi düşünürken eziyetten korunmak için dört stratejimizden söz edeceğim.

Fikrinizi ve Övgü Hakkını Başkasına Devredin

Bu bilgece ve özverili stratejiyi Benjamin Franklin ortaya attı. Kendi düşüncenizi coşkuyla desteklemek yerine, bu fikir başkasından çıkmış gibi davranın. Sonra bu fikri coşkuyla destekleyin. Eğer düşünce güçlü bir insana dayandırılmışsa övgü hakkı atfetmek özellikle etkilidir.

Bu strateji iki nedenden dolayı işe yarar. Öncelikle, fikri sırf kendinizin olduğu için savunduğunuz yönündeki şüpheyi ve kıskançlığı kaldırır. İkincisi, insanlar kendi fikirlerini destekler. Eğer fikrinizi onlara atfederseniz o fikir için mücadele edeceklerdir.

Başka insanlara övgü hakkı vermek, egolarını zapt eder. Böylece, sizi destekleyebilirler.

Ego, mantığa hükmeder. Bazı insanlar alt düzeyde algılanmamak için neredeyse her şeyi yaparlar. Egolar, açık arttırmada fiyatları şişirir ve ticari anlaşmaların maliyetine milyarlar ekler. Ulusal bir liderin egosu sürece dâhil edildiğinde,maliyet hesaplanamaz olabilir. Bu liderler kötü görünmesin diye geçmişte milyonlarca insan ölmüştür.

Buluşunuzu, bir başkasına aktarmak zor değildir. Patronunuzla sohbet edin. Ürününüzü daha genç müşteri kesimlerine cazip kılma fikrinizden bahsedin. Yeni bir gençlik markası fikrini güya bu fikir daha önce aklınıza hiç gelmemiş gibi önerin. Patronunuz fikrinizi yorumlarken heyecanlı davranın.

Ona yapbozun anahtar parçasını eklediğini söyleyin. Sonra "onun" fikrini şirkette yayın. Bu fikrin coşkulu bir taraftarı olun.

KORKUYU KULLANIN

"İstediğiniz her şey korku duvarının diğer tarafındadır."

JACK CANFIELD

İyi bir fikir için cezadan kaçınmanın başka bir yolu da bir rakibinizin yeniliğinizden övgü almasını sağlamaktır. Probleminiz çalıştığınız bankada bir şeyleri değiştirmek için yöntemler bulmaksa o zaman çözümünüzü rakipleriniz hakkındaki dedikoduya dayandırın.

Rakip bankanın,bilgisayar temelli portföy yönetimi düşündüğünü duyduğunuzu söyleyin. Sonra da bu düşünce hakkındaki şüpheleri ifade edin. Ayrıca bu düşünce yüksek gelirli, meşgul insanların işine yararsa ve sizin şirketiniz buna hazır değilse ne kadar zararlı olabileceğini de vurgulayın.

İnsanların rakibe yenik düşme korkuları, bir fırsatı kaçırmaya olan korkularından daha yüksektir. Meslektaşlarınız, bir rakibinin deneyebileceği her şeyi dikkate alır. Düşüncenizin dikkate alınmasını hızlandırmak için rekabetçi bir tehlike yaratın.

GÜÇLÜ OLANLAR İÇİN BİR FAYDA YARATIN

"Bir iş kazası kurbanının ölmesi, onun üç kâğıtçı olmadığını kanıtlar, ama aptal olmadığı anlamına gelmez."

CHARLES COLTON

Güç sahipleri, kendilerine faydası olduğunu anlarsa fikriniz çok daha hızlı kabul görür. Bencillik yapmadan ve kendi zararlarına da olsa çığır açan insanları destekleyenler vardır ama bunlardan birini bulmayı beklemeyin.

Her büyük değişimin arkasında büyük tazminatlar olur. Doğu Avrupa'daki Komünizmin en büyük destekçileri, en sonunda zengin olmak için komünizmi terk etti. Devlet varlıklarını sistemler değişirken kendi imtiyazlarını sürdürmek için kendilerine aktardılar. Komünizm,bu sadık partililer atılsaydı asla bu şekilde bir çöküşe uğramazdı.

Buluşunuzun anahtar bir parçası olarak güç sahipleri için bir fayda yaratın. Bugünün otoriteleri için yararlı bir şey olmalı.

Kötü Haber Vermesi İçin Dışarıdan Birini Bulun

Uzay mekiği Challenger'ın infilak etmesi çözülemez bir gizem olarak görülüyordu. Uzmanlar, patlamaya neden olarak neyin yanlış gittiğini anlamak için bir toplantıya çağrıldı. Einstein hayatta olsaydı muhtemelen çağrılırdı ama bir başka deha Richard Feynman, toplantı listesinde yer alıyordu. Feynman enkazı inceledi ve görüntüleri dikkatle gözden geçirdi. Bir yığın rapor okudu ve çok sayıda tanık dinledi. Patlamanın nedeni hâlâ kendisini Feynman'ın dikkatinden kurtarıyordu.

Elbette ki patlamanın gerçek nedeni NASA'da hemen öğrenilmişti. Challenger sırrını çözmedeki asıl problem, bunun nasıl haber verileceğiydi. Kimse krizin trajedisine kendi kariyerini altüst etme trajedisini de katmak istemiyordu. Sonunda olayda yanlış olan şeyin ne olduğunu bilen bir Hava Kuvvetleri generali Feynman'ı bir hafta sonu projesine bakması için evine davet etti. General ipucunu verdi, soğuk O-halkası mührünü söyledi ve Feynman sırrı çözdü. Feynman hemen atılımını gösterdi: Mekiğin soğuk O-halkası mührü paramparça olmuştu. Challenger'ın O-halkasının anormal bir şekilde soğuk olması,katı roket destekleyicilerinden sıcak gazların çıkışına izin vermiş, böylece patlamayı tetiklemişti.

Gizem çözülmüştü.

Kötü haberleri vermesi için dışarıdan birilerine duyulan ihtiyaç danışmanlık endüstrisinde büyük rol oynar. İçeridekilerden farklı olarak, danışmanlar ciddi problemlere dikkat çekmek için en iyi seçenek olarak görülürler. Anketler, araştırmalar ve odak grupları da aynı şekilde kötü haberler vermeleri için güvenli yollardır. İnsanların sesi Tanrı'nın sesidir ve kim Tanrı'yla tartışmak ister ki?

Kötü haberleri anonim olarak yayınlamak çok etkili bir yöntem değildir. Fikri yayar ama fikrin kendisini kötü gösterir. Ayrıca, anonim bir fikri desteklemek kolay olmaz. Fikrinizi anonim olarak yayınlamaktansa, başka birine atfedin, mesela bir rakibinize.

Bu düşünceyi dışarı taşır ama etki, düşüncenin kendisine çok zayıf yansır. Ve imzasız bir fikri kolaylıkla destekleyemezsiniz. Fikrinizi imzasız bir şekilde gün ışığına çıkarmaktansa bir başkasına söz gelimi bir rakibe atfedin.

Çığır açacak konseptinizi mutlaka yayın. Başkalarına bu fikri iyileştirmek için bir fırsat verin, fikrinizde eksiklikler olsun. Fikriniz, gelişebilmek için zihinsel paylaşıma ihtiyaç duyar. Bu süreç içerisinde kendinizi astırmayın yeter.

STRATEJİ

"Her ne kadar şehitlik için hazırsam da bunun ertelenmiş olmasını tercih ederim."

WINSTON CHURCHILL

"Devrimcinin ilk görevi, bu devrimden sağ çıkabilmektir."

ABBIE HOFFMAN

Düşüncenizi bir çözüm yönünde geliştirmek için, yenilikçiliğin olumsuz sonuçlarını önleyecek bir yönteme ihtiyacınız vardır. Fikri aktif olarak geliştirmenize olanak sunacak, destek toplayacak ve yargılamayı engelleyecek bir strateji yaratın. Bu stratejiyi belirledikten sonra ona uyun. Çözüm, gururdan çok daha önemlidir.

EZİYETTEN KURTULMA STRATEJİSİ: PROJE İÇİN ÇOK ÖNEMLİ GÖSTERDİĞİN PARAVAN BİR İSİMLE GÖNÜLLÜ OL.

HAKKINIZI TALEP ETMEK

"Ödül, riskin içindedir."

RACHEL COHN

Eziyetten kurtulmak için öne sürülen fikirler yeni değildir. Yine de sadece katkınızdan dolayı eziyetten kaçmak tatmin edici sayılmaz. Çözümlerinizden yararlanmak istiyorsunuz. Gururlanmak ve ganimetten pay istiyorsunuz. Bazı zeki insanlar övgü hakkını o kadar çok ister ki bu uğurda şehit olmayı tercih ederler. Peki, insan nasıl hem fikri ortaya atıp hem övgüleri alıp bir de üstüne herhangi bir zarardan korunabilir ki?

Bencil olmanız gerekebilir. Riske gir ve ödülü kazan. Bu strateji, gerçekten göründüğü kadar bencilce değildir. Sizin eziyetiniz fikirleri değiştirmez. Başarılı bir uygulama, herkesi dikkat etmeye zorlar. Silikon Vadisi, büyük şirketlerden gelen başarılı çalışanlarla doludur. İşverenleri milyarlarca dolar değerindeki buluşlarla ilgilenmezler. Bu yüzden yenilikçiler kendi işletmelerini kurarlar, riskleri paylaşmak için partnerler ve destekçiler bulurlar, ödülleri de kendileri toplarlar.

Fikirlerinizi işler hâle getirmek cesaret, dayanıklılık ve bir

Einstein tahammülü gerektirir. Yine de bunu başarabilirsiniz. İnandığınız bir şey için çalışmaktan büyük haz alacaksınızdır. Kendi başarınızı yaratırken olduğundan daha sıkı bir şekilde asla çalışmazsınız. Dünyayı ikna etmeye çalışmayı bırakın, fikrinizi kendi yararınıza kullanmaya bakın.

Çıkarınız önemli bir kriterse, orijinal problem tanımınızı yeniden ele almak isteyebilirsiniz. Ödülleri tanımlayarak başlayın ve doğrudan sizi ilgilendiren şeye sımsıkı sarılın, örgütsel bir problemin üzerine gidiyorsanız bile.

Hakkınızı Talep Etme Örnekleri

Bu çözümün sonucu nasıl yararlı olacak?	Barış, Suçluluk duygusu olmaksızın refah İnsanlara yardım etmeyi kariyer edinmenin verdiği tatmin hissi
Bir çözüm olmazsa ne olur?	Savaş Salgın hastalıklar Çevre felaketleri Para için çalışıp durmak gibi tatmin edici olmayan amaçsız bir kariyer

Şekil 9-1

Problem tanımınızı, başarınızı bir çözüm amacı hâline getirecek şekilde düzenleyin. Bu daha bencilce olabilir ama problemi çözmenize yardım olacaktır.

PROBLEM TANIMI: AMACINIZIN ÖNÜNDEKİ ENGELLERİ ELEYEREK BAŞARILI, TATMİN EDİCİ BİR KARİYER OLUŞTURUN!

CÖMERT OLUN

"Bir insan kazancı için, hakları için olduğundan daha sıkı mücadele eder."

NAPOLEON BONAPARTE

Harika çözümünüzden,sizinle birlikte başka birçok insan da yararlanıyorsa daha başarılı olursunuz. Onların fikirlerine ve içgörülerine ihtiyaç duyarsınız, bu yüzden onlara da sizin başarınızdan bir çıkar sağlayın. 1982'de IBM, kişisel bilgisayarı piyasaya sürdü. IBM, kasten ya da bilmeden, diğer şirketlerin de bu yenilikten cömertçe yararlanmasına izin verdi. Birkaç yıl sonra, Apple çok daha ileri teknoloji bir kişisel bilgisayar piyasaya sundu. Milyonlarca insan coşkuyla Apple'ın Macintosh'unu benimsedi. Tanıdığım herkes bir tane istedi, ben de onlardan biriydim. Ancak Apple, yenilikçi ürününden en çok kazancı kendi edinmek istedi. Diğer firmaların Macintosh'dan kazanç sağlama olanaklarını kısıtladı. Sadece Apple, Macintosh yapabilir ve sunabilirdi. Sonuç olarak IBM, PC pazarında gelişme, büyüme ve yayılma yönünde çok daha fazla çaba harcadı. Trilyonlarca dolarlık kazanç elde edildi. Macintosh da kazanç elde etti ama Apple dışındaki şirketlerin kazancı daha azdı. Macintosh için daha az yatırım teşviki vardı, bu yüzden hisseleri daha azdı.

Fikrinizden doğan faydayı paylaşmak, en iyi beyin gücü ve çabanın fikrinizin ardında olduğu anlamına gelir. Paylaşılan fikirler, uzun vadede en faydalı olacak fikirlerdir. Bu yüzden, cömert davranın.

EZİYETTEN KAÇININ

"Bir düşünce uğruna ölmek, sanılandan oldukça yüksek bir bedeldir."

ANATOLE FRANCE

Dünyanın şehitlere değil, çözümlere ihtiyacı vardır. Siz çözümler yaratmak için Einstein Gibi Düşünme yöntemini kullanırken kendinize de dikkat edin.

BÖLÜM ON

ORGANİZASYONLARDA EINSTEIN DÜŞÜNCESİ

"Her zeki budala; bir şeyi daha büyük, daha karmaşık ve daha etkili hâle getirebilir. Tersini yapmak bir dâhinin dokunuşu ve cesaretini gerektirir."

E.F. SCHUMACHER

Organizasyonlar yenilikçi ve yaratıcı düşünce için harika yerler olmalıdır. Organizasyonlarda çeşitli deneyimlere sahip insanlar vardır. Zor konuları bile olağanüstü çözümlere doğru geliştirecek enerjileri vardır. Bu organizasyonlar yaratıcılık yatağı olmalıdır.

Ne yazık ki gerçek dünya bu şekilde değildir. Çoğu organizasyon kendi bürokratik durağanlıklarının tutsağı olmuştur. Basit değişiklikler acı verici düzeyde zordur, çığır açıcı olanlarsa tahammül edilemez. Önceki bölümde tartıştığımız gibi, yaratıcı problem çözücüler, iyi düşüncelerin tehlikeli olabileceğini ve bir politika izlemek gerektiğini öğrenmişlerdir. Bu, organizasyonlar ya da fikirlerin mucitleri için iyi değildir.

Organizasyonların harika fikirlere ihtiyacı vardır. Problem çözücüler, organizasyonların gücüne ihtiyaç duyar. Geleneksel olmayan düşüncelerin önündeki, organizasyonlarla ilgili engelleri kaldırmaya harcanan çabaya değmelidir.

Bu bölüm, diğer insanlar üzerinde güce sahip olan, problemlere geleneksel olmayan çözümler getirecek olanlara adanmıştır. Einstein gibi düşünmek, karmaşık ve zordur. Ancak, bu tarz düşünmeyi teşvik etmezseniz fikirler ve ödüller başka birinin eline geçecektir.

EINSTEIN GİBİ DÜŞÜNMEYİ YÖNETMEK

"Hiçbir şey, yeni bir düzene önayak olmaktan; daha zor, daha tehlikeli ya da daha başarılamaz değildir."

NICCOLO MACHIAVELLI

Yöneticiler, organizasyonların entelektüel kaynaklarından tam anlamıyla yararlanabilmek için iki değişiklik yapmalıdır. Çalışanların emeğinin yanında fikirlerine de değer vermeyi öğrenmeli; yaratıcı yeni çözümler üretirken yapılacak hataları ve israfları gözden çıkarmalıdır.

YARATICILIĞI YÖNETMEK

"Sorumlu kişi bir işi tamamladığında, insanlar işin kendiliğinden olduğunu söylerler."

LAO-TZU

Endüstri Devrimi'nde yönetimin görevi, çalışanları kazançlı bir ürün ortaya koymaları için organize etmek ve yönetmekti. Bu tavır hâlâ birçok organizasyonda yaygındır. Yöneticiler düşünür ve astları yapar. Patron, fikirleri olduğu için patrondur. Çoğu yönetici, ekibinden birinin iyi bir fikri olduğunda tehdit edilmiş gibi hisseder. Düşünme işinin astlara değil patrona ait olduğu görüşündedirler. Yöneticiler, bir çalışan kötü fikirlerle karşılarını çıktığında öfkelenirler.

Endüstri sonrası ekonomimizde, bir işçinin yaratıcı fikirleri onun en hayati ürünüdür. Kurumlar çalışanlarının beyin gücünü israf edemezler. Herkesin bakış açısına, herkesin deneyimlerine; özellikle de rekabette kalmak, amaçlarını gerçekleştirmek için herkesin düşüncesine ihtiyaçları vardır.

Yaratıcı bir ortamı yönetmek kolay değildir. Yenilikçi bir ortamı ve problem çözümünü teşvik etmek, montaj hattını çalışır tutmaktan çok daha zordur. Astları düşünce üretmeyen yöneticiler, onların potansiyelini israf ediyordur. Çoğu yönetici astının düşündüğü ve daha önce kendisinin aklına gelmeyen bir fikri itiraf etmektense beyin gücünü israf etmeyi tercih eder. Bu tamamen yanlıştır.

Yöneticiler, çalışanlarının problem çözümünü cesaretlendirmeleri ve desteklemeleriyle bilinmelidir. Bir yöneticinin işi, çalışanlarının entelektüel ürünleri yönetmek ve organize etmektir. Fikirler icat edildiğinde ve geliştirildiğinde yönetici işini iyi yapıyor demektir. Bu yönetici, yerine yaratıcı bir ast getirilmesi yerine,terfi edilmelidir.

Yöneticilere, astlarının ne gibi yaratıcı katkılarda bulunduğu sorulmalıdır. Nasıl fikirler buldular? Yönetici, problem çözümünü nasıl destekliyor? Yöneticiler, takımlarının fikriyle değerlendirilmiyorsa, bu fikirlerin boşa gitmesi çoğu yöneticinin daha kolayına gelecektir.

ENDİŞELENMEKTEN VAZGEÇİN

"En iyi tasarımı bulmak için tek yol, mümkün olduğunca çok sayıda tasarımı denemek ve hatalı olanları atmaktır."

FREEMAN DYSON

Kuralları yıkmak hatalara ve israfa yol açar. Bunu engellemenin bir yolu yoktur. Düşünceleri başarılı çözümlere doğru geliştirmek zamana ve paraya mal olur. Bunların büyük bir kısmı da neyin işe yaramadığını öğrenmeye harcanır. Organizasyonlar için israfı hoş görmezler. Hatasız çözüm isterler. Üst düzey yöneticiler, problem çözümünün maliyeti konusundaki endişelerinden vazgeçmelidirler. Bu, tarihte ne kadar verimli sonuçlar doğurduğu görülmüş bir yatırımdır. Harika bir yeni fikir, muhtemelen on yıl sonra organizasyonunuzun faturalarını ödüyor olacaktır. Hatalarınızın, başarılarınız kadar kritik bir öneme sahip olduğunu kabul etmelisiniz. Bir şeylerin boşuna harcanması karşısında duyduğunuz endişeden kurtulun. Hataların yapılması hayati bir gerekliliktir.

Google, mühendislerini şirketteki zamanlarının yüzde 20'sini kendilerini kişisel olarak ilgilendiren şirket problemlerine ayırmaları için cesaretlendirir. Bu elbette maliyetlidir ama büyük araştırma projelerinden daha ucuz bir şekilde potansiyel çözümlere ulaşmayı sağlar.

Çalışanlarınıza küçük deneyler yapmaları için tolerans tanıyın ve başarılı olmaları için onları cesaretlendirin. Organizasyonlar genelde yeni şeylerde büyük yöntemlere başvurur, sonuç olarak çok fazla hatayla karşılaşırlar. Bürokratik durağanlıkları sebebiyle sadece büyük değişiklikler yüksek düzey onay alır. Yanlışların korkunç derecede maliyetli olmaları gerekmiyor. Çözüm oluşumunu arttırmak için küçük değişiklikleri ve sınırlı denemeleri kullanın. Küçük değişiklikleri daha hızlı yapabilirsiniz. Hataların oranını sınırlamak onları daha kabul edilebilir kılar.

EINSTEIN GİBİ DÜŞÜNMEYİ DESTEKLEMEK

"İnsanlara işlerini nasıl yapacağını söylemeyin. Onlara ne yapacaklarını söyleyin ve kendi becerileriyle sizi şaşırtmalarına izin verin."

GEORGE S. PATTON

Yönetim, astlarının düşünce üretebilme ihtiyacını anladıktan ve israfın önemli bir kısmını telafi ettikten sonra, organizasyonların Einstein gibi düşünmeyi desteklemek için sırayla yapmaları gereken üç şey vardır: İlki, statükoyu destekleyen düşünceye karşı olma onaylanmalı. İkincisi, yeni düşünce cesaretlendirilmeli. Üçüncüsü, geleneklere karşı çıkanlara sağduyulu biçimde yaklaşılmalı. Bunlar düzenli programlar değildir. Bir organizasyonun karşıtlıkla, absürtlükle ve akıl karışıklığıyla; Einstein'ın kendi düşüncelerini yaratırken yaptığı gibi baş etmesini gerektirir. Bunun kazancı hesaplanamaz düzeyde olabilir.

STATÜKOYU SORGULA

"Ortalama akıllar genellikle kendi anlayışlarının ötesine geçen her şeyi yanlış anlarlar."

FRANCOIS, DUC DEL LA ROCHEFOUCAULD

Organizasyonlar, statükoyu sorgulayan bir kültürü beslemelidir. İnsanların çoğunlukla *grup düşüncesi* olarak adlandırılan tehlikeli bir eğilimi vardır. Bu düşünce, güncel plana tezat oluşturan bilgiyi görmezden gelir. İnsanlar bilişsel önyargılarını değiştirmemek için uzun yolu tercih eder. Koşullara uymayan bilgi reddedilir.

Grup Düşüncesi iki yönden tehlikelidir. Öncelikle, popüler fikir en iyi fikir olmayabilir. Düşüncenizi diğer bilgiye yaklaştırmak bu yanlışı düzeltmeyecektir. Daha iyi fikirler genelde popüler kurallar tarafından gizlenir.

İkincisi, en iyi fikirler bile mükemmel değildir. Bu fikirler bir açıdan uçurtmayla benzerlik gösterir: Her ikisi de yükselmek için dayanıklılık ister. Zıt düşünce, zayıflıkları vurgular ve düzeltmek için eyleme geçmeyi zorlar. Albert Einstein,-yeni fikirleri dirence karşı sağlamlaştırmak konusunda mükemmel bir örnektir. Einstein, kuantum fiziğine karşı çıkarak farkında olmaksızın büyük katkılarda bulunmuştur. Belirsizlik fikrini geçersiz kılacağını düşündüğü birçok detaylı iddia geliştirmiştir. Bilim insanları, onun iddialarına cevaplar bulduğu için teori sağlamlaştırılmış ve geliştirilmiş oldu.

Sağlıklı bir karşı düşünce, fikirlerinizin dürüstlüğünü sağlar. İyi fikirler, zorlu mücadelelere maruz kalırken fikriniz gelişir ve bu zorlukları cevaplar hâline dönüştürür. Şimdi geleneksel düşünceye karşı bir düşünceyi cesaretlendirmenin bazı tekniklerinden söz edeceğiz.

Problemleri Tanımlayın ve Bunlara Ulaşın

Bir problemi açıkça tanımlamak, bir çözüm yaratmak için daima ilk adımdır. Bu özellikle bir organizasyonda önemlidir. Genellikle temel problemlerin neler olduğuna dair uzlaşma sağlanamaz. Herkes bildiğini sanır ve herkesin varsayımları farklıdır. Az sayıda organizasyon kendi problemleri için istenen çözümleri tanımlayabilir ve bu sonuçlara ulaşabilir.

Einstein Gibi Düşünmeyi teşvik etmek için organizasyonunuzdaki temel problemleri tartışın. Yaratıcı çözüm önerileri için problem tanımını açıkça yapın. Problem tanımlarınızı herkesin anlayabileceği şekilde yapın. İyi bir fikrin nereden geleceğini asla bilemezsiniz. Eğer probleminiz yıllık gelirinizi yüzde 15 düzeyinde nasıl attıracağınız ise, o zaman "Yüzde 15 Yıllık Gelir Artırımı" hedefi her ofise ulaştırılmalıdır. Böylece, şirketinin temel probleminin ne olduğu sorulan herkes, "Yüzde 15 gelir artırımı" diyebilecektir. Bölümsel ve şubeyle ilgili amaçlar bu temel amaçla ilişkili hâle getirilmelidir. Örneğin, müşteri servisi grubu, amacını "Geliri yüzde 15 geliştirmek için çağrı merkezi görüşmelerinin iki dakikalık bir görüşme süresine indirilmesi" olarak tanımlayabilir.

Organizasyonla ilgili problem tanımları kendi ödül ve cezalarını içerir. Başarıyla çözülmüş bir problem için ödüller, çözülmediyse cezalar ortaya çıkar. Riskler ve ödüller, kişisel kazançları söz konusu değilse organizasyon üyeleri tarafından özenle benimsenmez.

Alternatif Plan Geliştirin

Organizasyonunuzda yeni düşünceyi teşvik etmek için alternatif planlar geliştirin. Alternatif plan, güncel düşüncenizde kullandıklarınızdan farklı bir dizi varsayımlar üzerine olmalı. Fiyatların düşeceğine inanıyorsanız, zıddını varsayın. Kolay bir rekabet olacağını varsayıyorsanız,zorlu bir yarış için alternatif geliştirin. Seçimlerinizi bir taneye indirgediyseniz, alternatiflerinizi geliştirmek için beyin fırtınası seansları yapın. Güncel sürecinizi takip ederken edindiğiniz bilgileri geniş bir çerçevede tekrar düşünün.

On dokuzuncu yüzyıl sonlarında herkes elektrik konusunda heyecanlıydı. Elektrikli ışık ve motorlar, toplumda bir devrim yaratmak için harikaydı ama bir problem vardı. Elektriği uzak mesafelere iletmek zordu. Thomas Edison gibi elektriğin destekçileri bu problemi çözmek için her mahalleye bir güç istasyonu koymak düşüncesine kendilerini adadılar. George Westinghouse olmasaydı, sizin de evinizin yakınında bu güç istasyonlarından olabilirdi.

Westinghouse, alternatif bir planı vardı. Daha doğrusu, değişik bir planı vardı. Alternatif akımı, geleneksel direkt akımın yerine kullanmayı amaçlıyordu. Alternatif akım voltajı uzun mesafelerde etkili bir enerji nakli için arttırılabilir ve sonra güvenli ev kullanımı için azaltılabilirdi. Başta bu plan pek iyi karşılanmadı. Alternatif akım (AC) ile ilgili teknik problemler vardı. Kamuoyu,alternatif akıma yüksek voltaj kullandığı için "elektrikle ölüm" diyordu. Alternatif akım fikri ölü doğmuş görünüyordu.

Westinghouse, çok şey vaat etmeyen alternatif planıyla ilgili problemleri zamanla çözebildi. Ticari doğrudan akım (DC) elektriğinin problemleri devam etti. İlginç olansa, bu problemlerin bugün kolaylıkla çözülebilir olması. Dünyayı çarpan, Westinghouse'un alternatif akımlı elektriğiydi. Bugün hepimiz Westinghouse'un alternatif planından faydalanıyoruz.

Alternatif bir çözümü, başlangıçta çok zor göründüğü için terk etmeyin. Her itirazın nasıl aşılabileceğini düşünün. Belki de herkesin gözünden kaçan bir nokta vardır.

Aydınlatın

Organizasyonlar can sıkıcı olabilirler. Mizah, eski düşünce alışkanlığını aşmak için mükemmel bir kaynaktır. Bu kalıpları yıkma konusunda öğrendiğimiz temel tekniklerden biriydi. Yeni doğmuş fikirlerin küçümsenmesini önlemek için de aynı derecede etkilidir.

Önemli kuralları çiğneyen bir fikriniz varsa, bunu şirketinize bir şaka gibi sunun. Bir başkasının yeni doğmuş fikri eleştiriliyorsa, fikrinize gelecek tepkilerin yönünü değiştirmek için kullanın.

Mizah, en kabul edilemeyecek düşünceleri bile hoşa gider hâle getirebilir. 1969'da Eastern Airlines'ın 7 numaralı uçağı

Küba'ya kaçırıldı ama pilot anonsu yapınca yolcular önemsemedi. Yolcular arasında Gizli Kamera şakası programlarından Allen Funt olduğu için bunun büyük bir şaka olduğunu düşündüler. Funt hariç herkes Havana'ya olan tüm yolculuk boyunca gülüyordu, çünkü o bunun bir şaka olmadığını biliyordu.

İfade Özgürlüğü

İfade özgürlüğü, hiç kimsenin sözlerinden dolayı cezalandırılmaması fikri, politik gelişimin başlıca unsurudur. Bu, tüm politik gelişmeleri mümkün kılar. İfade özgürlüğü kaybolduğunda politik ifade ve yenilikçilik de kaybolur.

İfade özgürlüğü, bir organizasyonda yenilik ve ilerleme için de aynı ölçüde önemlidir.

İnsanlar düşüncelerini paylaşmaktan korktukları zaman iyi fikirler kaybolur, kötü eylemler de kontrol edilmez. Kurumunuzda Einstein Gibi Düşünmeyi uygulamak için, kimsenin düşüncesinden dolayı cezalandırılmamasını sağlayın.

Organizasyonlarda aynı zamanda etkili iletişim gereklidir. Vakit nakittir. Hiçbir organizasyon farklı düşünceleri paylaşmak için sınırsız fırsat sunamaz. İfade özgürlüğünü koruyan iyi bir uzlaşma ve etkili iletişim, iletişimin süresini sınırlayacak ama asla içeriğini sınırlamayacaktır. Sınırları bir dakika ya da yarım sayfa gibi belirleyin. Kısıtlanan fikirler duyulmalıdır, sansür edilmemelidir. Fikirler görmezden gelinmemelidir. İfade özgürlüğünü kültürünüzün anahtar unsuru yapın.

Kolomb Konseptinin Faydasını Unutmayın

Yeni fikirler sadece başarılı olabileceği için değil, başarısız yeni fikirlerin bile faydalı olabileceği düşüncesiyle cesaretlendirilmelidir. Kolomb Konsepti işe yarar düşünceler için ham malzeme sunar. Pemberton'ın Pick-Me-Up'ı bir ilaç olarak başarısızlıktı. Ama karbonatlı suyla karıştırıldığında Coca Cola oluyordu ve değeri milyarlarca dolardı. Yeni düşünce, hem iyi çözümlerin hem bu çözümlerin ham malzemeleri olan kötü fikirlerin düzenli olarak ortaya çıkmasını sağlar. Kolomb Konsepti'nin faydasını asla unutmayın. Toplantı odanıza Kolomb'un bir resmini asabilirsiniz. İş arkadaşlarınıza Kolomb'un gerçek hikâyesini anlatın ve onlara kötü fikirlerin bile harika çözümler olabileceğini hatırlatın.

Şeytanın Avukatı

Sıradan tartışmalarda, statükonun sorgulaması için bir şeytanın avukatı belirleyin. Şeytanın avukatının işi var olan düşünceye meydan okumaktır. Bir grup problemi çözerken o, kuralları yıkmakla görevlidir. Şeytanın avukatı, yoluna çıkan prosedürlere ve kurallara, bunların neden görmezden gelinemediklerini sorarak meydan okur. Bir kararın ardındaki varsayımları sorgular. Problem çözme sürecini bulanıklaştıran kuralları yıkmanın yollarını arar.

Bir seçimin desteklenen bir alternatifi varsa, şeytanın avukatı insanlardan taraf değiştirmelerini istemelidir. Desteklenen çözümlerin en koyu taraftarlarını, bu çözümlere karşı çıkmaları için görevlendirmelidir. Bu, onların fikirlerini değiştirmez; bakış açılarını genişletir. Diğer seçenekleri destekledikleriné, onları belki de ilk kez gerçekten düşünmek zorunda kalacaklardır.

Şeytanın avukatını periyodik olarak değiştirin. Bu hem eğlencelidir hem de herkes bundan bir şeyler öğrenebilir. Kritik konularda şeytanın avukatı olarak daha kıdemli birini atamak daha faydalı olabilir. Aksi takdirde şeytanın avukatının etkinliğini azaltmak için kendi etkisini kullanabilir. Şeytanın avukatlarına henüz gelişmemiş fikirleri değil, yeni düşünceyi cesaretlendirmeleri gerektiğini hatırlatın.

Dışarıdan Görüş

Dışarından birinin düşüncelerine başvurun. Konuyla ilgisi olmayan insanlar görüşlerini bildirmekten daha az çekinirler. Bu kişinin fikirlerini söylediği için zarar görmeyeceğinden, özellikle işiyle ilgili bir şeyse, emin olmalıdır. Belirtilmiş fikirlerin desteklenmesine değil, yeni bir bakış açısına ihtiyacınız olduğunu açıkça ortaya koyun.

Dışarından görüşü, alanınızdan mümkün olduğu kadar uzaklarda arayın. 1900'lerde uçan bir makine icat etmek isteseydiniz, deneyimli bir baloncuyu işe alırdınız. Baloncular, uçan nesneler konusunda uzmandırlar. Ancak, en iyi seçim uçmayla ilgili bilgisi olmayan bisiklet tamircileri olurdu.

Dışarıdan gelen sıradan fikirleri dikkate alın. Arkadaşlarınızın, tanıdıklarınızın ya da rakiplerinizin sizin probleminiz hakkında söylediklerini dikkatle dinleyin. Dünyanın kalanı yanılıyor olabilir ama yine de anlattıklarını dinleyin. Sizin bildiklerinizi bilmiyor olabilirler ama aynı zamanda sizin önyargılarınız, uzmanlığınız ve bilginiz de onları etkileyemez. Hiçbir bilgiyi kaynağından dolayı reddetmeyin.

Dışarıdan insanlar tutmak yenilikçi düşüncenin kurumsallaşmasına yardım edebilir. Organizasyonunun temelindekilerden farklı yetenekleri olan insanlar tutun. Teknoloji uzmanlarıyla çalışan bir şirket, muhasebe odaklı bir düşünceden faydalanabilir. Aynı şekilde, bir petrol şirketi de tüketici ürünleri uzmanının düşüncelerini kullanabilir. Düşünce sürecine dışarıdan katılanlar homojen organizasyonların ayağına çelme takan aptalca kurallara karşı daha duyarlıdırlar. Bu insanlar söyledikleri pek anlamlı gelmiyor olsa bile dinlenmeli ve anlaşılmalıdır. Birçok endüstri uzmanının sağlayamadığı bilgisizlikleri için kıymetleri bilinmelidir.

YENİ DÜŞÜNCEYİ DESTEKLE

"Anlama ve araştırmanın verdiği zevkin; baskıyla, görev anlayışıyla teşvik edilebileceğini düşünmek oldukça vahim bir hatadır."

ALBERT EINSTEIN

Dışarıda zorlu bir dünya vardır. Çoğu fikir bu dünyaya zayıf, gelişmemiş hemen görmezden gelinmeye hazır olarak girer. Fikirler, çocuklar gibidir. Kendi başlarına kalmadan önce geliştirilmeleri gerekir. Organizasyonunuzda, yeni doğan fikirleri kendi başlarına değerlendirilebilecek düzeye gelene kadar desteklemelisiniz. Yoksa şirketinizin en yeni düşüncesi ölü doğmuş veya geçerliliğini yitirmiş olur. Kurumunuzda yeni doğan bir düşüncenin katledilmesinin önüne geçecek tekniklere göz atalım şimdi.

Dinleyin

Yenilikçileri, sorunlarını dinleyerek ödüllendirin. Yeni bir fikre bir dakikanızı ayırmaya daima hazır olun. Hiçbir şey, yeni düşünceyi o düşüncenin duyulacağı ve dikkate alınacağını bilmekten daha fazla cesaretlendiremez. Kötü fikirleri dinlemiyorsanız insanlar size asla zekice buluşlarından bahsetmezler. Bu yüzden insanları dinleyin!

Yaratıcılara, düşüncelerini ifade etmek için bir dakikaları olduğunu belirtin, böylece düşüncelerini özlü olarak ifade edebilirler. Fikir hakkında hemen yargıya varmayın. Söz konusu bir dakika içinde, kişi fikrine en az bir gelişme ekleyecektir. Bu kişiye fikri hakkında düşünmesini ve daha sonra tekrar bir dakikalık özetini anlatmalarını isteyin. Bu düşüncelerin çoğunu eleyebilirsiniz, beklenen de budur. Organizasyonunuzu kökünden değiştirmek için tek bir harika fikir yeterlidir.

Yeni fikirlere ek olarak, çalışanlarınız ve meslektaşlarınızın dikkate almanız gereken önemli gözlemleri ve düşünceleri olacaktır. Hepsiyle bire bir konuşma ayarlayın. Onların düşüncelerini açıklamaları için yeterince zaman ayırdığınızdan emin olun. Sohbetin sürmesi için sorular hazırlayın ve konuğunuz, konuyu önceden bilsin ki o da hazırlık yapabilsin. Onunla görüştüğünüzde sadece dinleyin. Birazdan sadece soru sormaya geçeceğinizi de belirtin. Yorum yapmayın, karşınızdakinin tezini çürütmeye çalışmayın. Önceki eylemlerinizi savunmak ya da kendi fikirlerinizi öne çıkarmak isteyeceksiniz. Yapmayın! Dinleyin, bilmeniz gerekenleri duyacaksınız.

Dinlemek, organizasyonunuzun problemleri hakkında yeni düşünmeyi teşvik etmenin kesin bir yoludur. Bu kadar basit ve açıksa neden bunu daha fazla yapmıyorsunuz? En son ne zaman işlerin nasıl geliştirileceğini anlatan bir astınızı dinlediniz?

Düşünce Yönetiminin Sorumluğunu Paylaşın

Einstein, en iyi fikirlerinden bazılarını patent ofisinde çalışırken geliştirdi. İşini yaptığı sürece kimse onun fizikle ilgili düşüncelerinin ne kadar devrimci ya da tuhaf olduğuyla ilgilenmedi. Yeni fikirleri geliştirmek, bu tür aktivitelerle görevlendirilmiş işlevsel bir gruba has olmamalı. Bu tarz bir organizasyon sadece yeni fikirleri öldürür. Yaratıcılık üzerine yapılan çalışmalar, politik dağılma ve değişkenliğin yaratıcılığın çoğalmasında en önemli dış faktör olduğunu gösterdi.

Kaotik toplumlar, durağan toplumlardan çok daha yenilikçidir. Yeni fikirler, birkaç düşünce çarının var olduğu ortamlarda yaşayamaz. Büyük fikirler, kimsenin kendi gündemine uygun olmadığı için yeni bir fikri öldüremediği zamanlarda ortaya çıkar. Üniversiteler, eskiden beri çözüm için harika kaynaklar oldular çünkü kişinin her rakibi için verilen desteği tamamen engellemesi imkânsızdır.

Organizasyonunuzda iyi fikirleri arttırmak için, yeni fikirleri desteklemek üzere yetkiyi dağıtın. İnsanlara, işleriyle ilgili olmayan çözümleri düşünmelerine fırsat verin. Üretimle ilgilenen birine dağıtımla ilgili bir fikri düşünmelerini söyleyin. Dağıtımla ilgili devrim niteliğinde bir fikir bulma olasılığı o alanında çalışan biri kadar, belki de daha fazladır.

Yetkiyi merkezden çevreye dağıtmak, iyi bir fikir geçerlilik kazanıncaya kadar korunmaya alınma ihtimalini artırır. Zeki insanlar bile çoğu zaman devrimci fikirleri reddeder. Organizasyondaki çalışanlara ve yöneticilere yeni düşünceyi destekleme fırsatı vermek, harika konseptlerin hayatta kalma ihtimalini artırır.

Fikir dağılımının olduğu organizasyonlarda herkes haftada birkaç dakika bile olsa yeni fikirleri takip etme konusunda özgürdür. Kendi gruplarının imtiyaz alanında olmayan düşünceleri geliştirebilirler. Bu yenilikçilerin, tekerleği yeniden icat ederek ya da kötü fikirler geliştirerek boşa zaman harcayacakları kesindir. Kişisel gelişimlerinde yarattıkları değer ve harika çözümler, bunun için telafiden fazlası olacaktır.

Yeni Fikir Savunucuları

Yeni fikirleri savunması için grubunuzdan bir kişi seçin. Bu kişiyi, yeni fikirler ortaya çıktıkça onların lehinde konuşmakla görevlendirin. Bu, onu yeni fikirler başarısız olurken gülünç görünmekten ve itibar kaybetmekten koruyacaktır. Yine de yeni fikirlerin çoğunu eleyeceksiniz ama adil bir şekilde yargılanmış olacaklar. Her yeni fikrin hayatta kalması gerekmiyor ama bir şans tanınmalı.

İdeal olan, savunucunun diğer üyelerinden daha etkili bir grup üyesi olmasıdır; mesela bir patron. Yeni fikir, güçlü savunmacılara ihtiyaç duyar. Kral destek olursa yeni düşünce serpilir. Martin Luther'ın devrimi, bölgesel prenslerin desteği olmasaydı asla gerçekleşmezdi; motivasyonlarının, inançtan ziyade ekonomiye dayanıyor olması önemli değil. Güçlü birileri, yenilikçileri kellelerini kaybetmekten korumalı.

Açık görüşlü olmak da hayatidir. Fikir savunucusu düzenli olarak kendine şunları hatırlatmalıdır: Tarihin en büyük fikirleri pratik olmadıkları, aptalca ya da gülünç oldukları için hor görülmüştür. Fikir savunucuları, başarılı olmak için daha fazla güce ihtiyaçları olsa da şeytanın avukatını da oynayabilirler.

Koruyucu Bariyerler Kurun

Yeni düşünceleri, organizasyonun geleneksel aktivitelerinden ayırarak teşvik edin. Einstein, bir bilim yıldızı olup istediğini yapabilecek hâle gelene kadar üniversitelere uyum sağlamakta zorluk çekiyordu. En büyük yeniliklerini diğer araştırmacıların görüşleri ve eleştirilerinden uzaklaştığında yapabildi. Aynı faydayı siz de kendi yenilikçilerinize sunabilirsiniz.

Yeni fikirlerin yaratıcılarına, zaman sıkıntısı yüzünden baskı yaşamalarına veya geleneksel düşünce fikri yok etmesine engel olmak için ayrı seanslar ya da izin günleri ayarlayın. Bir fikir gelecek vadediyorsa, ona ekstra bir fiziksel koruma sağlayıp iş yerine geri taşıyın. Konsepte geçerlilik katabilmeleri için onlara yer ve zaman tahsis edin.

Bazen gizli projeleri görmezden gelmek organizasyonunuzdaki yeni düşünceyi korumak için yeterlidir. Bir yenilikçi, fikri üzerinde çalışmak için arada sırada birkaç dakika ayırıyorsa,buna izin verin. Bu yeni fikrin kendi ayakları üzerinde duruncaya kadar korunduğundan da emin olun.

Çözümcü Çatışmalar

Einstein Gibi Düşünme, yerleşik düşünceyle çatıştığında sürekli alt edilen yeni düşünceleri asla geliştirmez. En iyi yenilikler bile yerleşik kurallar karşısında ayakta duramayabilir. İki konsept birbiriyle çeliştiği anda yenilikçi düşünce kaybolur. Yeni düşüncelere büyümeleri için fırsat verilmelidir. Yeni düşünce, eski düşünceyle çelişiyorsa, yeni düşünceye adil bir şans tanımak için aşağıdaki tekniklerden birinin kullanın.

Ortak Nokta:

Farklılıklar değil, ortak noktalar arayın. İki taraf da çeliştikleri noktaların farkındadır. Birlikte çalışıp hemfikir oldukları her şeyin bir listesini çıkarmalarını isteyin. Daha fazla çelişkiden uzak durmaya çalışın. Bir şeyi, sadece iki taraf da katılıyorsa listeye ekleyin.

Oyuncular Ekleyin:

Yeni düşünce sıklıkla reddedilir çünkü organizasyonda ihtiyacı olan desteği bulamaz. Yeni ve eski çözümlerin birlikte yer alınmasını mümkün kılacak ihtiyaç ve ilgileri olan yeni elemanlar eklemeyi deneyin. İki taraflı taviz vermenin işe yaramayacağı durumlarda üç kişilik bir anlaşma genelde işe yarar. Yeni potansiyel partnerleri tespit edebilmek için tarafların ortaya ne koyduğunu ve karşı tarafın ilgilenmediği şeylerin listesini yapın. İhtiyaç duyulan ama temin edilemeyen şeyler için de ayrı bir liste yapın. Bunlar, üçüncü partnerinizde arayacağınız şeyleri gösterecektir.

İhtiyaçları ve ilgileri olan yeni ve eski çözümlerin bir arada olmasına izin veren oyuncuları sürece ekleyin. Üç yönlü bir anlaşma genelde iki taraflı uzlaşmaların işe yaramadığı yerde işe yarar. Potansiyel yeni partnerleri tanımlamak için her bir tarafın masaya getirdiği ve diğer tarafın ilgilenmediği her şeyin bir listesini yapın. İhtiyaç duyulan ama tedarik edilmeyen işlerin ikinci bir listesini yapın. İki liste sizin üçüncü partnerinizin bir tanımıdır.

Kapsamınızı Daraltın:

Eski ve yeni düşünceler arasındaki çatışma çok büyük görünüyorsa, bu çatışmanın bir parçasını çözmeye çalışın. Tüm sorunları listeleyin ve bağımsız bir şekilde çözmek için en fazla üç nokta seçin. Çatışmanın bir parçasını çözmek, daha büyük bir çözüme yardımcı olacak şekilde hız ve güven yaratır.

Yeniden Başlayın:

Bazen çatışma çok karmaşık bir hâl alır, kendinizi çok duygusal hissedersiniz ya da taraflar, var olan katılımcıların bir cevap bulabilmesi için çok katı olur. Orijinal problemin en basit şekliyle çözüme yeniden başlamayı deneyin. Problemin getirdiği tüm yükten kurtulmak kolay olmayacak fakat probleminizi tek bir cümleye indirgeyebilirseniz, bir şansınız var demektir.

SIRA DIŞI DÜŞÜNCELERLE MANTIKLI BİR ŞEKİLDE BAŞ ETMEK

"İnsan, deneyimin ona göstermediği hiçbir şeyi fark edemez."
"Deneyimin kendisine verdiği şeyi duyma yeteneği olmayan bir insan ilerleyemez."

FRIEDRICH NIETZSCHE

Her organizasyonda yenilikçi düşünce, kötü bir düşüncenin gördüğü tepkiye eşdeğer şekilde ortaya çıkar. Kötü bir fikir direkt olarak reddedilirse, yeni fikirlerin sayısı az olacaktır. Kötü fikir üstünde düşünülürse, insanlar daha yaratıcı olacaktır. Kötü fikirler değerli çabalar olarak görülürlerse de organizasyonunuz yeni düşüncelerle dolup taşacaktır. Bazı konseptler paha biçilemez olacaktır. Organizasyonlar, yaratıcı fikirlerin sürekliliğini sağlamak için aykırı fikirler konusunda dikkatli olmalıdır. Einstein muhtemelen başa çıkması kolay biri değildi. Söz konusu onun bilimi olunca istediğini yaptı ya da dilediğini yapabilene kadar bekledi. Organizasyonlar, bunu birkaç kişiden fazlasıyla yapamaz. Bu yüzden sıra dışı dâhiliği, tüm şirketi kaosa sürüklemeden destekleyen bir ortam yaratmak önemlidir. Aşağıda yenilikçilerin bir düzeni sürdürürlerken mutlu kalmalarını sağlayacak fikirler var.

Kötü Fikirleri Kabul Edin ve Ödüllendirin

İşe yaramayan ya da sizin takip etmeyeceğiniz türden de olsa farklı çözümleri benimseyen insanların cesaretini kabul edin. Radikal, gelenek dışı fikirler her zaman iyi değildir ama iyi olduklarında da yararları çok büyük olur. İyi fikirleri kaçırmamak adına kötü fikirleri bile cesaretlendirin. Sembolik bir ödülle geleneklere ters birini teşvik edebilirsiniz. Farklı bir fikri savunma riskini aldığını, fikri kullanmayacak olduğunuz hâlde ileride böyle geniş çaplı düşünceler beklediğinizi belirtin. Bu strateji, yaratıcı kişilere istedikleri övgü hakkını sağlar, kuralları tekrar yıkacaklarını da kesinleştirir.

Reddedilmiş Fikirleri Saklayın

Tüm seçenekleri takip edemezsiniz, özellikle de pek çok ham fikir oluşturmakta başarılıysanız. Fikirlerin peşinden gitmediğinizde bile mümkün olduğu kadarını koruyun. Kolomb Konseptlerinin faydası çok büyüktür. Bir düşünceyi kullanmayacağınız zaman, düşüncenin savunucularını, bu fikrin yeniden deneneceği fırsatlar arayarak çalışmaya devam etmeleri için görevlendirin. Mutlu olacaklardır ve yeniden fikir yaratmak için cesaretleneceklerdir. Bir fikri elemeniz gerekiyorsa, on ikiye sekiz santimlik bir karta yazın. Kartı saklayın. Fikrin yaratıcısını,çabalarının tamamen boşuna olmadığına ikna edin. Toplantı salonunuzda, ilerideki fikirlere ham madde olmaları için elenmiş fikirlerin yazdığı kartları saklayın.

EINSTEIN GİBİ DÜŞÜNMEYİ ETKİN KILMAK

"Hiçbir şey, dünyanın tüm orduları bile, vakti gelmiş bir düşünceyi durduramaz."

VICTOR HUGO

Kuralları yıkıp yıkmadığınızdan ya da iyi fikirleri cesaretlendirip cesaretlendirmediğinizden bağımsız olarak, organizasyonlarda yeni düşünceye karşı her zaman var olan önyargıların farkında olun. Düşüncelerin katledilmesini önlemeli, yenilikçi düşünenleri fikirleri uygulanmadığında bile desteklemeniz gerekir. Çözümlere ihtiyacınız var, şehitlere değil. Yaratıcı düşünürlerin sizin için çalışmaya devam etmesini sağlayın.

BÖLÜM ON BİR

ÇILGIN FİKİRLER

"Bu problem hakkında yeni ve daha çılgın fikirler duymamız gerekir."

ROBERT OPPENHEIMER

Bu bölüm, çeşitli tohum fikirler içerir. Şekil 11.1'de görebileceğiniz gibi, bu fikirleri aynı tip tohum fikri çok sık kullanmanızı engellemenize yardımcı olmak için altı gruba ayırdım. Kendi tohum fikir grubunuzu bir zar atışıyla seçin. Tohum fikri, kendinizi rahat hissettirmeyen bir gruptan seçin, sonra da fikir sentezi bölümüne geri dönün. Tohumlarınızı genişletin. Tüm tohum fikirleri okumanıza gerek yok. Birçok problem için yeterince tohum fikir var. Bir kural rutininde saplanıp kaldığınızda bu tohumlardan birini deneyin.

YENİ BÖLGE

"Absürt, yeryüzünde en çok ihtiyaç duyulan şeydir. Dünya, absürtlüklerin üzerinde durur."

FYODOR DOSTOYEVSKY

Eski düşüncenizden farklı olan her düşünce yeni çözüm alanları açabilir. Şimdi sizi yeni bir bölgeye taşıyacak tohum fikirlerden bahsedelim.

Kalıpları Kıran Fikirler

1. Yeni Bölge Rastgele isimler Bilgisizlik teftişi Rastgele fiiller Çözüm sörfü 2. Yeni Çözümler Daha büyük ya da daha küçük cevaplar Eninde sonunda Felaketler	3. Yeni Araçlar Mendil çözümleri Rastgele araçlar Sihirli tüy Yeni kelimeler Farklı kelimeler Yeni semboller 4. Yeni Koşullar Parametreler Alternatif gerçeklikler Eğlenceye dönüştür	5. Yeni Stratejiler Poker Haşereler Yedi cüceler Ninni 6. Yeni Bakış Açıları Öteki beyin(ler) Hastane yatağı Kuşak çatışması Yer değiştirme Karşı fikir

Şekil 11-1

Rastgele İsimler

Tohum fikriniz olarak şekil 11.2'deki isimlerden birini, telefon numaranızın ilk üç rakamını kullanarak ya da zar atarak seçin.

Örneğin, dünyada açlığı sonlandırmak ve San Francisco'da yaşamak için yollar arıyorsanız tohum fikriniz *karton kapaklı romanlar* olabilir. Açlığı bitirmek için karton kapaklı bir romanla ne yapabilirdiniz? Açlığın trajik bir hikâyesi, zengin ülkelerde destek toplayabilirdi. İlham verici bir hikâye, gelişmemiş bölgelerde kimseye muhtaç olmamayı öğretebilirdi. Bu düşünceler sadece bir başlangıç. Problem hakkındaki düşünce kalıbınızı kırmak için daha fazla geliştirilebilirler.

Asi çocuğunuzla bir sorununuz varsa ve Minneapolis'te yaşıyorsanız, tohum fikriniz saç fırçası olabilir. Fırçaların karakteristik özelliklerinden biri karmaşayı düzleştirmektir. Ergenlik çağındaki çocuğunuzun okulla ya da çevreyle ilgili hangi problemini düzeltebilirsiniz? Hangi fikirler bu düzeltmeyi harekete geçirebilir?

Tohum fikrinizi seçin. Yeni düşünceler oluşturmaları için seçtiğiniz hangi alakasız tohum fikir olursa olsun bu tohumu geliştirin. Karakteristikler ve metafor düşünce araçları isimlerle uyumlu olur.

Rastgele İsimlerle Fikir Sentezi

Zar atışı	Telefonun ilk üç numarası	Konu
2	201–210	Kurbağalar ve amfibiler
3	211–300	DNA
4	301–404	Birinci sınıf posta ücreti
5	405–419	Karton kapaklı romanlar
6	420–519	2 Numara kurşun kalem
7	520–616	Kral VIII. Henry
8	617–708	Saç fırçası
9	709–717	Yeşil muzlar
10	718–799	Metal ceket askıları
11	800–816	En sevdiğiniz vergi levhası

Şekil 11-2

Bilgisizlik Teftişi

Herkes zihinsel kör noktalara sahiptir. Kör noktalar, yani bilgisizlik alanları, bir tür ters alışkanlıktır; anlamadığımız için dikkate almadığımız şeylerdir. Bilgisizlik alanlarımız, geçmişte yeterince dikkat etmediğimiz şeylerdir. Problem tanımınızın etkisini arttırmak için, bilgisizlik alanlarınızdaki düşüncelerin tanımınıza dâhil olup olmadığını kontrol edebilirsiniz.

Bilgisizlik alanlarınızı tanımlamakta zorlanacaksınız.

Dünya görüşünüz, yeterlilik sahanıza göre şekillenir. Aslında sadece kısmen bilgisiz olduğunuz alanları fark edersiniz. Büyük boşluklar olduğundan haberiniz yoktur. Bilgisizlik alanlarınızı bulmak için bir bilgisizlik denetimcisine ihtiyaç duyacaksınız. Dünya görüşü sizinkinden mümkün olduğunca farklı birini bulun. Farklı bir yaştan, meslekten, cinsiyetten ve kültürden, zeki birini bulmaya çalışın. Problem tanımınızı bu denetimciye anlatın. Sizin yerinizde olsa bu problemi nasıl çözeceğini sorun. Dikkatlice dinleyin ve düşüncelerini kaydedin. Muhtemelen birçok fikrine katılmayacaksınız ama çözüm ararken bu bakış açısına ihtiyacınız olacak.

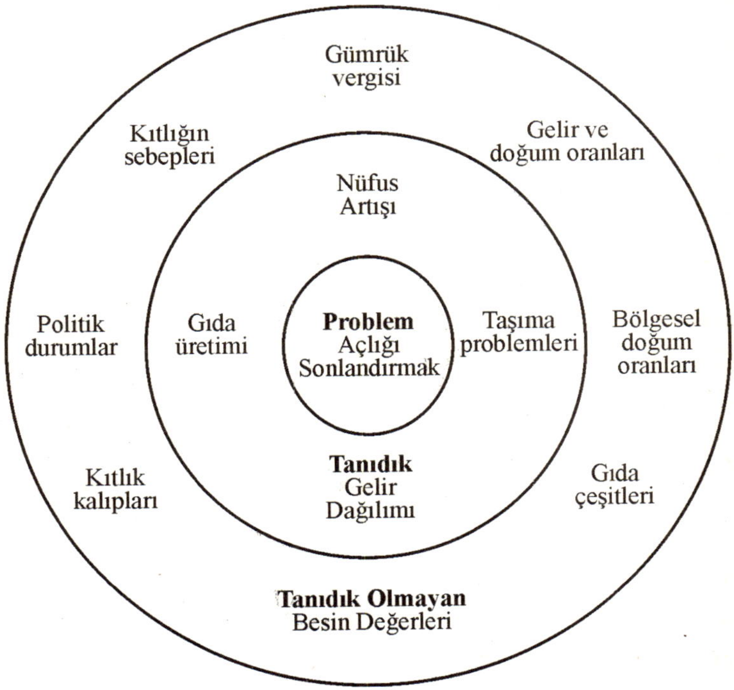

Şekil 11-3

Eşinizi ve ailenizi başka bir kente taşınmaya ikna etmek için uğraşıyorsanız yakın zamanda başka bir kente taşınmış bir gençle bilgisizlik teftişi yapabilirsiniz. Taşınmanın yarattığı problemleri ve fırsatları inceleyin. Denetimcinize, problemin üzerine nasıl gideceğini sorun.

Denetimcinin size tanıdık gelen ya da gelmeyen fikirlerini Şekil 11.3'teki gibi bir halka kullanarak kaydedin. Fikir tanıdık geldiyse iç halkaya kaydedin. Fikir tanıdık değilse, aptalca ya da zorsa bu düşünceyi dış halkaya kaydedin. Dış halkadaki fikirler, tümüyle görmezden geldiğiniz konuları gösteriyor olabilir. Görmezden gelinen alanlar benzersiz çözümler için öncelikli adaylardır. Geçmişte bu düşünceleri dikkate bile almamıştınız, bu yüzden sizin rutininizin bir parçası değiller. Bu yeni bölge hakkında daha çok şey öğrenin ve sizin çözümünüzü engelleyip engellemediğini belirleyin.

Rastgele Fiiller

Bir fiili, tohum fikir olarak kullanın. Şekil 11.4'teki çizelgeyi kullanarak kimlik numaranızın son iki rakamını ya da zar atarak gelen sayıyı kullanın. Sonra bir fikir sentezleme tekniğini daha çok fikir üretmek için kulanın.

Rastgele İsimlerle Fikir Sentezi

Zar atışı	Kimlik numaranızın son iki rakamı	Çözüm Fiili
2	00–08	Koş
3	09–19	Seç
4	20–25	Öner
5	26–39	Mühürle
6	40–46	Atomlara ayır
7	47–57	Feragat et
8	58–64	Satın al
9	65–72	Geri çekil
10	73–79	Yarış
11	80–85	Kaldır
12	85–99	Dondur

Şekil 11-4

Egzersiz için zaman arıyorsanız ve zar attığınızda dokuz geldiyse, fiiliniz *geri çekil* olacaktır. Fikir sentezleme uygulaması özellikle fiillerde iyi sonuç verir. Nasıl hem geri çekilebilirsiniz hem de egzersiz için zaman kazanabilirsiniz? Muhtemelen,diğer işlerden geri çekilerek yapabilirsiniz. Bunun için hangi işleri seçerdiniz? Ya da bir terfi için lobi yapıyorsanız ve zar attığınızda yedi geldiyse nasıl hem vazgeçip hem zam alabilirsiniz? Belki de tartışmaya açık bir noktayı kabullenmek, tekrar müzakere edilmesini sağlayabilir. Bir fiil seçin. Bu fiili, probleminizi çözmek için kullanın.

Çözüm Sörfü

Televizyon, rastgele fikirler için ideal bir kaynaktır. Bir tuşa basarak bir bilinç akışından diğerine geçiş yaparsınız. Sizi zihinsel rutininizin dışına çıkarmak için mükemmeldir. Televizyonu doğru kullanmak gerekir. Bir not defteri, bir kalem, sesi kapatılmış bir televizyona ihtiyacımız olacak.

Kişi, yer, iş ve *eylem* kelimelerini defterinize not edin. Sonra gözlerinizi kapatın ve kumandanızla kanalları gezmeye başlayın. Kanal değiştirmeyi durdurun, gözlerinizi açın ve ekranda gördüğünüz ilk kişiyi tanımlayın. Bu insanın adını ya da nasıl biri olduğunu not edin. Aynı süreci yer, kişi ve eylem için de tekrarlayın. Bu şekilde, rastgele bilgilere sahip olacaksınız. Bu bilgileri üç ya da dört farklı çözüm oluşturmak için kullanın.

Sörfünüz bir basketbol oyuncusu, bir McDonald's, bir sedan araba ve bir tartışmayı bir araya getirdiyse; bu bilgiler,komşunuzla evinizin üzerine sarkan bir ağaçla ilgili yaşadığınız anlaşmazlığı nasıl çözebilir? Komşunuzu bir spor arabaya bindirebilir, onu bir basketbol maçına götürebilir ve sonra McDonald's'ta bu tartışmaya son verebilirsiniz. Komşunuzdan, ağacı bir NBA oyuncusunun sedan araba üzerinde ağacın dallarına çarpmadan durabileceği kadar kırpılmasını isteyebilirsiniz. Hatta ağaç kırpılmazsa evinizi bir basketbol yıldızına satmak zorunda kalacağınızı ve bu basketbolcunun evinizi arabaya servis yapan bir McDonald's'a çevirmeyi planladığını söyleyebilirsiniz.

Hayal gücünüzle biraz alıştırma yaptıktan sonra, yazdığınız maddelerden yararlanarak kendiniz için uygulanabilir yeni bir eylem tarzı tasarlayın. Kural rutininizin dışına çıkın!

YENİ ÇÖZÜMLER

"Her problem için daima kolay bir çözüm vardır; düzgün, makul ve yanlış bir çözüm."

H. L. MENCKEN

Çözüm tanımlamanızı köklü bir şekilde değiştirerek bir problem hakkındaki düşünce kalıbınızı yıkabilirsiniz. Daha önce bahsettiğimiz gibi,esas problemin iyi bir tanımının olması zaruridir. Peki, ya probleminizin ciddi bir şekilde yanlış anlaşılması düşüncenizi çarpıtıyorsa ne olur? Belki de kurallarınız o kadar güçlü ki probleminizi tanımlarken bir çözüm tanımını size manevra alanı yaratacak kadar genişletme imkânı bulamadınız. Çözmeye çalıştığınız problemi büyük ölçüde değiştirerek kural rutininizin dışına çıkın.

Daha Büyük ya da Daha Küçük Cevaplar

Zorluğun büyüklüğüyle ilgili algınız, problemin bir parçası olabilir. Probleminiz aslında bir köstebek yuvasıyken siz bir dağı düşünerek kaygılanıyor olabilirsiniz. Problemin boyutunu köklü bir şekilde değiştirerek algınızı test edin.

Gerekli çözüm daha büyük olsaydı ne olurdu? Kendiniz için bir çözüm bulmak yerine tüm dünya için bir tane yaratın. Problemi tüm zamanlar için çözün. Problemi daha büyük yapmak, onu daha da zorlaştırır ama bu aynı zamanda daha büyük bir çabayı da beraberinde getirir. Bu yüzden probleminiz küçük bir nehri geçmekse, nereden geçeceğinizi düşünmek yerine nasıl köprü yapabileceğinizi düşünün.

Tesla Motors şirketi, elektrikli otomobillerinin pazardaki yerini çoğaltmaya hazırlanırken, bataryaların yüksek maliyetinin en büyük sorun olduğunu fark etti. Maliyeti azaltmaya odaklanmak yerine Tesla, tüm dünyanın batarya üretim kapasitesinden daha büyük bir kapasiteye sahip dev bir fabrika kurmaya karar verdi. Bu büyük kapasite artışı üretimin etkinliğini arttırıp maliyetleri düşürecekti, böylece büyük bir soruna daha büyük bir çözüm buldu.

Peki, ya probleminiz göründüğünden çok daha küçükse? Problemi tek bir insan için ya da sadece bir saatliğine çözmeniz gerektiğini düşünün. Daha küçük problemlerin çözümü daha kolaydır. Büyük bir ölçekte düşünülemeyen çözümler küçük bir skalaya uygulandıklarında pratiktirler. Ricardo Salinas Pliego'nun dediği gibi, "Bazen büyük problemlerin, birçok küçük ama yaratıcı fikirle çözülmesi gerekir." Reklamcılık kampanyanızın sadece bir kişiye odaklandığını düşünün. Bir kişilik hedef kitlenizi etkilemek için ne yapardınız?

Yeni problem tanımınızla zihninizdeki engelleri yıkmayı deneyin. Şimdi daha küçük (ya da daha büyük) olan zorluklar için çözüm arayın.

Er ya da Geç

Son teslim tarihleri problemleri derinden etkiler. Gelecek ayın sorunu,bir yıl sonraya ertelenseydi önemsiz olabilirdi. Gelecek dönemin projesine yaklaşımınız, projenin yarına tamamlanması gerekseydi değişirdi.

Çözümünüz için teslim tarihini makul olmayan, erken bir tarihe çekin. Sonra nasıl davranacağınızı düşünün. Paniği hesaba katmayın. Bu, problemi imkânsız denecek kadar zorlaştırırsa vazgeçmeyin. Vazgeçmek de bir çözüm olabilir tabii. Ne yapmanız gerektiğini iyice düşünün. Bir ya da daha fazla eylem süreci geliştirdikten sonra bu süreçleri güncel teslim tarihinize uygulayın. Neler işe yarayabilir? Neler işe yaramaz?

Gelecekte oldukça ileri bir tarihe ertelenen teslim tarihiyle ilgili işlemi tekrar edin. Çözüme yirmi yıl boyunca ihtiyaç duyulmasa ne olurdu? Düşünceniz nasıl değişirdi? Güncel sorununuz için yanlış olan harika bir çözüm bulabilirsiniz. Teslim tarihini değiştirmeyi düşünün. Teslim tarihi, tüm problemi imkânsız kılan kural olabilir.

İki şirketin birleşmesiyle ilgili zorluklar yaşıyorsanız, mesela General Motors ile Tesla gibi, birleşme için hazırlık yapabileceğiniz beş yılınız olsa problem nasıl değişirdi? İki şirketin önemli gördüğü hangi bölüm ve ürünler sorunsuzca birleşirdi?

Felaketler

Orman yangınları ve seller korkunç doğal felaketlerdir, sonuçlarında büyük yıkımlar olur. Aynı zamanda durdurulmaları da çok zordur. Doğada pek çok tür bu krizleri kendi çıkarlarına kullanmayı öğrenmiştir. Bu türler, mahvolmak yerine bundan yararlanırlar. Çam ağaçları, orman yangınlarının yarattığı açık alandan yararlanır. Ormanda,yaşam alanı en büyük sorundur. Yeni gelenler kendilerine uygun yer bulmak için zorlanırlar. Yangınlar, hazırlıklı çam kozalaklarının hızla doldurabileceği yeni açıklıklar yaratır.

Bu örnekten çıkaracağınız dersler olmalı. Muhtemelen daha iyi bir çözüm hedefi, engellemeye çalıştığınız felaketten nasıl yararlanacağınız olurdu. Tüm işiniz yerle bir olduğunda boşalan alanla ne yapacağınızı düşünün. Genişlemeniz için yer var mı? Nasılsa tekrar başlamanız gerekiyorsa, neden orijinal tasarımınızı geliştirmiyorsunuz? Zararı temiz bir sayfa olarak görün, orijinal planlarınızı geliştirmek için bir fırsat olarak değerlendirin.

Genç Kristof Kolomb, gemisi Portekiz'de korsanlarla mücadele sırasında batınca, bu durumdan yararlandı. Neredeyse boğuluyordu. Şans eseri karaya çıktı ve kendisini bilmediği bir yerde meteliksiz hâlde buldu. Bu başına gelen en iyi şey oldu. Lizbon'a gitmekten başka çaresi yoktu. Burada Güçlü bir ailenin kızıyla evlendi ve önemli bir denizci oldu. Batıdan deniz yolculuğuyla Asya'ya gitme fikrini ilk kez burada duydu. Bu da, en iyi fikirlerinizin her zaman sizden çıkmadığının bir kanıtıdır.

Seller karayı suyla kaplar ama aynı zamanda hayati besinleri de yayar. Bitkiler için her yana savrulmuş çamur bir fırsattır. Yetişmek ve serpilmek için doğal gübrenin avantajına sahip olurlar. Çin'deki, Mezopotamya'daki ve Mısır'daki seller ilk insan uygarlıklarını besledi. Düzenli felaketler, tarım kültürünün ilerleyişini desteklemek için mükemmeldi.

Sizi de bir felakete uğradığınızda, bunu kendinizi geliştirmek için nasıl kullanabileceğinizi düşünün. Zaman kullanımınızı ya da stratejinizi geliştirebilir misiniz? Bu deneyimden neler öğrenebilirsiniz? Yaşadığınız felaketi, bunu aşmak için bir yol olarak görün. Yaşadığınız felaketle ilgili bakış açınızı değiştirmek, onu daha kolay yapmaz ama bir fırsata dönüştürür.

YENİ ARAÇLAR

"Sahip olduğunuz tek araç bir çekiç ise, her problem bir çiviye benzemeye başlar."

ABRAHAM MASLOW

Bir problemi çözmek için kullandığınız araçları değiştirmek problem hakkındaki düşüncenizi de değiştirecektir. Araçlar, stratejileri geliştirmede anahtar roldedir. Probleminizi çözmek için muhtemelen bazı özel teknikler kullandınız. Bu araçlara bel bağlamanız,diğer ilginç sonuçları engeller. Kendinizi, farklı bir araç kullanmaya odaklamak, yeni çözümlerin getirilerini artırabilir.

Müslüman imparatorluğu, Arabistan'ı dikkat çeken yeni bir silah kullanarak ele geçirdi: vergi kayıtları. Şehirler, kapılarını istilacılara açtılar çünkü vergilerin düşeceğini biliyorlardı. Vergiler yeni vatandaşları inanca ulaştırmada eşit düzeyde etkiliydi. Halife, bu vatandaşların Müslüman olup olmamasını umursamasa da,din değiştirip Müslüman olanlar daha düşük vergiler ödediler. Milyonlarca insan, inanca yöneldi. Bu bölüm, tohum fikir olarak kullanmanız gereken bir dizi "araçları" içerir. Neredeyse her şey bir araç olabilir. Örneğin, sahip olduğunuz tek araç bir mendil olsa ne olurdu?

Beş Mendil Çözümü

Mendiller, yaratıcı biçimde kullanılırlarsa hijyen problemlerini çözmekten daha fazlası için mükemmel bir araç olabilirler. Sıradan bir mendili, zorlu problemleri bir çözüme kavuşturmak için kullanmanın beş yolunu göreceğiz.

Maske

Mendilinizi çapraz olarak katlayın ve yüzünüzde bir maske olacak şekilde bağlayın. Kendinizi gizleyip, yapılması gereken bir şeyi anonim olarak halledin. Önemli görevler genelde tamamlanmadan kalır çünkü kimse sorumluluğu ya da suçlanmayı üstlenmek istemez. Problemin üzerine gitmek için gizli bir yol bulmak işleri harekete geçirecektir. Yüksek profil danışmanlık firmasının stratejik planında bazı kusurları vurgulamanız gerekiyorsa bunu anonim olarak yapabilirsiniz. Bunu mendil kullanarak yapmak istemezsiniz tabii ama anonimlik, engelleri kaldırmak için size özgürlük tanıyabilir.

Ağız Tıkacı

Fikirlerinizi öldüren kişinin ağzına bir şeyler tıkayın. Artık size durmanızı söyleyemez. Gerçekten bir tıkaç kullanmasanız bile, bu kişiyi görmezden gelip işinize bakabilirsiniz.

Ergenlik çağındaki çocuğunuz arkadaşlarından ayrılacağı için bir seyahate çıkmak konusunda serzenişte bulunuyorsa, ağzında bir tıkaç olduğunu ve konuşamadığını düşünün. Sonra seyahatinizi planlayın. Hayali tıkaçlar bile işe yarar.

Örtü

Mendilinizi küçük bir nesnenin üzerine serin. Zeki bir arkadaşınıza gidip probleminiz için istenen sonucu bulduğunuzu ve çözümün mendilin altında olduğunu söyleyin. Bu stratejiyi bir hava yolu firması için hizmet geliştirmekle sorumlu olduğunuzda kullanabilirsiniz. Çözüm tanımınızı, nesnenin özellikleri olarak kullanın. Nesnenin ne yapacağını açıklayın. Arkadaşınıza bu nesnenin ne olduğunu tahmin etmesini söyleyin. Cevabı, "Bir dizüstü bilgisayar güç jakı" ya da "sert bir içecek" olabilir. Cevabına dikkat edin ve bu cevabı bir çözüm olarak kullanın.

Teslim Bayrağı

Mendili bir çubuğa bağlayın, başınızın üzerinde sallayın ve düşmanınızla buluşun. İşlerin ilerlemesi ve silahsızların zarar görmemesi için pozisyonunuzdan vazgeçmeyi önerin. Onurlu ama çatışmayı sonlandıracak şartlar sunun. Yağlı boya resim yapmak için özel bir ruh hâline girmeye uğraşıyorsanız ama yapamıyorsanız, teslim bayrağınızı kullanabilirsiniz. Teslim bayrağını sallayın ve tuvalde yarattığınız duyguyu kabullenin.

Göz Bağı

Gözlerinizi mendille bağlayın. Bir öneriyi bu şekilde dinleyin. Öneriyi kimin yaptığını görmezden gelin ve size sunulan şeye odaklanın. Göz bağını, gerçekten bağlamasanız bile, düşüncenin kaynağına önyargılı yaklaşmamanız gerektiğini kendinize hatırlatmak için kullanın. Göz bağı, aksi bir öğretmenle konuşmak için mükemmel bir araçtır. Karşınızdakinden nefret ettiğinizi unutun ve ne söylediğini dinleyin.

Rastgele Araçlar

Bir mendilin ciddi problemleri çözmekte kullanılabilmesi gibi, diğer yeni araçlar da kural rutininizin dışına çıkmanıza yardım edebilir. Şekil 11.5'teki araçları mümkün olduğunca yaratıcı bir şekilde kullanmayı deneyin. Telefon numaranızın son rakamına denk gelen aracı seçin.

Sarı Sayfalar

Elinizde sadece Sarı Sayfalar ve bir telefon olduğunu düşünün. Çözüm,bu kâğıtlarda olmalı. Probleminizi nasıl çözerdiniz? Söz konusu problem eşinizle yaşadığınız bir kavgaysa; evlilik danışmanı mı, avukatı mı yoksa çiçekçiyi mi arardınız?

Çakı

Çakılar son derece kullanışlıdır. Sayısız problemi çözmek için kullanıldılar. Çakıyı, probleminize bir çözüm yaratmak için nasıl kullanırdınız? Bir yolunu düşünemiyorsanız, hayal gücünüzü dinlemiyorsunuzdur.

Rastgele Araçlar

Son Rakam	Yeni Araç
0	Sarı Sayfalar ya da telefon rehberi
1	Çakı
2	Basın bülteni
3	Pamuk ipliği
4	Fikir değiştirme
5	Görünmezlik
6	İlan panosu
7	Zeki köpek
8	Şarkı
9	Ünlü teyze

Şekil 11-5

Bir çakı, yeni kurulmuş bir organizasyonda bölüm liderlerinizi seçmenize yardımcı olabilir. Adayların resimlerini mantar panoya tutturun. Çakınızı panoya fırlatın, hangi adayın resminin yanına saplanırsa o adayı seçin. Sonra bu kişinin,iş için neden doğru veya yanlış olacağını kendinize açıklayın. Çakı, kararları uygulamanıza yardımcı olacaktır.

Basın Bülteni

Kalem kılıçtan keskindir denir. Probleminizi çözmek için tek kaynağınızın iki sayfalık bir basın bülteni çıkarmak olduğunu düşünün. Böyle bir fırsatı, bir çözüme nasıl dönüştürürdünüz? Ne söylerdiniz? Bülteni nerelere gönderirdiniz? Okuyucularınızın nasıl harekete geçmesini isterdiniz?

Tiyatroya gitmek için bir bebek bakıcısına ihtiyacınız olduğunu düşün. Basın bülteninizde size hevesli, işinin ehli bir bebek bakıcısı sağlaması için nelerden bahsederdiniz? Bebek bakıcısı bulabilmek için, basın bülteninizden öğrendiklerinizi kullanın.

Pamuk İpliği

İşleri sadece pamuk ipliğine bağlı olacak şekilde düzeltmek kültürel bir klişe hâline geldi. Sahip olduğunuz tek şey bu olsaydı, hedef probleminizi çözmek için nasıl kullanırdınız? Probleminiz hastaneye yeni bir MR makinesi alınması için para bulmaksa, pamuk ipliği ve manyetik yazı tahtasıyla bir tarama makinesi yapabilirsiniz. İnsanlara, bu makinenin sadece bağışları sayesinde gerçek bir MR makinesiyle değiştirilebileceğini hatırlatın.

Fikir Değiştirme

Tek bir insanın fikrini değiştirebilseydiniz, nasıl bir çözüme başvururdunuz? Kimi seçerdiniz? Kişinin fikrini nasıl değiştirirdiniz? Şimdi, gidin ve bu insanı ikna edin! Fikir değiştirme, her türlü problem için işe yarar. Grip için yeni bir aşı geliştiriyor olsanız bile işinizi hızlandıracak biri vardır. Bu, belki özel becerileri olan ya da faydalı bir tesisi kontrol eden biri olabilir. Bu kişiyi tanımlayın. İhtiyacınız olan yardımı almak için nasıl fikirlerini değiştirmelerini sağlardınız?

Görünmezlik

Bildiğim kadarıyla fiziksel olarak görünmez olmanın bir yolu yok. İstediğiniz zaman görünmez olabilseydiniz, bunu probleminizi çözmek için nasıl kullanırdınız?

Tutkulu bir aşk şarkısı yazmak istiyorsunuz diyelim. Şarkınız için malzeme bulmak için nereye gizlice giderdiniz? Ne tür duygular arardınız? Ne bulacağınızı zihninizde canlandırın ve bunu şarkınız için kullanın.

İlan Panosu

Kullanabileceğiniz tek araç büyük bir ilan panosu olsaydı ve istediğiniz mesajı yayınlayabilecek olsaydınız, mesajınız ne olurdu? İlan panosunu nereye yerleştirirdiniz?

Yeni bir girişim için çekirdek sermaye ortaya çıkarıyor olsaydınız ilan panosunda işletme planınız için telefon numaranızın yanına üç ana madde koyabilirdiniz. İlan panosu kullanmıyor olsanız bile geliştireceğiniz özlü mesajı kullanın.

Zeki Köpek

Tek aracınız bir köpek olsa bile probleminiz için bir çözüm tasarlayabilir misiniz? Tabii, bu Lassie gibi zeki bir köpek olmalı. Bir köpekten beklenebilecek, dilediğiniz her şeyi yapabilmeli. Ancak, yapabileceğiniz şeyler bu köpeğin yapabilecekleriyle sınırlıdır. Ne yapmasını isterdiniz? Problemi aptal bir köpekle nasıl çözerdiniz?

Binanızdan biriyle randevuya çıkmak istediğinizi düşünün. Köpek, ona güzel bir sohbetin başlaması için ne taşıyabilir? Köpek olmaksızın aynı şeyi nasıl yapabilirsiniz?

Şarkı

Çözümünüz, bir şarkı olsaydı ne olurdu? Harika bir şarkı yazabileceksiniz diyelim. Herkes onu dinleyecek ve sevecek. Hedef probleminizi çözmesi için nasıl bir mesaj yazardınız?

Belki şarkınızın bir grubu yeniden bir araya getirmesi gerekiyordur. Hangi akort sizin ihtiyacınız olan desteği sağlar? "Sevgilinizi terk etmenin elli yolu" mu, yoksa "Mutlu günler tekrar başladı" mı? Şarkı, grup üyelerinizi nasıl hissettirmeli? Nakarat,hatırlamalarını istediğiniz anahtar mesajı taşımalıdır. Şimdi mesajınızı şarkı olmaksızın iletin.

Ünlü Teyze

Tek aracınız ünlü teyzeniz olsa probleminizi nasıl çözerdiniz? Herkes teyzenizi tanıyor ve seviyor. O da size çok düşkün ama şımarmayasınız diye size para vermiyor.

Ünlü teyzenizi kullanarak problemi nasıl çözerdiniz?

Bunu bir yolu, bağlantıları iyi olan teyzenizin sizi, direkt olarak yardım edebilecek birileriyle tanıştırmasıdır. Sizin için bu kişiler kim olabilir? Şimdi, ünlü teyzeniz olmadan bu kişiyle nasıl bir arya gelebileceğinizi düşünün.

Sihirli Tüyler

Sihirli tüyler ilginç araçlardır. Bir durumun gerçekliğini çok az değiştirseler de etkileri çok büyük olabilir. Dumbo, büyük kulakları olan küçük fil, yardımsever kargalar ona ayaklarını yerden kesmesi için "sihirli" bir tüy verdikten sonra uçmayı başarabilmişti. Tüy, Dumbo'nun uçma yeteneğini geliştirecek bir şey yapmamış olsa da, kendisine güvenmesini sağladı. Uçabileceğine inandığı için uçabildi.

Zorlu problemler, sihirli tüyler gerektirir. Bir şeye inanmadan başarmak zordur. Başarılı olabileceğinize inanmıyorsanız, bir sorunla yeterince çok ve yeterince uzun süre uğraşmazsınız.

Sihirli tüy, özgüven temin eden herhangi bir şey olabilir. Bir diploma ya da platinum kart olabilir. Yeteneklerinizin takdir edilmiş olması ya da geçmişteki bir zaferin anısı işe yarayacaktır. İmkânsızı başarmak için size ihtiyacınız olan ekstra özgüveni ne verirdi? Bir arkadaşınız;özel diktirilmiş bir takım elbise, bir ofis ve pahalı kartvizitler edindikten sonra işinde büyük gelişme sağladı. Kendini güçlü hissetti ve öyle oldu.

Sizin için neyin sihirli tüy etkisi yaratabileceğini keşfetmek için, aradığınız başarıya sahip olmuş insanları düşünün. Bu kişi sizin modeliniz olacak. Bu kişinin adını bir kâğıdın en üstüne yazın. Sonra, yazabildiğiniz kadar çok olumlu özelliğini yazın. Hem somut hem soyut özellikler yazın. Sabırlı biri olduğunu ya da kırmızı bir üstü açık araba kullandığını yazabilirsiniz.

Listeyi inceleyin ve sizi modelinize daha yakın hissettirecek bir niteliği seçin. Bu aynı zamanda sahip olmayı ya da geliştirmeyi çok isteyeceğiniz bir şey olmalı. Bu şeyi satın alın, teşvik edin ya da yaparmış gibi görünün; ne gerekiyorsa yapın. Sihirli tüyünüzü bulmak, öz güveninizi ve başarınızı arttıracaktır.

Yeni Kelimeler

Çözümünüzü tanımlayan kelimeler henüz var olmayabilir. Bu durumda, başka bir durumu açıklayan kelimeler sizi yanlış yönlendirebilir. Yaratacağınız yeni fikir için yeni kelimeler kullanın.

Yeni fikirler için kelime dağarcığınızı oluştururken, daha önce bir fırsat ya da problem karşısında kullandığınız daha genel terimler yerine kendi kelimelerinizi getirin. Arzulanan çözümü temsil eden bir kelime ekleyin. Bu kelimeler, ileride edineceğiniz fikirler için yer belirleyici işlevi görür.

Fizikçiler, problemleri çözmek için düzenli olarak parçacık icat ederler, zerrecikler gibi.

Varlıklarının henüz hiçbir kanıtı yokken, zerrecikler bir ihtiyacı karşılıyordu. Çözüm tanımlandıktan sonraysa zerrecikler bulundu.

Yeni kelimeleri karşılaştığınız zorluk hakkında konuşmada ve düşünmede kullanın. Çözümünüzü tanımlaması için yeni kelimeleri kullanırken, bu kelimelerin anlamlarını keşfedeceksiniz. Yeni kelimeler, çözümünüze uygun olarak kendilerini biçimlendirebilirler. Dikkatinizi dağıtacak başka bir tanımları yoktur.

Örneğin bir rakibin pizzasına karşı yarışmak üzere bir menü maddesi geliştirmeniz gerekiyorsa bu maddeyi Zalt olarak adlandırabilirsiniz. Bunun yerine bu maddeyi Süper Tako projesi olarak adlandırsaydınız, kararınız yüzde 99 ölçüde oluşmuş olurdu. Bir meslektaşınıza Zalt'ın ne olduğunu açıklayın, kaça mal olduğunu, nasıl bir tadı olduğunu ve nasıl hazırlandığını anlatın. Probleminizi çözmek için ne gerektiğini keşfedin. İsterseniz yeni kelimenizin temeli olarak aşağıdaki kelimelerden herhangi birini kullanabilirsiniz.

Yeni Kelime

Şure	Kado	Mata
Sugu	Bilup	Desi
Hara	Gramal	Feng
Jer	Traks	Zalt

Şekil 11-6

Farklı Kelimeler

Tayfun, sefer, ya da *salgın* gibi kelimeler henüz geliştirmeye başlama aşamasında olduğunuz düşüncelere güçlü görüntüler ve duygular kazandırır. Bu kelimeleri probleminize uygulamayı deneyin. Probleminizle normalde bağlantılı olmayan herhangi bir kelime kullanılabilir.

Pazar payı kaybı gibi, kendi probleminizi tartışmak için tekrar tekrar kullandığınız bir ifadeyi ele alalım. Bu ifadeyi probleminizle alakasız ama daha güçlü isimlerle ve fiillerle, örneğin *salgın* ya da *erime* gibi kelimelerle değiştirin.

"Erime" demenin probleminizin şiddeti hakkındaki düşüncenizi nasıl değiştirdiğini gözlemleyin.

Yeni Semboller

Einstein, problemlerini çözmek için matematiğin güçlü sembolik dilini kullanıyordu. Aynı strateji bizim de işimize yarayabilir, özellikle de matematiksel olarak düşünmediğimiz problemler için. Bir problem için semboller icat etmek bize faydalı ve yeni bir bakış açısı kazandırır. Bu sembol, sizi kendi kural rutininizin dışına çekecek şey olabilir.

Eğer çocuğunuzun arkadaşları konusunda endişeliyseniz, etrafınızdaki tüm çocuklar için semboller atayabilirsiniz. Sonra kimin birbiriyle geçinebildiğini, kimin geçinemediğini gösteren denklemler yazın. Denklemleri manipüle ederek çözümler arayın. Muhtemelen $s + e - b$ denklemini daha önce hiç duymadınız.

Probleminizin unsurlarını temsil etmesi için semboller yaratın. Probleminize dâhil olan insanları, fiziksel koşulları ya da duyguları temsil eden semboller belirleyin. Sembollerin etkileşim hâlinde olabileceği yeni, benzersiz işlemler yaratın. Artı ve eksilerin ötesine geçin. Probleminizi tanımlamak ve bir çözüme ulaşmak için sembollerle oynayarak onları manipüle edin. Yeni bir matematik dalı yaratmayı denemiyorsunuz. Sembolleri, probleminize bakış açınızı derinlemesine incelemek için kullanın.

Hesaplarınız yeni içgörülere ilham oluyor mu? Probleminizi sembolik olarak nasıl çözerdiniz? Probleminizin işe yaraması için hangi değişkenler gerekli? Faydalı bir çözüm anlatın. Kendinizi probleme yeni bir yöntemle bakmak için zorlayın.

YENİ KOŞULLAR

"Gereklilik, icadın anasıdır."

RICAHRD FRANCK

Bir problemi çevreleyen koşullar problemin temel parçalarıdır. Bu koşullar anahtar parametreleri, rolleri ve nitelikleri içerir. Koşulları değiştirmek problem ve çözüm algınızı değiştirir, kendi kurallarınızı yıkmanıza yardım edebilir. İspanya, on altıncı yüzyılın rakipsiz deniz gücüydü. Sayısız büyük gemiler filosu ülkeyi yenilmez yapıyordu. Ama koşullar değişiyordu. Küçük, hızlı yelkenliler ve daha uzun menzilli toplar İspanya deniz filosunu eski moda gösteriyordu. Birkaç İngiliz kaptanı bunu fark etti. Bu yeni parametreleri düşünerek İngiltere'nin denizcilik gücünün ölçeğini değiştirdiler ve üç yüzyıl boyunca bu yöntem geçerli kaldı.

Parametreler

Problemler parametrelere, yani anahtar varsayımların ardındaki gerçeklere sahiptir. Parametrelerin değişmez olduklarını düşünmeyi severiz ama genelde etkileyici düzeyde gelişirler. Değiştiklerinde olası çözümler dizisi de onlarla birlikte değişir. Havadan daha ağır nesnelerin uçuşu 1803'te imkânsızdı. Ama 1903'te parametreler değişmişti. Yeterli güce sahip hafif motorlar kullanıma uygundu. Yakıt gücü artmıştı. Daha iyi malzemeler ve daha iyi araçlar vardı. Uçuş uygulanabilir bir çözümdü. Şimdi parametreler her zamankinden daha hızlı değişiyor.

Anahtar parametrelerden biri etkileyici düzeyde değişseydi probleminizi nasıl değiştireceğini düşünün. Probleminizin bir parametresini seçin ve bu parametreyi Şekil 11.7'deki yöntemlerden birini kullanarak rastgele değiştirin. Gidiş yönünü kullanın ya da zar atın. Attığınız zar bir geldiyse ya da yönünüz kuzeyse probleminizin anahtar parametresinin bedelini ikiyle çarpın.

Probleminizi parametrelerin değiştiği bir dünyada düşünün. Yine de bir problem olur muydu? Bir çözüm arıyor olur muydunuz? Bir çözüme yaklaşımınız nasıl değişirdi? Size uygun gelen yeni çözümler ne olurdu? Bu değişmiş gerçekleri, geçmişte size pratik görünmeyen yeni fikirleri keşfetmek için kullanın.

Yeni Parametreler

Zar Atışı	Tipik Gidiş Yönü	Değişen Parametre
1	Kuzey	Fiyatları ikiye katla
2	Güney	Bedava yap
3	Yukarı	On katı ödül
4	Doğru	Taraf değiştir
5	Batı	Cezaya izin verme
6	Aşağı	Bir güçlüğü kaldır

Şekil 11-7

Fiyatları İkiye Katla

Fiyatlar, çoğu problemin önemli parçalarıdır. Probleminiz için bir anahtar bedelin iki katına çıktığını düşünün. Bu çok sık olur. Vergilerinizi ikiye katlayın, gelirinizi ikiye katlayın, işçi maliyetlerini de ikiye katlayın. Sonra yeni koşullara uygun, farklı bir çözüm bulmayı deneyin. Örneğin, petrol fiyatları her yükseldiğinde, yeni petrol alanları faaliyete geçer. Kuzey kutup bölgesi petrolü ve derin deniz sondajları kârlı çözümlerdir çünkü fiyatlar artmıştır.

Bedava Yap

Fiyatı ikiye katlamak yerine parametrenizi bedava yapın. Bedava, önemsiz bir maliyetin faydalı bir benzeridir. Pek çok harcama,zamanla önemsiz hâle gelir. Bilgisayar maliyetleri ve telekomünikasyon ücretleri, yirmi yıl öncesine göre epey düştü. O zamanlar bu fiyat duyulsa, *neredeyse bedava* denirdi. Parametreniz bedava olsaydı ne olurdu? Bunun olmasını nasıl sağlayabilirdiniz?

On Katı Ödüllendirme

Ödüller, her durumda önemli görülen koşullardır. Problem tanımınızın bir parçası olarak, problemi çözdükten sonra almayı beklediğiniz ödülleri belirlediniz. Ödülünüzün on katı arttığını düşünün. Bölgedeki satışlarınızı yüzde 25 arttırmanız gerekseydi, ödülünüz de yıl sonunda lüks içinde bir emeklilik olsaydı bunu başarabilir miydiniz? Bir zamanlar görmezden geldiğiniz seçenekler aniden mümkün görünürdü. Çözümünüz için alacağınız ödülü arttırın, nasıl sonuçlar yarattığını göreceksiniz.

Taraf Değiştirin

Durumunuzla ilgili her şeyin aynı olduğunu ama sizin karşı tarafta olduğunuzu düşünün.

Rakibinizin güçlerine ve zayıflıklarına sahipsiniz. Kendinizi aşmak için çalışıyorsunuz. Durumunuzu bu yeni koşullara göre değerlendirin. Ne yapardınız?

Probleminiz rakip bir telefon şirketini sizin pazarınıza girmesini engellemek olsaydı, rakibinizin bölgesine nasıl girerdiniz? Hangi stratejiyi kullanırdınız? Atacağınız ilk adımlar ne olurdu? Gidip bu stratejileri uygulayın.

Ceza Yok

Cezalar ve başarısız olma korkusu, her durumda anahtar koşullardır. Bu koşullar, çoğu zaman haklı olarak, sayısız eylemin önüne geçer. Yine de bu cezalar sizin düşüncenize engel olmamalı. Hiçbir cezalandırma olmadığını düşünün. İstediğinizi yapabilirsiniz. Probleminizi nasıl çözerdiniz?

Probleminiz yeni bir sanatsal tarz geliştirmekse, deneysel girişimler için hiçbir eleştirinin olmadığını düşünün. Arkadaşlarınız size gülmeyecek. Galeriniz sizden şüphe duymaya başlamayacak. Hiçbir kötü sonuç olmayacak. Bu, deneyeceğiniz şeyleri nasıl değiştirirdi?

Güçlükleri Kaldırın

Genelde problemin küçük bir etkisi bile, zahmetli evrak işleri veya fikir birliği sağlamak gibi, bir çözümü kötü etkilemeye yeter. Bu güçlük elenmiş olsaydı nasıl bir çözüm yaratabilirdiniz?

Kanser için tedavi arıyor olduğunuzu ve finansal ya da yasal hiçbir kısıtlama olmadığını düşünün. En iyisi olduğuna inandığınız çözümü hedeflerdiniz. Ne yapardınız? Peki bu, neden sizin şu an yaptığınız şeyden farklı? Bu stratejiyi var olan baskılara rağmen nasıl uygulayabilirsiniz?

Gerçeklikleri Değiştirin

Problemin temel detaylarını değiştirmek yerine, dünyanın kalanını değiştirin. Probleminizi tamamen farklı bir çevrede çözdüğünüzü düşünün. Probleminizi başka bir yüzyıla taşıyın, yaratıcılığınızı tetiklemek için yepyeni bir zorluk yaratmış olacaksınız. Ya da problem tanımını içine alan durumu bir film senaryosu ya da çizgi romana çevirin. Koşullar ve seçenekler büyük ölçüde değişecek ama çekirdek sorunlar olduğu gibi kalacaktır. Bu değiştirilmiş gerçeklikte bir çözüm bulmak daha kolay olabilir.

Probleminizin gerçekliğini değiştirmek için bir durum seçin. Şekil 11.8'deki listeden birini zar atarak ya da geçen cumartesi uyandığınız zamanı kullanarak seçebilirsiniz. Örneğin, zar attınız altı geldi ya da saat 7.30'da kalktınız; probleminizi Cleopatra'nın Mısır'ına taşıyın. Siz Cleopatra'sınız. Probleminiz Avrupa tatili için zaman ve para ayarlamaksa, o zaman tatiliniz Doğu Akdeniz'in karşı koyulmaz üstünlüğü olabilir. Patronunuz Sezar'ı oynayabilir ve eşiniz Mark Anthony olabilir. Cleopatra, bu problemi nasıl çözerdi? Onun çözümünden neleri uygulayabilirsiniz?

Geçen cuma gecesi karşı çıkılan bir bölge değişikli davasına hazırlandığınız için uyumadıysanız ya da zarla iki attıysanız dava yerine rakibinizle yemek savaşı yapacağınızı düşünün. Nasıl kazanırdınız? Saldırmalı mısınız yoksa beklemeli mi? Yemek, kremalı pasta mı yoksa çörek mi olurdu? Davaya hazırlanmak için yemek savaşı stratejinizden ne öğrenebilirsiniz? Bir senaryo seçin, alternatif bir gerçekliğin probleminizi çözmeye yardımcı olup olmayacağını göreceksiniz.

Gerçeklikleri Değiştirin

Zar Atışı	Geçen cumartesi kalkış saati	Gerçekliği değiştirin
2	Uyumaya gitmediniz	Bir Yemek Savaşı
3	Sabah 4'ten önce	Romeo & Juliet
4	Sabah 4-6 arası	Birinci Yüzyıl Roma'sı
5	6-7 arası	Yıldız Savaşları
6	7-8 arası	Cleopatra
7	8-9 arası	Jeanne d'Arc
8	9-10 arası	18. Yüzyıl Fransa
9	10-12 arası	Pamuk Prenses
10	Öğlen ya da daha genç	Memleketinizde 1968
11	Bilmiyorsunuz	17. Yüzyıl Japonya'sı
12	Asla saate bakmazsınız	Bir Anaokulu Sınıfı

Şekil 11-8

Eğlenceli Kılın

Herkes bir işle uğraşmaktan nefret eder ve bu görevler bitecek gibi görünmez. Muhtemelen probleminize olası bir çözüm bulabilmeniz için bazı niteliklerin değişmesi gerekiyor. Şimdi bir çözümü eğlenceli kılmanın bazı yollarına değineceğiz.

Somut Ödül

Hep istemiş olduğunuz bir şeyi satın alın, hediye paketi yaptırın ve bir arkadaşınızdan siz bir görevi tamamlayıncaya kadar saklamasını isteyin. Probleminiz, büyük bir teklif için· ilgi uyandıran bir gerekçe bulmaksa; aynı zamanda bir tenis fanatiğiyseniz, o zaman kendiniz için hayallerinizdeki raketi alın. Raketi bir arkadaşınıza verin, o da tenis oynayan biri olsun. Başka bir teşvik edici unsur olarak, arkadaşınıza önerinizi teslim tarihine kadar tamamlayamazsanız hediyenin onun olacağını söyleyin. Sonra ikna edici öneriyi bulun ve raketinize kavuşun.

Yarışma

Rekabet her şeyi daha ilginç yapar. İnsanlar rekabete girdiklerinde çılgınca şeyler yaparlar. Sıkıntılı aylar geçirirler, hayatlarını riske atarlar ve kazanmak için büyük miktarlarda para harcarlar. Bir arkadaşınızı, probleminizi içeren bir yarışa çekerek ona meydan okuyun. Kimin daha önce bitireceğini ve daha iyi bir iş çıkaracağını görün.

Probleminiz yeni bir ürünü piyasaya sunmak ise, yine bu durumda olan bir arkadaş bulun. Ürününüzün, hedef piyasaya sürüm tarihinden daha önce yetişeceğine dair iddiaya girin. Rekabete meslektaşlarınızı ve ailenizi bile dâhil edebilirsiniz. Arkadaşınızı,ilerlemesini kontrol etmek ve sizi daha sıkı çabalamaya yöneltmesi için düzenli olarak arayın. Motivasyon, yaratıcı çözümler için anahtardır. Kendinizi bol bol motive edin.

Ya da bir oyun icat ederek kendinize karşı yarışın. İlerleme noktalarında kendinizi ödüllendirin. Örneğin, vergi formunuzda doldurduğunuz her boşluk için puan alabilirsiniz. Kaybetme olasılığı yaratmak için de her hatanızda puan kaybediyor olabilirsiniz. Sonra kazanmak için oynayın!

Zaferi Kaydedin

Zaferinizi kaydetmek üzere bir fotoğraf makinesi ya da video kamera kullanın. Mücadelenizi gelecek nesiller için kaydediyorsunuz, iyi bir gösteri olsun. Hedef probleminiz bir çocuğun ev ödevini tamamlaması ise, tamamlanan her göreviyle fotoğrafını çekin. Fotoğrafları paylaşın. Büyükannelerine-büyükbabalarına gönderin. Bir zaferi kaydetmek onu daha tatlı kılar ve çocuğunuzun başarı hafızasını güçlendirir.

Kupa Satın Alın

Zaferinizin anısı olarak büyük bir kupa ya da plaket alın. Örneğin gıpta edilen bir işi almaya uğraşıyorsanız ilerlemenizin hatırası olarak bir kupa alın. Kupayı, işi almadan önce alın. Bu size güçlü bir teşvik sağlar. Başarısız olursanız çok aptalca görüneceksiniz. Hem kupayı hem işi almak için neredeyse her şeyi yaparsınız.

Seyirci Bulun

Sizi zafer yolunda cesaretlendirecek bir izleyici kitlesi bulun. Kendinize, ev sahibi takımı avantajı verin. Vergi bildiriminizi tamamlamak için uğraşıyorsanız, ailenizi ya da arkadaşlarınızı manevi destek için çağırın. İlerlemenizi her saat kontrol etmelerini sağlayın. İlerleme kaydettiğinizde onların övgülerini hak edersiniz. Bitirdiğinizde evin çevresinde bir zafer turu atın. Fanlarınızın önünde oyalanmanın imkânsız olduğunu göreceksiniz. Hatta size gerçekten yardımcı bile olabilirler.

Lokasyon, Lokasyon, Lokasyon

Probleminizi çözmek için güzel bir yer seçin. Sıkıcı toplantıları düzenleyenler, bu motivasyonun öneminin farkındadırlar. Hawaii'de o kadar çok toplantının olmasının nedeni budur. Siz (ve yardımcılarınız) işinizi yapmak için eğlenceli bir yere gittiğinizde, iş daha heyecanlı olacaktır. Probleminiz birkaç meslektaşla kritik bir toplantı yapmaksa kent merkezinde bir otelde rezervasyon yaptırın. Toplantının sonunda kent merkezinde bir gece geçirmek vaadiyle tartışmayı sonuca bağlayın. Lokasyonunuzu, motivasyonunuzun parçası yapın.

İşi Arzulanan Bir Şey Yapın

Tom Sawyer, arkadaşlarına çit boyatıp bu ayrıcalık için para ödemelerini sağladı. İşi, arzulanan bir şey hâline getirdi. Probleminizi birinin size yardım etmeyi istemesi için nasıl yeterince ilginç yapabilirsiniz? Bunu başarmanın en iyi yollarından biri problem çözücünüze bir çözüm yaratması için özgür bir alan vermektir. Probleminiz, yeni ve heyecan verici bir paketleme konsepti bulmaksa, işi tasarım öğrencilerine verin. Onları kısıtlamayın ve kuralları yıkmaya cesaretlendirin. Yaratma özgürlüğü, güçlü bir motivasyondur. İhtiyacınız olana ulaşmak için bunu kullanın.

YENİ STRATEJİLER

"İnsan koşullara uyan planlar yapmaya çalışır."

GEORGE S. PATTON

Bazı stratejiler, bir problemle birbirine o kadar geçmiştir ki ayırabilmek zor görünür. Problem,stratejinin kendisi olabilir. Tesadüfen seçilmiş, oldukça yeni bir stratejiyi düşünün. Yeni stratejinin sizin probleminiz için işe yarayıp yaramayacağını deneyin. Strateji değiştirmekle ilgili birkaç farklı egzersizi aşağıda bulabilirsiniz.

Poker

İyi poker stratejileri kart oyunlarının ötesinde uygulamaya sahiptir. Yakın bir desteden bir kart seçin ya da sadece bunu aklınızda canlandırın. Bir kart seçtikten sonra kart grubunu temel alan yeni bir strateji seçin:kupa, maça, karo ya da sinek.

Kupa

Şimdi blöf yapma zamanı. Güçlü bir pozisyonda olmanız için ne gerekeceğini belirleyin. Bir liste yapın. Sonra listedeki her şeye sahipmişsiniz gibi hareket edin. Güçlü olduğunuz bir açıdan ilerleyin.

Probleminiz, çocuklarınızın daha sağlıklı beslenmesini sağlamaksa, size neyin tartışılmaz bir güç sağlayacağını kararlaştırın. Belki de evinizde abur-cubur bulunmasa, çocuklarınızın da parası olmasa sağlıklı yiyecekler yerlerdi. Bu problemi çocuklarınızla konuşun, bu seçeneği de belirtin. Blöf yaparken, listenizdeki şeyleri de gerçekleştirmeye başlayın. Abur-cuburları atın, sonsuza dek blöf yapamazsınız.

Maça

Bir çözüm bulabilmeniz için potu yükseltmeniz gerekir. Başarı için kendi elinizi yükseltin. Sonuçtan sadece küçük bir çıkarınız olacaksa yeterince çaba harcamazsınız. Çözümü daha gerekli kılması için teşvik yaratın. İftiharlar ya da bahisler güçlü birer kişisel güdüleyici olabilirler. Probleminiz iki ofisi sorunsuz bir şekilde elektronik olarak birbirine bağlamaksa projeyi tamamlama tarihinizi duyurun. Patronunuzla işi zamanında bitireceğinize dair iddiaya girin. Hatta daha iyisi, birlikte çalıştığınız herkes için teşviki arttırın. Hedef tarihi tutturursanız ekip için prim ayarlayın. Kazanmayı, siz ve takımınız için hayati hâle getirin.

Karo

Pas demelisiniz. Problem için yeterince enerji ve para harcarsanız kazanabileceğinizi ama zaferin maliyete değmeyeceğini kendinize itiraf edin. Tatmini, tüm aktivitelerinizin küçük bir oranıyla sağlayacağınızı unutmayın. Kaybeden eli pas geçin ve zamanınızı, enerjinizi kazanan ellere yatırın.

Probleminiz, ne kâr ne zarar eden bir donmuş yemek zincirinin satışlarını yüzde elli arttırmaksa, *pas* demek doğru çözüm olabilir. Üründen vazgeçin ve enerjinizi, paranızı başka bir yere yatırın. Çözüme değmeyen birçok problem vardır. Sizin probleminiz de bunlardan biri olabilir.

Sinek

Eliniz için yeni kartlar seçme zamanı. Hangi becerilerin, stratejilerin ya da planların elenmesi gerektiğine karar verin ve yerlerine başkalarını koyun. Durumunuz kötüyse en az yarısını eleyin. Bilinmeyen ya da kanıtlanmamış yol için bilinen bir çözümü bir kenara bırakmak kolay olmayacaktır. Ancak değişim yararlı olabilir. Şansınızı deneyin. Diş doktoruysanız ve anlaşmalı olduğunuz sağlık planlarından kazanılan geri ödeme bedelini arttırmak istiyorsanız, yeni kartlar seçmeyi düşünün. Çok az ödeme yapan sağlık planlarını iptal edin. Onların kazanmasına izin vermeyeceksiniz. Enerjinizi ve dikkatinizi, hizmet karşılığında makul ücret ödeyen sağlık planlarıyla, müşteri tabanınızı yeniden oluşturmaya harcayın.

Haşereler

Haşereler, problem çözümünde pek çok benzersiz bakış açısına sahiptirler. Sadece insanlarla haşereler arasında değil, türler arasında da strateji açısından büyük farklılıklar vardır.

Bunlardan birini kullanın. Gördüğünüz son haşerenin stratejisini taklit edin.

Sinek

İzlediğiniz son sineği hatırlıyor musunuz? Çılgınca, gelişigüzel bir şekilde vızıldıyordu. Çevrenizde dolaşıyor, hızla hareket ediyor ve ilginç bir şey buluncaya kadar bölgenin büyük bir bölümünü dolaşıyordu. Sonra bulduğu şeyin üzerine tekrar tekrar çullanıyordu. Uzaklaşması için elinizi ona salladığınızda büyük bir çember çizip geri geliyordu.

Bir sinek gibi düşünün ve hareket edin. Yeni fırsatlar için araştırmanızı rastgele yapmayı deneyin. Daha geniş bir dünyada vızıldayın. İlginç olabilecek herhangi bir şey araştırarak hızla ilerleyin. Birçok saldırı açısı deneyerek engellerin çevresinde dolaşın. Hemen vazgeçmeyin. Her zamanki alanın çok uzağında araştırma yapın. Olabilecek en kötü şey,şu anki durumunuz için memnuniyetinizin artması olur.

Son gördüğünüz haşere bir sinekse ve probleminiz zorlu bir şirket devralma anlaşmasıysa hangi sinek stratejisini kullanabilirsiniz? Belki hızlı bir şekilde birkaç alternatif anlaşma sunabilirsiniz. Elinizdeki anlaşma başarısız olursa ne yapacağınıza karar verin. İlk adayınıza geri dönseniz bile, keşifleriniz devralma değeri ve stratejisi için önemli fikirler verecektir.

Örümcek

Çoğu örümcek sineklerden farklıdır. Sonraki öğününü tuzağa düşürmek için ağlar kurar. Ağlar dikkatlice yerleştirilir, dikkatlice örülür. Tüm hazırlıkları tamamlandığında, örümcekler beklemeye koyulur. Bir örümcek gibi düşünmeyi deneyin. Karşınıza çıkacak fırsatları bekleyin. Dikkatlice hazırlanın, böylece büyük fırsat ortaya çıktığında onu kavrayıp ondan faydalanabilesiniz. Nerede olmanız gerektiğini düşünün. Ağınızı kurun. Amacınızı doğru insanlara anlatın. Arkadaşlarınız sizin için bu fırsatı gözlesin. Kararlı hareket etmeye hazır olun. Hazır olmak, fırsatlar doğurur. Bir öz geçmiş, hazır bir finansman kaynağı ya da doğru araç-gereçler bu fırsatın kaçmasını engelleyebilir.

Probleminiz yine zorlu bir şirket devralımıysa ama gördüğünüz son haşere bir örümcekse, o zaman gelecek sefer bir şirketi devralmak için nasıl daha iyi hazırlanabileceğinizi düşünün. Finansal kaynaklarınızı geliştirin. Bir hazırlık takımına anahtar oyuncular atayın. Şirketinizle adaylar ve stratejiler üzerine bir uzlaşmaya varın. Daha iyi hazırlandığınıza göre, fırsatı beklemeniz yeterli olacaktır. Hatta bu sefer, ilk hedefinizin tuzağınıza yakalandığını bile görebilirsiniz.

Karınca

Karınca, tek başına ürkütücü bir varlık değildir. Ancak, karıncalar tek başlarına dolaşmazlar. Büyük ve güçlü gruplar hâlinde yaşarlar. Varlıkları, kalabalık hâlindelerken fark edilir, hatta grup hâlindeyken yağmur ormanlarında tıraşlama kesim bile yapabilirler.

Bir karınca gibi düşünün. Her şeyi tek başınıza başaramazsınız. Amacınızın peşine düşen bir ordu yardımcıya ihtiyacınız olacak. Amacınıza ulaşmanın başkalarına getireceği faydaları düşünün. Şirketinizden birileri, meslektaşlarınız, komşularınız ya da aileniz sizinle aynı şeyi istiyor olabilir. Birlikle çalışmalısınız.

Amacınıza ulaşmanın fayda sağlayacağı insanlar ya da grupların listesini çıkarın. Size yardımcı olmaları için onları nasıl motive edeceğinizi belirleyin.

Yine bu zorlu şirket devralma anlaşmasını yapmanız gerektiğini düşünün, ama gördüğünüz son haşere karınca olsun. Karınca gibi düşünürseniz,bunun için dışarıdan yardım almaya çalışırsınız. Hedef şirketin sizin ihtiyacınız olmayan yönlerinden faydalanabilir? Hedef şirketten kim sizin tarafınızda olabilir? Anlaşmayı gerçekleştirmek için, bundan kazanç sağlayacak insanları sıralayın.

Yedi Cüceler

Pamuk Prenses'in çevresinde dolaşan Yedi Cücelerin her biri hayat için kendi kişisel stratejilerine sahipti. Her bir cüce için yedi farklı problem çözme stratejisi sıraladık. En sevdiğiniz cücenin ya da patronunuza en çok benzeyen cücenin stratejisini kullanın. Cüceyi, stratejileri okumadan önce seçin. Aksi takdirde, kurallarınızı yıkmayan bir cüceyi seçersiniz.

Her bir cücenin size nasıl bir başarılı strateji sağlayacağını zihninizde canlandırmak için, işe gidip gelmenizin korkunç ve sinir bozucu bir süreç olduğunu düşünün. En verimli saatinizi alıyor ve enerjinizi tüketiyor. En büyük önceliğiniz bu sorunu onarmak.

Meraklı

Her şeyi içinizde tutuyorsanız bir problemi çözmek zordur. Üzüntülerinizi dışa vurun. İçinizdekileri dökün. İşe, bir ses kaydediciyle ya da anlayışlı bir dinleyiciyle başlayın. Onlara problemden bahsedin. Duygusallaşmak ya da tutkuya kapılmaktan zarar gelmez.

Hatta,her şeyi ortaya dökecekseniz tutkulu olmalısınız. Sonra, anlattığınız şeyleri not alın. Gerçekleri, tahminlerinizi ve duygularınızı birer kâğıda listeleyin. Listenize uyan bir eylem planı yapın.

İşe gidip gelme probleminizi çözmek için "Meraklı" bir

strateji kullanıyorsanız, sorununuzu patronunuz ya da eşiniz gibi olaya dâhil olan birilerine anlatın. Problemin boyutunu kavrayamamış olabilirler. Daha da önemlisi, sorunlarınızı kelimelere döktüğünüzde, işe gidip gelirken sizi en çok rahatsız eden şeyin ne olduğu ve muhtemel çözümlerin neler olabileceği daha açık olacaktır. Trafik sıkışıklığına yakalanmamak için farklı saatlerde çalışmak, taşınmak, yeni bir iş bulmak ya da evden çalışmak gibi; ihtiyaçlarınıza uyacak bir çözüm mutlaka vardır. Problem yeterince açık olduğunda, çözümü uygulayabilirsiniz.

Mutlu

Çok az insan başarabileceğine inanmadığı bir şeyi başarabilir. Neredeyse herkes başarabileceğine inandığı şeyleri başarabilir. İyimser olun. Kendinizi başarabileceğinize ikna edin, başardığınızı göreceksiniz.

İşe gidip gelme problemi için "Mutlu" bir strateji, arabanızdaki ya da trendeki zamanı mümkün olduğunca eğlenceli hâle getirmektir. Zamanınızı,en sevdiğiniz kitapları dinlemek ya da yabancı bir dil öğrenmek için kullanın. Her bir seyahat için hazırlanın. Sakin ve yavaşça ilerlemek için birkaç dakika erken çıkarsanız ya da yolda geçen zamanı kısaltmak için ciddi çaba harcarsanız, yolculuktan daha çok keyif alabilirsiniz. Sizi en çok mutlu eden stratejiyi uygulayın.

Uykucu

Zorlu probleminiz, biraz dinlenme ve rahatlama sonrası çok daha baş edilebilir görünecektir. Uyuyun. Biraz eğlenin.

Bilinçaltınıza bir şeyleri çözmesi için zaman tanıyın. Enerjinizi yenileyin. Rahatlamanız, zihninizin hâlâ sıkı bir şekilde çalışmadığı anlamına gelmez.

İşe gidip gelme problemi üzerinde çalışmak için "Uykucu" bir strateji, birkaç gün izin alıp bu probleminizden kaçınmak olabilir. Bu tahammül edilemez yolculuk yüzünden her gün neler kaçırdığınızı görün. İyice dinlenip rahatladığınızda, bu yolculuğa gerçekten değip değmediğini kendinize sorun. Değmiyorsa, değiştirin. Değiyorsa, seçtiğiniz durumun tadını çıkarın.

Salak

Cehalet her zaman kötü değildir. Bir şeyin imkânsız olduğunu bilmiyorsanız, bu şeyi gerçekleştirmede başarılı olabilirsiniz. Salak Cüce, imkânsızı gerçekleştirmek için büyük çaba harcardı. İmkânsız, başarılabilir bir şeymiş gibi davranın. Büyük engeller yokmuş gibi davranarak probleminiz üzerinde çalışın.

İşe gidip gelme probleminde "Salak" stratejisini kullanarak çalışma saatlerinizden haberiniz yokmuş gibi davranabilirsiniz. İşe gidip gelirken trafik olmayan saatleri seçin. Daha kısa sürede gidip gelebilmek için daha az çalışın. Öyle şey olmaz diye itiraz etmeyin. Bilmiyorsunuz işte.

Bilgin

Kimse her şeyi bilemez. Biraz tavsiye alın. Bir uzmana sorun. Durumunuzu düzgün biçimde ifade etmek, probleminizi daha iyi anlamanıza yardımcı olur. Probleminizi tam olarak anlamaları gerekmiyor, birkaç şey bilmesi yeterli.

İşe gidip gelme probleminiz için uygun tavsiye verecek uzman kişi, kendi hayatını yolun süresini azaltmak için yeniden düzenlemiş biri olabilir. Bunu nasıl başardığını ve buna değip değmediğini öğrenin.

Huysuz

Kötümser çözümler çetindir. Kötümserler ters gidebilecek her şeyi düşünürler. Dile getirilen teminatlar onlar için yeterli değildir. Huysuz gibi düşünün. Şu anki durumunuzda başka neyin yanlış gidebileceğini düşünün. Eklenmiş bu zorluklarla nasıl baş ederdiniz? Felaket olasılığını nasıl minimize edebilirsiniz? Huysuz bir problem çözücü, bu durum karşısında nasılsa işten çıkarılacağından şikâyet edip dururdu. Bu yüzden, işten çıkıp evine yakın bir iş bulurdu. Ya da evine yakın bir iş bulmanın ne kadar zor olacağından yakınıp işine yakın bir yere taşınırdı. Her hâlükârda, kaçınılmaz sinir krizleri ve trafik sıkışıklıklarının getirdiği ıstırabı azaltırdı.

Utangaç

Sadece sizin dâhil olmanızı gerektiren "Utangaç" bir çözüm bulmalısınız. Başkalarının karar almasını ya da eyleme geçmesini beklemeyin. Çözümünüz asla onların önceliklerinden biri olmayabilir. Kendi otoriteniz ve girişiminizle bu sorunu nasıl çözebileceğinizi belirleyin.

İşe gidip gelme probleminiz için Utangaç bir çözüm, kendi yolunuza gidip evinize yakın bir yerde çalışmanız olabilir. Ailenizin taşınması gerekmez. Kimse çalışma saatlerinizden şikâyet etmeyecektir. Bunu yapın ve yol ıstırabınızdan kurtulun.

Pazartesinin Çocuğu

Pazartesinin çocuğu aydınlık yüzlüdür
Salının çocuğu zarafetle doludur
Çarşambanın çocuğu kederlidir
Perşembenin çocuğunun daha çok yolu vardır
Cumanın çocuğu sever ve bağışlar
Cumartesinin çocuğu geçinmek için sıkı çalışır
Ama Sebt günü doğan çocuk gürbüz, neşeli ve şendir

Herkes haftanın yedi gününden birinde doğduğu için, doğduğunuz gün iyi bir rastlantısal çözüm stratejisidir. Haftanın hangi günü doğduğunuzu bilmiyorsanız, bu yılki doğum gününüzü kullanın.

Pazartesi

Rolünüze daha çok dikkat edin. Konuşma tarzınız ve ses tonunuz rolünüze uygun mu? Oynayacağınız role uygun giyindiniz mi? Nasıl davranıyorsunuz? Problemi çözecek biri gibi giyinin, öyle konuşun ve öyle davranın.

Salı

Daha zarif, hemen göze çarpmayan bir çözüm arayın. Az çabayla aynı etkiyi yakalamanın yollarını düşünün. Basit, kapsamlı çareler düşünün.

Çarşamba

Tüm dikkatinizi ve enerjinizi sizi bu kadar zorlayan probleme verin. Yeterince sıkıntı çektiniz. Bir çözüm buluncaya dek diğer projeleri beklemeye alın.

Perşembe

Uzun vadeli bir çözüme odaklanın. Kısa vadeli çözümlerin sizi yolunuzdan alıkoymasına izin vermeyin. Zamanınızı ve yeteneklerinizi uzun soluklu başarılara odaklayın.

Cuma

Sevdiklerinize daha çok şefkat gösterin ve size yardım edenlerin değerini bilin.

Birini seviyorsanız ona bugün de yarın da onu sevdiğinizi söyleyin. Birine minnettar olmanız gerekiyorsa ona teşekkür edin. Ona neden minnettar olduğunuzu açıklayın. Bu problemlerinizi çözmeyebilir ama çok daha küçük görünürler.

Cumartesi

Probleminizi sıkı bir çalışmayla çözün. Kollarınızı sıvayın ve başarılı oluncaya kadar yılmayın.

Pazar

Yaşamınızda olumlu olan şeyin üzerinde önemle durmanız gerekiyor. Var olan koşulların tadını en iyi nasıl çıkaracağınıza odaklanın. Probleminize yakın gelecekte bir çözüm bulacaksınız ama bugün hayatın tadını çıkarın.

YENİ PERSPEKTİFLER

"Fiziksel kavramlar insan aklının özgür ürünleridir. Öyle görünseler de dış dünya tarafından belirlenmiş değillerdir."

ALBERT EINSTEIN

Herkes gerçekliği farklı algılar. Her bakış açısı farklı bir düşünce dizisini vurgular ya da gizler. Bakış açınızı değiştirmek, çözümlerin gizlendikleri yerden ortaya çıkmasını sağlayabilir. Tek yapmanız gereken bakış açınızı değiştirmektir.

Öteki Beyin(ler)

Aramakta olduğunuz cevaplar kafanızın öbür tarafında olabilir mi? Beyniniz,aslında iki beyinden oluşur. Birini daha fazla kullanırsınız ama diğer beyin de farklı bir açıdan zekidir. O da probleminiz hakkında özenle ve sabırla bilgi toplamıştır, hatta sizin için bir çözüme sahip olabilir.

Yine de diğer beyniniz, baskın beyninizden dolayı düşüncelerini belirtmekte sorun yaşar. Diğer beyninize düşüncelerini ifade etmesi için yol açın.

Diğer beyninizden bir çözüm edinebilmek için ellerinizi ve tekniklerinizi değiştirin. Sağ elinizi kullanıyorsanız sol elinizi kullanın. Solaksanız, sağ elinizi kullanın. Problemleri incelemek için kelimeleri kullanıyorsanız resimlere geçin. Görsel düşünüyorsanız kelimeleri kullanın. Çeşitlilik için aynı zamanda dolma kalem yerine boyalı kalem, resim fırçası gibi farklı çizim ve yazım araçları kullanabilirsiniz.

Diğer elinizle ve yeni araçla probleminizi resmedin. Önemli detaylar, çevresel gerçekler ya da rastgele anlamsız şekilleri de çalışmanıza ekleyin. Problemi resmederken olası çözümler ortaya çıkmaya başlayacaktır. Bu çözümleri, probleminizi resmettiğiniz şekilde yakalayın. Genel tarzınız bu tür kelimeler ya da resimler olabilir, geri dönmemeye dikkat edin. Baskın beyniniz muhtemelen yeni düşünce karşısında heyecanlanacaktır ve üste çıkmaya çalışacaktır. Buna izin vermeyin! Ona da sıra gelecek. Bu çalışmayı tamamlandığınıza karar verdiğinizde probleminiz için benzersiz bir tasvire ve içinizdeki gizli bilginden yükselen iyi çözümlere sahip olacaksınız.

Beyninizin soluna ya da sağına geçiş yapmak aklınızın perspektifini değiştirmek için tek seçenek değildir. Beyninizin bazı parçaları daha nesnelken diğer kısımları daha duygusaldır. Probleminizi objektif olarak çözmeye çalışıyorsanız, daha duygusal yaklaşarak farklı bir perspektif kazanabilirsiniz. Sinirlenin ya da heyecanlanın. Beyninizin duysal merkezlerini kullanın. Probleminizle ilgili düşünmek sizi aşırı duygusal yapıyorsa sakinleşin. Çözümleri bağımsız bir bakış açısı ile değerlendirin. Bunun başka birinin problemi olduğunu düşünün. Sonuçtan etkilenmeyeceksiniz ve sadece tarafsız bir tavsiye veriyorsunuz. Bırakın, beyninizin daha mantıksal parçaları sorunla uğraşsın.

Hastane Yatağı

Sınırlamalar sizi çözümler konusunda daha yaratıcı olmaya zorlayabilir. Hastaneye yatırıldığınızı düşünün. Durumunuz ciddi ve hareketleriniz son derece sınırlı. İlaç verilecek ve ertesi güne kadar uyanmayacaksınız. Sadece bir ziyaretçi kabul edebiliyorsunuz ve iki telefon görüşmesi yapabilirsiniz. Ertesi gün de başka bir misafir ve iki kısa telefon konuşması izniniz olacak.

Probleminizin Tokyo, Londra ve New York'taki ofisleri yönetmek olduğunu düşünün. Bu tüm enerjinizi alıyor ve diğer sorumluluklarınıza enerjiniz kalmıyor. Bir hastane yatağına bağlı olsaydınız problemi çözmek için stratejiniz nasıl değişirdi? Nasıl başarırdınız? Muhtemelen anahtar sorumluluklar için görevi her bir ofisteki personele devreder, ofistekileri koordine etmek için de zorunlu bir konferans görüşmesi ayarlardınız. Ya da operasyonları tekrar yapılandırırdınız ki her ofis kendisiyle otonomi içinde çalışsın ve koordinasyon en az düzeye insin. Her iki yöntemle de işleri bir hastane odasından idare edebilirsiniz ya da diğer sorumluluklar için zaman bulabilirsiniz.

Nesiller Arası Uçurum

Farklı nesillerin olaylara bakış açısı da farklıdır. On iki yaşındaki birinin düşünce süreci, doksan iki yaşındaki birinin düşünce sürecinden farklıdır. Bu sabah yatağın solundan kalktıysanız on iki yaşındaymışsınız gibi bir çözüm bulmaya çalışın. On iki yaşındakilerin hemen hemen her problem için cevapları vardır, bir odayı nasıl temiz tutacaklarına dair çözüm bulmaları gerektiği zamanlar hariç. On iki yaşındakiler doğaçlama, gelişigüzel çözümler konusunda ustadırlar. Yeterli bant ve ip verildiğinde her şeyi tamir edebilirler. Her şeyi yapabilirler. Sınırsız bir enerjileri vardır. On iki yaşında bir çözüm yaratın.

Probleminiz, sıkı bir iş gücü piyasasında gelişmekte olan bir işletmeye eleman alımıysa, ofisinizi şehirde çalışılabilecek en eğlenceli yer yapmaya karar verebilirsiniz. Video oyunları ve oyuncaklar, pizza partileri ve kayak gezileri düzenleyin. Ofisiniz öyle harika bir yer olur ki enerjik başvuruların akınına uğrarsınız.

Yatağın sağ tarafından kalktıysanız o zaman çözümünüzü doksan iki yaşındaki biri gibi bulun. Şu anında kendi mirasınızın da değerini anlıyorsunuz. Çözümünüzün şimdiden elli yıl sonra nasıl önemli olacağına dair net bir düşünceye sahipsiniz. Doksan iki yaşında bir çözüm yaratın.

İşe alma problemine doksan iki yaşında bir çözüm, çalışanlara güvenlik ve saygı kazandırmak olabilir. Çalışanlarınıza, işleri için sorumluluk ve otorite sağlardınız. Hata yaptıklarında bile yanlarında olduğunuzu bilmelerinin güvenini sağlardınız. Böylece çalışanlar işten ayrılmaz, arkadaşlarını da sakin ve tatmin edici bir iş ortamı için çağırırlardı.

Yerinizi Değiştirin

Tanıdık çevreler tanıdık düşünceleri besler. Aynı insanlarla, aynı yerlerde bir arada olmaya devam ederseniz büyük ihtimalle aynı düşüncelere sahip olmaya da devam edersiniz. Çevrenizi değiştirdiğinizdeyse, yeni kavramları canlandırmak daha kolay olur. Isaac Newton, en büyük iç görülerinden bazılarına, veba hastalığı nedeniyle Lincolnshire'dan Cambridge'e kaçtığında ulaşabildi. Mekân değişikliği özgürleştirici olmuştu.

Uzaklaşmanın pek çok yolu vardır. Kenti terk etmek, bu yollardan biridir. Aynı zamanda bir kafe, kütüphane ya da parkta probleminiz üzerinde çalışabilirsiniz. Ya da bir arkadaşınızla arabayla dolaşarak konuşabilirsiniz. Her değişik çevre sizde nispeten farklı düşünceleri canlandırır.

Farklı bir kalabalıkta takılarak da çevrenizi değiştirebilirsiniz. Yatırım bankacıları ve performans sanatçıları ya da öğretmenler ve muhasebeciler birbirlerine çok değerli yeni perspektifler verebilir. Eğer probleminiz isyankâr bir çocuğu yatağına zamanında göndermekse o zaman öğleden sonrası için parka gidin. Evdeki gerilimden uzaklaşın. Ortamınızı değiştirin, birkaç çocuk oyunu izleyin ve manzara değişiminin düşüncelerinizi nasıl değiştirdiğini görün.

Karşı Bakış Açısı

Probleminize ilişkin durumlarla ilgili karşıt düşünceyi benimseyerek kolaylıkla yeni bir bakış açısı kazanabilirsiniz. Gerçekleri yeniden biçimlendirin. Düşüncenizi değiştirin. Diğer tarafa geçerken düşüncenizdeki değişiklikleri not edin. Karşıt bir çözümü yarattıktan sonra tekrar eski konumunuza dönün. Gerçek bir çözüm için size nasıl fikirler verdiğini görün. Probleminiz takımınızın parlak bir genç üyesini eski kurtlarla arasını açmadan terfi ettirmenin yolunu bulmaksa, karşıt görüşü benimseyin. İşinde kıdemli birini nasıl terfi ettirirdiniz ve bu sırada yeni gelen parlak elemanı nasıl korurdunuz? Muhtemelen onu üst düzey bir stratejik planlamada ya da yaklaşmakta olan bir pazarlık için görevlendirirdiniz. Şimdi bu çözümü yetenekli kıdemli çalışanlarınıza uygulayın.

BÖLÜM ON İKİ

HER GÜN EINSTEIN GİBİ DÜŞÜNMEK

"Önemli olan, soru sormayı bırakmamaktır."

ALBERT EINSTEIN

Şimdiye kadar Einstein gibi düşüme tarzını çok iyi yönetilmesini ve tekrarı gerektiren zorlu problemler üzerinde kullandık. Fakat Einstein gibi düşünmek aynı zamanda daha küçük,günlük problemler üzerinde de işe yarar.

Einstein gibi düşünme yöntemini küçük problemler üzerinde kullanmanın anahtarı, problemi bu kadar sinir bozucu yapan kuralı hemen tanımlamak ve yıkmaktır. Aşağıdaki dört küçük problem tekniğinden birini kullanın. Bu problemler daha önce öğrendiğimiz dört kural yıkıcı teknik üzerine hazırlandılar.

İstediğini Yap

Sinir bozucu bir probleminiz var. Muhtemelen, çiğnenmemesi gerektiğini düşündüğünüz bazı kurallar nedeniyle sorunu istediğiniz şekilde çözemiyorsunuz. O kuralı çiğneyin ve istediğinizi yapın!

Kopenhag Savaşı'nda İngiliz Amiral Horatio Nelson, komutanından gelen bir emri görmezden geldi. Geri çekilmeleri işaret edildiğinde Nelson, teleskobunu görmeyen gözüne tuttu. İşareti göremediği için, kendi istediği şeyi yaptı ve başarılı oldu. Nasıl bir mazeret sunarsanız sunun ama istediğiniz şeyi yapın.

Hiçbir Şey Yapmayın

Sinir bozucu küçük bir problemi çözmeniz gerektiğini düşünüyorsanız, o zaman karşı kural yöntemi, hiçbir şey yapmamanız olur. "Bu problemi ben çözmeyeceğim" şeklinde bir kural yaratın. Bu kadar.

Scientific American dergisi, bir keresinde Einstein'ın görelilik teorisini en fazla üç bin kelimeyle en iyi şekilde açıklamak için bir yarışma düzenlemişti. Einstein'ın, "Arkadaş çevremde yarışmaya girmeyen tek kişi benim. Yapabilir miyim bilmiyorum" diye belirtti. Böylece Einstein için yarışma problemi ortadan kalktı.

Görevi Devredin

Küçük bir problemi çözmenin en kolay yolu, problemi başka birine devretmektir. Problem çözülür ama siz bununla uğraşmazsınız. Kuralı alt ettiniz.

Çevrenizde size daha çok yardımcı olması gereken biri var mı? Problemi ona devredin. Sizin ilginç bulmadığınız bir problemin sorumluluğunu ve zorluğunu üstlenmek isteyecek biri var mı? Problemi ona devredin. Belki de problemin çözülmesini isteyen başka biri vardır. Bu problemle ilgilenirse ona yardım edeceğinizi söyleyin. Bu, iki taraf için de güzel bir anlaşma olur.

Ne Yapardı?

Kural yıkma bölümünde, James Bond gibi yüksek yetenekli birine kendi problemimizi devrettiğimiz bir egzersiz yapmıştık. Bu egzersiz, kural yıkıcı bir tavır geliştirmek içindi ama aynı zamanda küçük problemlerle baş etmek için de muhteşem bir yöntemdir. Bir rol model olarak problemleri oldukça iyi idare eden birini seçin. Küçük ve sinir bozucu bir probleminiz olduğunda kendinize rol modelinizin ne yapacağını sorun. Kendinize,tıpkı onun gibi davranmak için özel bir izin verin. Bu tavrı geliştirirken, küçük problemleri çözmek için harika bir yöntem olduğunu fark edeceksiniz. Kimseye ateş etmeyin yeter.

KURAL YIKICILAR RİSK ALIR

"Bir hayatın, başka hayatlar üstündeki etkisi dışında bir önemi yoktur."

JACKIE ROBINSON

Einstein gibi düşünme yöntemini ve problem çözmek için kural yıkmayı biraz risk almadan uygulayamazsınız. Einstein, başkalarını rahatsız etmesine rağmen kişisel yaşamında kuralları özgürce yıktı. Einstein, kendi istediği şeyleri yaptı. Sınırları tanımada zorlandı. Yapmak istediği şey zor olsa da yine de yapardı. Yapmak istediği şey asilce ama tehlikeliyse, yine yapardı. Yapmak istediği şey zalimce olsa da yapardı. Kuralların ona engel olmasına izin vermezdi. Nezaket, incelik ve iyilik gibi kurallar hafife alınmamalı. Bunlar, daha önemli çözümler olabilir.

EINSTEIN DÜŞÜNCE PRATİĞİ

"İyi bir akla sahip olmak yeterli değildir, önemli olan onu doğru bir şekilde kullanabilmektir."

RENE DESCARTES

Einstein gibi düşünme yöntemi, Albert Einstein için normal bir şeydi. Tıraş olurken çok dikkatli olması gerektiğini fark etti çünkü tıraş olurken her zaman aklına güzel fikirler gelirdi ve heyecandan yüzünü keserdi. Biz de bu kadar yaratıcı olabiliriz, sadece daha çok çaba göstermemiz gerekir. Neyse ki Einstein gibi düşünebilme alışkanlığı edinmek için daha basit yollar da var. Pratik yapmak, değişiklik ve araçlar yardımıyla daha kolay ve daha etkili bir şekilde Einstein gibi düşünmeyi başarabilirsiniz. Isaac Newton'a bu kadar harika keşfi nasıl yapabildiği sorulduğunda cevabı, "Daima bu keşifleri düşünerek" oldu. Bu, tüm problem çözücüler için iyi bir tavsiyedir. Her şey gibi, kuralları yıkma ve rutinlerin dışına çıkma beceriniz pratikle gelişir. Ne kadar çok yaparsanız o kadar kolaylaşacaktır. Aşağıdaki basit egzersizlerden biri ya da daha fazlasını günlük rutininize ekleyin, Einstein gibi düşünme pratiği yapmak için kullanın.

ÇÖZÜLMÜŞ PROBLEMLER

"Çok az kişi kendi gözleriyle görüp kendi kalbiyle hisseder."

ALBERT EINSTEIN

Hâlihazırda çözümü olan problemleri çözmek, Einstein gibi düşünmek için harika bir pratiktir. Yaptığınız bir şeyi seçin; mesela, araba yıkamak. Bu yaygın problemi Einstein gibi düşünerek yeniden çözmeyi deneyin. Kuru bir güderi parçasıyla düzenli olarak silmenin arabanızın daha parlak görünmesini sağlayacağı sonucuna varabilirsiniz. Çünkü arabanızı yıkamanın temel sebebi budur. Daha geniş bir çerçevede düşünürsek, evde video oyunları oynamaktan başka yapacak bir şeyleri olmadığını iddia eden çocuklarınızın arabayı yıkaması harika bir çözüm olur. Hatta, sonuç olarak Seattle'a taşınmaya bile karar verebilirsiniz. Böylece daha büyük bir ihtiyacınızın da karşılanacağı gibi, orada arabanızı daha az sıklıkta yıkamanız gerekecektir. Bir çözüm yaratmak için Einstein gibi düşünmenin tüm hilelerini kullanın. Problemi tanımlayın, yeni düşünceler oluşturun, kuralları yıkın ve bir çözüm geliştirin. Bu egzersiz, sadece pratikten daha fazlası olabilir. Problemler, ortada bir ihtiyaç olduğunda çözülür. Bu problem, kimsenin uzun süredir hakkında ciddi olarak düşünmediği bir problem olabilir. Çözülmesi için hiç ihtiyaç olmamıştır, çünkü zaten bir çözümü vardır. Ancak, muhtemelen çok daha iyi bir çözümü de vardır. Bu çözümü bulabilirsiniz, kuralları yıkın yeter.

APTALCA SORULAR

"Bilgisayarlar hiçbir işe yaramaz. Sadece size cevapları verebilirler."

PABLO PICASSO

Aptalca sorular, yıkılması gereken kuralları bulmak için harika bir yöntemdir. Konfüçyüs, öğrencilerinin çoğunun cahilliklerinin ortaya çıkmasından korktukları için soru sormaya çekindiklerini fark etti. Öğrencilerine, "Bildiğini bilmek de, bilmediğini bilmek de birer bilgidir." anlayışını öğretti. Birinin kendi cahilliğini anlaması da bilgidir. Bir şeyi bilmiyorsanız, sorun. Yeterince şey bildiğinize inanmak gerçek cahilliktir. Daha fazla cevap bulabilmek için daha fazla soru sorun. Anlamadığınız zaman açıklama isteyin. "Neden" ile başlayan sorular, bir problemin köküne inmek için mükemmeldir. Aptalca sorular sorun. Her şeyi sorgulayın. Yüzeysel açıklamaların ardındaki gerçek nedenleri derinlemesine inceleyin ve merakla gözlemleyin. Aptalca sorular, son derece bilgece olabilir. Problemin nedeni olabilecek,sorulmamış varsayımların temeline inerler. Telefonunuzun alarmını her gün aynı zamanda çalacak şekilde kurun. Alarm kesilmeden kendinize en az bir aptalca, deneme sorusu sorun. Gerçek anlamda aptalca olan tek soru, hiç sorulmamış olandır.

EINSTEIN'IN ZAR ATIŞI

"Tanrı, evrenle kumar oynamaz."

ALBERT EINSTEIN

Tanrı, evrenle kumar oynamasa da rastgele zar atmak, Einstein gibi düşünmekte size yardımcı olacaktır. Zarlar küçük, ucuz ve taşıması kolay şeylerdir. Mükemmel derecede tesadüfe dayalıdırlar. Bir problemi düşünürken zar atın ve Şekil 12.1'de o sayıya denk gelen Einstein gibi düşünme tekniğini kullanın. Bir kural rutininin dışına çıkmak için zar kullanmanın pek çok yolu var. Esas seçeneği kullanmak yerinde, altı adet alternatif düşünün ve zar atarak seçiminizi yapın. Ya da direkt olarak zarda gelen sayıyı kullanın. Düşüncenize cesaret katması için zarı masanızın üzerinde bırakın. Zarı elinizde sallamak, zihninizi kuralları yıkmaya hazırlar. Ayrıca sizi kural yıkma rutinine girmekten de alıkoyacaktır.

Einstein Zar Atışı

Zar	Eylem
1	Problem/çözüm tanımını geliştir.
2	Deneme çözümü, test ya da deney öner
3	Motivasyonu geliştir
4	Bir kural tanımla
5	Bir kalıbı kır
6	Bir kuralı yık

Şekil 12-1

ARABA SÜRERKEN

"Merakın var olması için kendi sebepleri vardır."

ALBERT EINSTEIN

Einstein gibi düşünme yöntemini işe gidip gelme süreniz boyunca uygulayın. Yol boyunca çözmek üzere problem listenizden bir problem seçin. Yenilikçi düşünceyi teşvik etmek için önünüzdeki arabanın plakasındaki harfleri ve rakamları kullanın. Plakalar, mükemmel fikir tohumlarıdır. Yola bakarken düşünmek için de zamanınız olur. Ticari bir gösteri için zekice bir temaya ihtiyacınız varsa ve plakasında *L* olan bir arabayı takip ediyorsanız o zaman *L* ile başlayan çözümler yaratmaya başlayın. Serginiz Mona Lisa kopyasının olduğu seçkin bir Louvre müzesi temasına sahip olabilir ya da kalabalıkları çekmek için lunaparkı kullanabilirsiniz. Bir laboratuvar motifi ürününüzdeki bilimsel yönü vurgulayabilir. Eski düşünce kalıplarınızı yıkmak için plaka fikir tohumunu kullanın.

DEĞİŞİM

"Hayatınız şans eseri daha iyi hâle gelmez, bu ancak değişimle mümkündür."

JIM ROHN

Einstein gibi düşünme yöntemi, açık fikirli olduğunuz oranda doğallaşır. Her türlü değişimsizi alternatifler konusunda daha rahat hissettirir. Değişimi sevmiyorsanız, problem çözümünüzde değişimi kullanmak için en iyi adaysınız demektir.

Rutininizi yeni düşünce kalıpları oluşturmak için değiştirin. Normal rutininizdeki her unsur düşünce kalıbınızı etkiler. Değişim, sizi kural rutininizin dışına çıkmaya zorlar; zorlu bir problemi çözmekte düşüncenizin değişmesini kolaylaştırır. Genelde işe sabah saat yedide başlıyorsanız çözülmesi gereken zorlu bir probleminiz olduğunda işe saat dokuzda başlayın. Bu ekstra iki saati egzersiz yapmak, okumak ya da kahvaltıya çıkmak için kullanın. Genel rutininizi bozun. Sonra işe gitmek için yola çıkmadan önceki son yarım saati problem çözücü fikirler geliştirmek için kullanın.

FARKLI İÇERİK

"Çok fazla kitap okuyan ve kendi aklını çok az kullanan insan, alışılmış düşünce tembelliğine düşer."

ALBERT EINSTEIN

İnsanlar, kendi kural rutinlerini onaylayan materyalleri okuma ve inceleme eğilimindedir. Bilinçli olarak normalde okumayacağınız bazı blogları, web sitelerini ve süreli yayınları seçin. Bir denizcilik bloğu seçin. Bir moda sitesini gezin. Rönesans resimleri inceleyin ya da biyoloji üzerine bir kitap okuyun. Aklınızı çeşitli, dengeli diyetle besleyin. Düşüncenizi değiştirmek için okumayı kullanın. Dünya görüşünüzü değiştirin; mesela, bir kaykaycı gibi düşünün. Bir dergiye göz atarken farklı bir bakış açısına tahammül edemiyorsanız, ciddi bir probleme farklı çözüm bulmakta zorlanırsınız. Einstein gibi düşünme yeteneğini oluşturmak için değişik içeriklerin etkisini kullanın.

BOŞ VAKİT AKTİVİTELERİ

"Bilim, eğer insan onunla geçimini sağlamak zorunda değilse harika bir şeydir."

ALBERT EINSTEIN

Boş vakit aktiviteleriniz, daha radikal değişimler için en uygun zamanlardır. Kariyerinizi, yaşadığınız yeri ya da arkadaşlarınızı değiştirmek ciddi değişikliklerdir. Oysa, boş vakitlerinizi bu hafta sonu değiştirebilirsiniz. O hâlde, neden biraz karmaşa yaratmıyorsunuz? Bu hile için favori eğlence aktivitenizi Şekil 12.2'deki eylem listesinden seçin. Bir dahakine bu aktiviteyi yapacağınızda, öncesinde ya da sonrasında listedeki bir aktiviteyi uygulayın. Yeni bir şeyler deneyin. Yeni insanlarla tanışın. Farklı bir çevreye girin. Değişim, ilerleme kaydetmenizi sağlayacak.

Boş Vakit Aktiviteleri

Zar	Eylem		
• Televizyon • Su Kayağı • Taş sektirme • Komedi Kulüpleri • Golf • Yelken kanat Sporu • Yemeğe Çıkmak • Kayak • Atlama • Heykelcilik • İnsanları Gözlemlemek • Bekâr Barları • Denizcilik • Kanser Araştırması • Dalış • Tüple Dalış • Senfonilere Katılmak • Bahçe İşleri • Araba Yarışı • Politik Bağış Toplama • Raketbol • Bisiklet Sürmek • Yıldız Gözlemi • Zengin Olmak • Ata Binmek • Dart Oynamak	• Spor Müsabakaları İzlemek • Alışveriş Yapmak • Dağ Bisikleti Kullanmak • Casusluk • Halter Kaldırma • Basketbol • Kaya Tırmanışı • Günlük Tutma • Uçurtma • Yemek Pişirmek • Pul Koleksiyonu • Su Kayakçılığı • Mağaraları Araştırmak • Monopoli Oynamak • Tek Sıra Paten • Motosiklet • Resim Çizmek • Satranç • Protesto Düzenlemek • Yağlı boya Tablo • Yapmak • Filmler • Arazi Yarışları • Kumdan Kaleler • Pirinçten Eserler Yapmak • Tenis • Rock Müzik Konserleri	• Yabancı Filmler • Şikâyet Etmek • Yemek Yemek • Geç Saatlere Kadar Çalışmak • Şarap Tatma • Okuma Yapmak • Yüzmek • Kumar • Gizemler • Şnorkelle Dalma • Paraşütle Atlama • Softbol • Bowling • Görünür • Olmak • Dergi Okumak • Yürüyüş • Yapmak • Kurgu Yazarlık • Yakın Çevre Partileri • Balıkçılık • Dans • Sanat Galerileri • Büyük Partiler • Kâğıt Katlama Sanatı • Müzikle Uğraşmak • Ev Dekorasyonu	• Kampçılık • Toplum Bilinçlendirme Çalışmaları • Dama • Geçmişi Düşünme • Koşu • Operaya Gitmek • Eşek Şakası Yapmak • Kuş İzlemek • Kar Kayağı • Kitap Okumak • Güneşlenme • Oda Müziği • Sörf • Şekerleme Yapmak • Kano • Balonla Gezi • Briç • Duvar Tenisi • Telefonda Konuşmak • Tarihi Yerleri Gezmek • İçmek • Bitki Koleksiyonu • Ünlülerden İmza Toplamak

Şekil 12-2

Sanat

Sanat, yaratıcı düşüncenizi geliştirmek için harika bir yoldur. Beyniniz için jimnastik görevi görür, yaratıcı gücünüzü geliştirir. Einstein hevesli bir kemancıydı. Keman, onun için farklı kurallar ve sınırları olan rahatlatıcı bir zihinsel meydan okuma sağlıyordu. Yaratıcılığınıza sanat aracılığıyla egzersiz yaptırmamanız için hiçbir neden yok, sanatsal bir yeteneğiniz olmadığını düşünseniz bile.

Beceri eksikliği, bir ameliyat yapmamak için iyi bir neden olabilir ama sanat yapmamak için yeterli bir sebep değildir. Sanat yaratıcılığınızın zincirlerini kırmak için mükemmel bir yöntemdir. Yeni bir şeyler yaratın. Bir resim çizin. Şarkı yazın. Cesur olun. Yenilikçi olun. Kimse ölmez. Yapılar yıkılmaz. İşler batmaz. Düşünce tarzınıza yaratıcı bir cesaret eklersiniz.

KARİYER DEĞİŞİMİ

"İş, vücudun yapmaya zorlandığı şeylerden meydana gelir. Oyun, vücudun yapmaya zorlanmadığı şeylere denir."

MARK TWAIN

Kariyer değiştirmek, boş zamanlarda yapılan eylemleri değiştirmekten daha zordur. Yine de çoğu insan yaratıcılıklarını yeni bir alana girerek özgür kılmışlardır. Einstein, fizik alanından devlet adamlığına ve barış eylemciliğine pek çok kez kariyer değişimi yaptı. Değişim, ona canlandırıcı yeni zorluklar sundu ve o da fırsatları değerlendirdi.

Tarımı, mühendisliği, bilimi, politikaları, inancı ve sanatı birleştirmek Jefferson ve Da Vinci gibi tarihin en büyük akıllarını üretti. Kariyer odağınızı değiştirerek kural yıkma becerinizi geliştirebilirsiniz.

Uzmanların bol bulunduğu çağımızda, alan değiştirmenin belli zorlukları vardır. Bir insanın bir alanda katkı sunması için yıllar süren eğitim ve deneyimlerden geçmesi gerektiğine inanıyoruz. Başka bir deyişle,kişi bir kural rutinine derinlemesine bağlı olmalı. Kendi sahanızın dışındaki bir şeye katkıda bulunmak zordur. Yine de yapılabilir. Nobel ödüllü fizikçi Richard Feynman, yazlarının çoğunu kendi uzmanlık alanı olmayan biyolojide araştırmalar yaparak geçirdi. Bu perspektif değişimi, Feynman'ın zihninin keskin kalmasını onu eski kural rutinlerinin dışına çıkararak sağladı.

Siz de başka bir alandaki problemler üzerine birkaç saat çalışarak, kendiniz için benzer bir düşünsel tatil sağlayabilirsiniz. Sizden çok farklı şeyler yapan zeki bir insan bulun. Şu anki temel problemini açıklamasını isteyin. Problemi detaylarıyla anlayın. Sonra çözün. Bu aklınızdaki kalıpları kırmanıza yardım edecektir. Aynı zamanda siz de çözümünüzü arkadaşınızla paylaşabilirsiniz. Harika bir fikir bulsanız bile, muhtemelen saflığınıza gülecektir. Çünkü işler böyle yürümüyordur. Arkadaşınızın rutinlerinin düşüncelerini nasıl sınırladığına dikkat edin.

Güncel uzmanlık alanınızda tükendiğinizi hissediyorsanız, değişim yapmak yaratıcı patlamalara öncülük edebilir. Michelangelo'nun, Sistina Şapelindeki muhteşem duvar resimleri bunun için iyi bir örnektir. Michelangelo, kariyerinin çoğunu bir heykeltıraş olarak geçirdi. Heykel alanındaki deneyimi ona engel olmak yerine, onun dünyanın en iyi duvar resimlerini yaratmasına yardımcı oldu.

Yeni bir alanda uzmanlaşmak, problem çözme yeteneğini geliştirir. Birden çok alandaki çözüm teknikleri hakkında bilgi sahibi olduğunuzda, alternatif yolları fark etmek daha kolay olur.

DÜŞÜNCE ARAÇLARI

"Bana dayanak noktası verin, ben de dünyayı yerinden oynatayım."

ARŞİMET

Arşimet, ona yeterince uzun bir kaldıraç ve dayanak noktası verirseniz dünyayı kımıldatabileceğini iddia ediyordu. Günümüzde, fiziksel araçlardan edinebileceğimiz inanılmaz "kaldıraç gücü" hakkında büyük bir anlayışa sahibiz. Güçlü araçlar olmaksızın gerçekleştirebileceğimiz birkaç fiziksel görev vardır. Yine de zorlu zihinsel görevlere tereddüt etmeden çıplak elle girişiyoruz. Çözüm bulmak için not defteri ya da ses kayıt cihazı gibi bir araç kullanmayı deneyin.

KAYDETME ARAÇLARI

"Bazı soruları sormak, tüm cevapları bilmekten daha iyidir."

AMES THURBER

Düşünce araçları, iki farklı tipte karşımıza çıkar. Birinci tip, düşünceleri siz onları yaratırken kaydeder. Bir düşünce daha fazla düşünceyi doğuracaktır. Bir ilhamı kaybettiğinizde, sadece o düşünceyi değil aynı zamanda onun sizin için yaratabileceği tüm düşünceleri kaybedersiniz. Yarattığınız tüm konseptlere sahip çıkın. Her gün sahip olduğunuz düşüncelerin birkaçını yakalayabilir ve kullanabilirseniz, bu düşünceler daha faydalı pek çok düşünceye öncülük ederler.

Not Yerleri

Birçok harika düşünür not defteri tutardı. Not defterleri ya da not alma uygulamaları; yeni, tamamlanmamış düşünceleri kaydetmek için harikadır. Yeniden gözden geçirilebilecek ve ekleme yapılabilecek düşüncelerin kaydedilmesini sağlarlar. Özellikle sıra dışı fikirler yakalamanız için çok önemlidir. Genel düşünce kalıplarına uymayan fikirler kolaylıkla kaybolur çünkü onlara uyacak hiçbir bağlam yoktur. Hatırlanabilmeleri için kaydedilmeleri gerekir.

Fikir bulma açısından durgunluk yaşıyorsanız, notlarınızı gözden geçirmeyi deneyin. Eski Kolomb Konseptleri size ilham sağlayabilir. Önceki iyi ve kötü fikirleri hatırlamak, beyninizin daha yaratıcı alanlarına giden yolları açacaktır.

Ses Kaydedici

Fikirlerinizi bir yere not etmek her zaman mümkün değildir. Eğer yazamayacak durumdaysanız telefonunuza bir ses kaydedici yükleyin. Böylece notlarınızı araba sürerken, yataktayken ya da bir sırada beklerken sesle not edebilirsiniz.

Aklınızın serbestçe dolaşmakta özgür olduğu zamanlar fikir yaratmak için verimli fırsatlardır. Bu fikirleri kaydederek değerlendirin.

Fikirler, Samuel Coleridge'in tamamlanmamış şiiri "Kubilay Han"gibidir. Coleridge, bir rüyadan uyanıp onu şiir olarak yazıya döker. Ancak, şiiri yarıda kesilir. Sonrasında, rüyayı da şiiri nasıl bitireceğini de hatırlayamaz. Bu, büyük bir talihsizliktir çünkü bu şiir onun en iyi şiirlerinden biri olacaktır. Siz de muhtemelen kaydedemediğiniz için birçok güzel fikri elinizden kaçırmışsınızdır.

Kayıtlarınızı hiç dinlemeseniz bile, fikrinizi kelimelere dökmek için vakit ayırarak düşünce sürecinizi güçlendirdiniz. Ses kaydınızı daha fazla fikri teşvik etmesi için araba sürerken kullanın. Düşüncelerinizi dinleyin. Dinlerken kaydettiğiniz konseptler güç kazanacak ve ayrıca yeni, bütünleyici fikirler edineceksiniz.

Ses kayıt cihazı, aynı zamanda fikir akışımızı tıkama eğilimindeki sıradan düşüncelerimizin kaydedilmesi için de faydalıdır. Video kadar göz korkutucu değildir. Kendinize sürekli olarak kuru temizlemeciye gitmeyi hatırlatıyorsanız, bunun için bir ses kaydı yapın. Sonra çekirdek probleminize odaklanmaya devam edin.

Zihinsel Görüntüler

Telefonunuz her zaman yanınızda olmayacaktır, bu yüzden çok değerli bu hafıza oyununda ustalaşın: Aklınızdan aptalca resimler yaratmayı öğrenin. Zihnimiz, görüntüleri hatırlamak konusunda büyük bir yeteneğe sahiptir. Erkek kardeşinizin telefon numarasını hatırlayamasanız bile bir bilgisayar hafızasını dolduracak kadar görüntüyü kaydedebilirsiniz. Kaydedemeyeceğiniz bir fikir bulduğunuzda, onu bir resim olarak canlandırın. Bir ürün tasarımından çıkarabileceğiniz iki vida düşünüyorsanız o zaman kendinizi iki dev vidayı sökerken size yukarıdan para yağıyormuş gibi zihinsel bir resim çizin. Bu resmi,önemli özellikleri kocaman ölçülerde yaparak ya da eylemi gülünçleştirerek hatırlanabilir kılın. Fikrinizi kaydedinceye kadar kolayca hatırlayabileceğinizi göreceksiniz.

YARATMA ARAÇLARI

"Bir kör kalem, iki keskin akla bedeldir."

Anonim

İkinci tip düşünce aracı, fikirler yaratmanıza yardım eder. Konseptleri farklı bir şekilde sunarak aklın doğuştan gelen problem çözme yeteneğini geliştirir. Araçlar, Einstein gibi düşünmek için güçlü kaldıraçlardır.

Boş Kâğıt

Büyük boş kâğıtlar, düşünceler için mıknatıs gibidir. Kaydedilecek bir yer olduğunda, düşünceler bir anda beliriverir. Bir bilgisayar kullanmak, daha düzenli bir kayıt tutmanıza yardımcı olur ama harika fikirler her zaman düzenli değildir. Boş kâğıt, yaratıcı düşüncelere ilham verir. Etrafınızda bolca boş kâğıt bulundurun. Aksi takdirde, kâğıt yokluğu fikirlerinizi sınırlayabilir.

Renkli Kalemler

Zorlu problemler siyah-beyaz değildir, o yüzden siz de o şekilde düşünmemelisiniz. Parlak, çarpıcı renkler parlak, çarpıcı düşünceleri beraberinde getirir. Yakınlarınızda renkli kalemler bulundurun ve düşünürken bu kalemleri kullanın.

Müzik

Müzik, beyninizin yaratıcı merkezlerini tetikler. Hedef probleminiz üzerinde çalışırken, her defasında seçtiğiniz bir parçayı çalmayı deneyin. Müzik sizi son kez probleminiz üzerinde çalışırken sahip olduğunuz düşüncelerinizle buluşturur. Yaratıcı düşünce için kullandığım birkaç favori seçim şunlar:

Johann Pachelbel, Re Majör Kanon

Johann Sebastian Bach, Brandenburg Konçertosu No. 2

Maurice Ravel, "Daphnis and Chloe" Suit No.2

Claude Debussy, "Clair de Lune"

Liste Dışı

Çoğu insan bir problem hakkında düşünürken liste yapar. Yeni düşünceye ilham vermek için bunun yerine liste dışı çalışın. Pek çok liste dışı tipi vardır. Problemin bir resmini çizin. Yerel bankanız, büyük bir ulusal bankayla sert rekabetle yüzleşiyorsa o zaman durumunuzun resmini çizin. Problemin unsurları için karikatür ya da metaforlar kullanın. Kentinizin caddelerine hücum eden, insanları evlerinden ayıran dev bir canavar çizebilirsiniz. Ya da rakip bankadan yürüyerek çıkan bir alay zombi çizebilirsiniz. Mizahi çizimler, zihinsel rutininizden çıkmanız için oldukça güçlü araçlardır.

Aynı zamanda, problemin bir haritasını da yaratabilirsiniz. Düşünce haritaları bir durumun unsurlarını listeler ve ilişkileri göstermek için bu unsurları birbirlerine bağlar. Ulusal bankayla rekabet eden yerel banka problemi için bir düşünce haritası yaratıyorsanız, o zaman kentinizde bir para akışını çizin. Büyük ücret bordoları ve depozitolarını gösterin. Paranın bankanızdan ve rakip bankadan neden gittiğini gösteren bir taslak yaratın. Probleminize çölleri, kaleleri, dağları ve bataklıklarını eklemek daha çok yaratıcılığa ilham olacaktır. Haritalar, boş kâğıt ve renkli kalemler için harika bir kullanım türüdür. Einstein gibi düşünme yönteminin aşamalarını çizerek kalıpları ve kuralları yıkma sürecinde nerede olduğunuzu belirlemek isteyebilirsiniz. Adımlarla düşünceleri birbirlerine bağlamak için okları da kullanın. Anahtar kuralları tanımladığınızdan ve yıktığınızdan emin olun.

Problem Kutuları

Liste dışındakilerin kâğıt üzerinde olması gerekmez. Bir problem kutusu oluşturabilirsiniz. Probleminize ilişkin nesneleri bir kutuda toplayın. Nesneleri elinize alın. Onları koklayın. Seslerini dinleyin. Hatta onları tadın. Bu, beyninizin farklı bir bölümünün problem üzerine odaklanmasını sağlayacaktır.

Kalıplar

Kompleks, görsel kalıplara bakmak sağ beyninizi uyarır ve yaratıcılığı geliştirebilir. Hemen karmaşık bir modele ya da resme bakın. Beyniniz, mekânsal ilişkileri hemen sınıflandıracak ve yeni zihinsel bağlantılar kuracaktır. Bu yeni bağlantılar daha sonra hedef probleminiz üzerinde de işe yarayacaktır.

Telefon Listeleri

"Bir Çözüm Geliştirmek" adını verdiğimiz sekizinci bölümde olgun çözümler geliştirmede zihinsel paylaşımın önemi konusunu tartıştık. Bir problemi ya da çözümü bir başkasıyla tartışmak gerçekten yardımcı olur. Sizinle düşüncelerinizi tartışacak arkadaşlarınızın bir telefon listesini elinizin altında bulundurun. Bir parça yaratıcı ilhama ihtiyacınız olduğunda bu arkadaşlarınızdan birini arayın.

SONUÇ

Zihnimiz olağanüstüdür. Yaratmak ve tasarlamak konusunda neredeyse sınırsız bir kapasiteye sahiptir. Hepimiz Einstein olmayabiliriz, fakat dehaya düşündüğümüzden daha yakınızdır. Hayal gücümüzü serbest bırakmadaki isteksizliğimiz, düşüncemizi ağır prangalara vuracaktır. Bilinçli bir çabayla, gerçek potansiyelimizi fark etmeye bir parça daha yaklaşırız. Hepimiz Einstein gibi düşünebiliriz, sadece kuralları yıkmamız gerektiğini unutmamamız gerekiyor.

EK-A

EINSTEIN GİBİ DÜŞÜNME KILAVUZU

"Önemli her şey hesaplanabilir değildir ve hesaplanabilir olan her şey önemli değildir."

WILLIAM BRUCE CAMERON

Rönesans döneminde İtalyan şehir devletlerindeki tacirler, işlerini devasa ticari imparatorluklar hâline getirdi. Bilinçli işletme kararları almak kolay değildi. İletişim zayıftı. Alışverişlerin tamamlanması aylar alıyordu. Kimse, zenginliği ya da iflası getirebilecek, sürekli değişen trendleri tam olarak anlayamıyordu. Leonardo Fibonacci adında bir adam bunu tamamen değiştirdi. Fibonacci, Kuzey Afrika'da büyümüştü. Burada, Araplardan çift girişli muhasebe sistemini öğrendi. Bu metodu, büyük ölçüde benimseneceği Rönesans İtalya'sına taşıdı. Bu kayıtlar, hesap defterleri, özet profillerle bireysel işlemler anlaşılabilir trendlere çevrilebiliyordu. Çift girişli hesaplar, Rönesans iş adamlarına karmaşık ve en uzun süreli anlaşmaların özetini çıkarma yöntemini sundu. Kısa bir hesap geçmişiyle,bilinçli kararlar almak ve bir servet kazanmak çok daha kolaydı.

Fibonnacci'nin hikâyesi bize en az iki şey öğretir: İlki, ödünç fikirler işe yarayabilir. İkincisi, kayıt tutmak işimize yarar. Einstein gibi düşünme yöntemi de çok geniş bir süreçtir. Sizi doğru yere yönlendirecek basit hesaplamalar olmazsa, eski düşünce alışkanlıklarına geçiş yapmak kolaydır. Bu formları rutinlerinizin dışına çıkarken düşünce verimliliğinizi korumak için kullanın. Probleminizi tamamlamanıza, eski düşünce kalıplarını kırmanıza, kuralları yıkmanıza ve gerçek çözümler geliştirmenize yardımcı olacaklardır.

DOĞRU PROBLEMİ SEÇMEK

Problem Listesi

Çözülmesi gereken her problemi listeleyin. Problemi tanımlamak, genelde bir çözüme ilham vermek için yeterlidir. Sonraki adımı da tanıyıp o doğrultuda harekete geçin. Çoğu problem, seçenek eksikliğinden ziyade, eylem eksikliğinden dolayı çözülemez.

Problem	Neden Çözülmeli	Sonraki Adımlar/ Çözümler

Şekil A.1

Daha İyi Bir Problem Oluşturmak

İyi problemler, iyi çözümlere öncülük eder. Harika bir problem yaratmak için *Harika Problem Kılavuzu*nu kullanın.

İyi Problem Kılavuzu

İlk Problem Tanımı En fazla yirmi beş kelime	
Problem Neden Çözülmeli Çözümün size getirisi ne olacak? Çözüm bulunmazsa ne olur? Problem zorlayıcı ve eğlenceli mi?	
Eski Cevaplar Şu anda elinizdeki en iyi çözümler neler?	
Kurallarım Problemi çözmenin "doğru" yolu nedir?	
Daha İyi Problem Problemin daha etkin bir versiyonunu tanımlayın.	

Şekil A.2

Probleminizi geçerli bir problem hâline getirmek için aşağıdaki kılavuzu kullanın.

Geçerli Bir Problem Oluşturma Kılavuzu

Problem Hiyerarşisi Daha üst düzey ihtiyaçlar nelerdir? Gerçek problem bu mu?	
Problemi Yeniden Ölçeklendirin Problem büyütülmeli mi? Problem küçültülmeli mi?	
Yaygın Sınırlamalar Para sınırlıyor mu? Bir başkasının egosu sınırlıyor mu? Bilgi sınırlıyor mu? Korku sınırlıyor mu? Formaliteler sınırlıyor mu? Yetenek sınırlıyor mu? Zaman sınırlıyor mu? Eğitim ve yeterlilik belgeleri sınırlıyor mu? Taahhüt sınırlıyor mu? Tavır sınırlıyor mu?	
Basitleştirin Problemin daha basit bir versiyonunu tanımlayın.	
Yeni Nitelik Bu problemi çözmek için kim olabilirsin?	

Şekil A.3

Fikir Listesi

Mümkün olduğunca çok fikir yaratın. Ne kadar çok fikir yaratırsanız, o kadar çok kaliteli fikir edinirsiniz. Çözümlerle ilgili bütün fikirlerinizi kaydedin, kötü fikirleri bile. Kötü fikirler, yani Kolomb Konseptleri de faydalı olabilir. Daha fazla fikir için bir katalizör görevi görürler.

Fikir Listesi

Fikir	Neden İşe Yarar	Neden İşe Yaramaz

Şekil A.4

KALIPLARI KIRMAK

Tohum Fikirler

Problem algınızı ve olası çözümleri geliştirmek için çok katmanlı tohum fikirler kullanın.

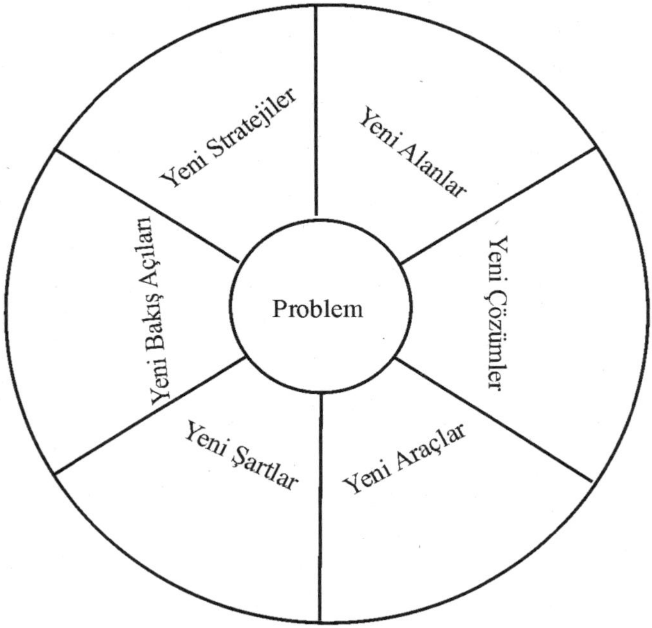

Şekil A-5

Fikir Sentezleri

İlginç konseptleri, fikir sentezleme teknikleriyle geliştirin.

Fikir Sentezi Kılavuzu

Mizah Yeni fikri bir espride kullanın. Mizahi bir resim oluşturun. Tohumu yanlış yerde kullanın.	
Gözünüzde Canlandırın Problemi bir çocuğun gözünden görün.	
Özellikler Fikri benzerlikleri ve farklılıklarına göre ayırın. Daha büyük bir bağlama nasıl uydurulabilir?	
Metaforlar Çözümle tohum arasında bağlantı kurun. Tohum neye benziyor?	
Uygulamalar Tohum ne zaman çözüm olabilir? Tohum fikre uyması için problemi değiştirin. Tohumu bir çözüm olması için uygun hâle getirin.	
Birleştirin Eski çözümleri birleştirin. Karşı çözümlerle birleştirin.	

Şekil A-6

KURALLARINIZI TANIMLAMAK

Probleminizi tanımlarken tespit ettiğiniz sınırlamalar listesine geri dönün. Probleminizi çözmek için bazı kurallarınızı tanımlayın. Bu kuralları aşağıda listeleyin. Ürettiğiniz fikirleri, problemi çözmek için işinize yarayacak fikirleri ayırt edebilmek için listeleyin. Her bir fikri değerlendirin. Neden işe yarayacağına ya da yaramayacağına karar verin. Bu sebepler, aynı zamanda birer kuraldır. Onları aşağıdaki listeye kaydedin.

Kurallar	Kuralı Çiğneyin	Kuralın Etrafından Dolaşın	Karşı Kural Geliştirin	Özel Durum

Şekil A-7

Bu alanda, probleminiz için nasıl ek kurallar bulabileceğinizi kaydedin.

Genel Kurallar

Finansal Kısıtlamalar Para ihtiyacı	
Bilgi Eksikliği Nasıl olduğunu bilmiyorsunuz	
Fiziksel Kurallar Engel yaratabilecek doğa kanunları	
Yasal Sınırlamalar Cezaevine girmenize neden olabilecek kurallar	
Gelenekler ve Tercihler Genel olarak fiziksel ya da yasal kurallardan daha çok önem verilen yazılı olmayan kurallar ya da eğilimler	

Şekil A-8

Kural listenize tekrar göz atın. Probleminiz için bir çözümü en çok zorlaştıran kuralları yıkın.

Kurallarınızı yıkmak için bir yol bulmakta zorlanıyorsanız, bir sonraki listelenmiş çözümlerden birini ya da hepsini kullanın. En çok umut vadeden fikirlerinizi, bir sonraki bölümde yer verdiğimiz çözüm tohumları listesine kaydedin.

Kural Yıkma Kılavuzu

Kuralı Çiğneyin Kuralı bilinçli olarak çiğneyin ve sonuçlarıyla baş edin.	
Kuralların Etrafından Dolanın Kuralı tetikleyen anahtar durumları devre dışı bırakın.	
Karşı Kural Orijinal kurala zıt olarak yeni bir kural yaratın.	
Özel Durum Can sıkıcı kuralların uygulanmadığı, uygun koşulları tespit edin.	

Şekil A-9

ÇÖZÜM TOHUMLARI

En umut verici fikirlerinizden bazıları, gerçek bir çözümün tohumları olabilirler. Bu fikirleri aşağıdaki listeye kaydedin.

Çözüm Tohumları

Şekil A-10

BİR ÇÖZÜM GELİŞTİRMEK

Gerçek bir çözüme dönüşebilecek bir fikir seçin. Hedef çözümü tanımlayın.

Hedef Çözüm

Şekil A-11

Size uygun olmayan gerçekleri görmezden gelin. Etraflarından dolanmak için kural yıkma tekniklerini kullanın.

Kural Yıkma Teknikleri

Uygun Olmayan Gerçekler	Kuralı Çiğneyin	Kuralın Etrafından Dolanın	Karşı Kural Geliştirin	Özel Durum

Şekil A-12

Düşüncenizi geliştirmek için zihinsel birleşmeyi kullanın. Fikriniz hakkında birçok insanla konuşun, özellikle de farklı altyapıları ve kişilikleri olan kişilerle. Size verdikleri fikirleri kaydedin.

Zihinsel Birleşme Kayıtları

İşbirliği	Ensest Düzey	Fikirler

Şekil A-13

Problem çözücü bir partnerin size faydası dokunabilir. Kişiliğinizi ve yeteneklerinizi listeleyin. Sahip olmadığınız ama ihtiyacınız olan özellikleri de listeleyin. Sonra, güçlü olduğu yönleri sizin eksik yönlerinizi tamamlayan bir partner bulun.

Partner Bulma Kılavuzu

	Beceriler	Kişilik
Sahip		
İhtiyacı var		

Şekil A-14

Çözümünüzü mümkün olduğunca çok yönde deneyin. Hatalar yaparak bilginizin sınırlarını zorlayın. Her denemeyi ve bunlardan ne öğrendiğinizi kaydedin.

Deneme Kaydı

Deney	Tarih	Ne öğrenildi

Şekil A-15

Eziyetten Kaçınmak

Devrim niteliğindeki fikirler, daima dirençle karşılanır. Çözümünüzden dolayı cezalandırılmaktan kurtulmak için bir strateji kaydedin.

Eziyetten Kaçınma Stratejisi

Şekil A-16

Einstein gibi düşünmenin amacı, sizi kendi kural rutininizden çıkararak özgürleştirmektir. Böylece, sizi zekice bir çözüme ulaşmaktan alıkoyan kuralları tespit edip yıkabilirsiniz. Gelişme kaydettiğinizi görmenize yardımcı olması için bu diyagramı kullanabilirsiniz.

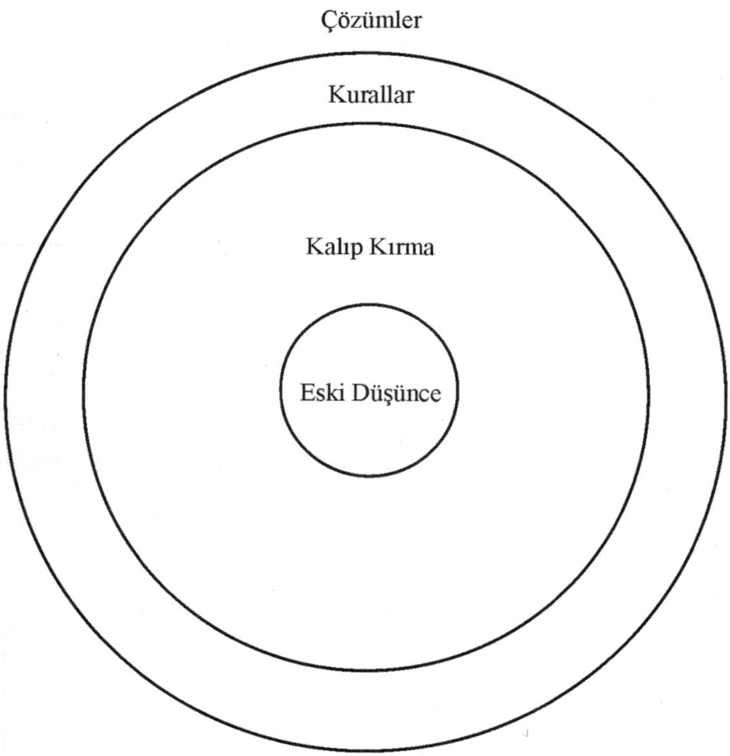

Şekil A-17

EK-B

EINSTEIN'IN DENKLEMİ

"Nesnel bir şekilde ölçüldüğünde, bir insanın 'Hakikat'ten zorla söküp alabileceği şey sonsuz derecede küçük bir parçadır."

ALBERT EINSTEIN

Einstein'ın, farklı hızlarda hareket eden nesneler için geçen göreli zamanı belirlemek için geliştirdiği denklemden her zaman çok etkilenmişimdir. Bu önemli buluşa izin veren hesaplamaları anladığımı ve uygulayabildiğimi fark ettiğimde çok şaşırdığımdan bahsetmiştim. Yine de kitabımda hesaplamalara yer vermedim. Einstein gibi düşünme yönteminden yararlanmanız için temel matematik bilgisine bile ihtiyacınız yoktur. Ancak, şimdi Einstein'ın bu fikri nasıl bulduğuna göz atacağız:

$$t' = \frac{t}{\sqrt{1 - \frac{v^2}{c^2}}}$$

1887'de, Einstein yaklaşık sekiz yaşındayken, A. A. Michelson ve E. W. Morley devrimsel bir deney gerçekleştirdi. Dünyanın hareketi yönünde ilerleyen ışığın yayılma hızı ve dünyanın hareketine dik açıyla gelen ışığın yayılma hızı arasındaki farkı ölçmek istediler. Bu deney, esir maddesinin varlığını kanıtlamak içindi[1]. Ancak, arada hiçbir fark tespit edemediler. Bu, herkesi şaşkına çevirdi. Bunun sebebi şuydu:

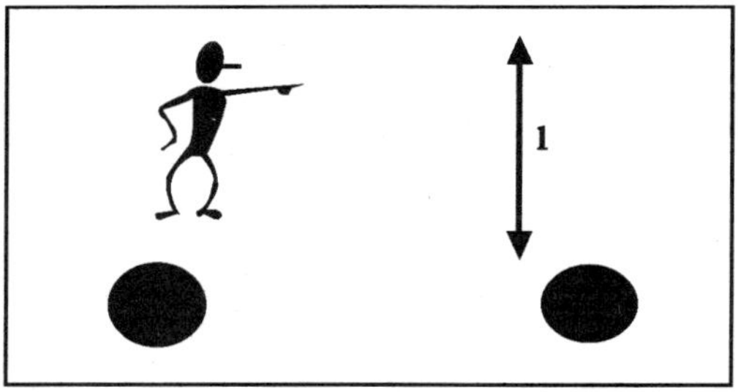

Şekil B.1

Bir kaynaktan çıkan ve bir yöne doğru mesafe kateden[l] ışık dalgasını düşünün. Işık dalgasıyla birlikte hareket eden bir gözlemciye göre, ışığın bu yönde ilerleyebilmesi için gereken ışık hızı (c) ve zaman (t) aşağıda iki basit denklemle gösterilmiştir.

$$c = \frac{l}{t}$$

$$t = \frac{l}{c}$$

Ancak, ışık kaynağı uzayda ilerlediğinde bir sorun oluşuyor. Biri ışık kaynağıyla birlikte hareket eden, diğeri sabit olmak üzere iki gözlemci, ışığın farklı uzunluklarda yol aldığını görür. Gözlemci çerçevesi, (d) mesafesini katettiyse; ikinci bir gözlemci, ışığın (h) mesafesini katettiğini görür. h

1: Esir: (fizik) Atomlar arasındaki boşluğu ve bütün evreni doldurduğu varsayılan, ağırlığı olmayan, ısı ve ışığı ileten töz.

ve l farklı mesafeler olduğuna göre, hesabın tutması için ışığın farklı hızlarda ilerliyor olması gerekir. Lastik toplar ve ses dalgaları için bu şekilde oluyordur.

$$h = ct'$$

$$l = ct$$

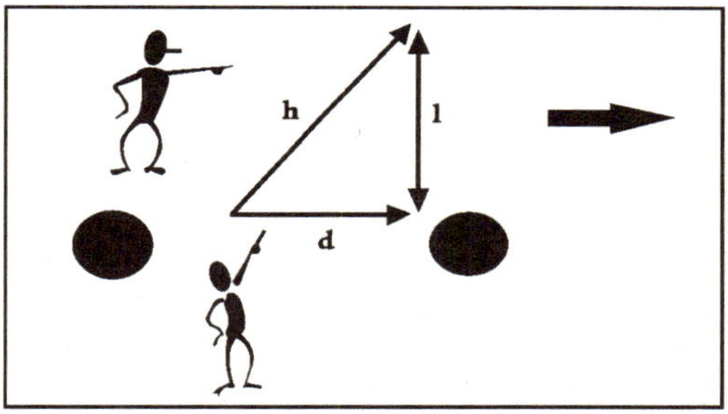

Şekil B- 2

Buna rağmen, Michelson-Morley deneyi ışığın hızının her iki gözlemci için de aynı olduğunu gösterdi. Einstein'ın çağdaşlarına göre bu deney üzücü bir başarısızlıktı. Mantık aksini işaret ettiği hâlde, ışığın neden her zaman aynı hızda hareket ediyor gibi göründüğü problemini çözmek için yıllarını harcadılar. Büyük bir başarısızlığa uğradılar.

Einstein, tamamen farklı bir problemi çözmeyi amaçlamıştı. Morley-Michelson deneyinin evren için ne tür sonuçlara işaret ettiğini bulmaya karar verdi. Bu büyük bir avantajdı çünkü onun problemi bir çözülebilirdi. Çağdaşları,esir maddesini ya da ışığın kendi kaynağının hızından etkilendiğini gösteren bir şeyi asla bulamamışlardı. Her seferinde başarısız oluyorlardı. Einstein, çözümünü araştırmaya ışıkla oynayarak başladı. Bir ışık dalgasına bindiğini hayal etti. Bir ışık dalgasına binmeyi düşünmek absürttü. Ancak, bu düşünce onun zihnini deneyimlediğimiz dünyanın fiziksel rutininin dışına çıkardı. Evrene doğru hızla yol alırken neler göreceğini düşündü. Diğer ışık dalgalarıyla ilgili ne gözlemlerdi? Işık dalgası üzerindeyken aynaya baksa ne olurdu? Kendi görüntüsü yok olur muydu? Peki, hem ışık dalgasına binip hem de aynada kendi yansımasını görebilseydi bundan ne sonuç çıkarılırdı? Sonunda, Einstein bir kuralı yıktı. "Işığın hızı gerçekten sabitse ama zaman değişiyorsa ne olurdu?" diye sordu. Neyse ki, etrafında bunun aptalca bir fikir olduğunu söyleyecek uzmanlar yoktu. Işığın katettiği mesafeyi, sabit ışık hızına göre yeniden tanımladı.

$h = ct'$ $\qquad d = vt'$ $\qquad l = ct$

v, hareket eden nesnenin hızını gösterir. Pisagor, yirmi dört yüzyıl öncesinden ne yapılacağını çözmüştü. Üç uzunluk arasındaki ilişki kısaca şuydu:

$$h^2 = d^2 + l^2$$

h, d ve l için bu değerleri kullanırsanız şu denkleme ulaşırsınız:

$$(ct)^2 = (vt)^2 + (ct)^2$$

Sonra, matematikten iyi notlar alan bir lise ikinci sınıf öğrencisine t' çözümünü buldurun. Tüm bunları kendiniz yapmak zorunda değilsiniz ama muhtemelen başarabilirsiniz.

$$t' = \frac{t}{\sqrt{1 - \frac{v^2}{c^2}}}$$

Einstein'ın bu parlak fikri görelilik teorisi hâline getirip geliştirmek için yıllarca çalışması gerekecekti. Fakat o şüphecileri görmezden geldi, birçok hata yaptı, düşüncelerini paylaştı ve sonunda zafere ulaştı.